掌尚文化
尚文化·掌金融

国家社会科学基金项目（编号14CJY064）、江西财经大学出版资助

Explorer of Finance

Salute & Discovery

金融探索者·致敬与发现

Inclusive Finance Development and the Unbalanced Adjustment of China's Residents' Income Distribution

胡志军 著

普惠金融发展与我国居民收入分配的失衡调整

经济管理出版社
ECONOMY & MANAGEMENT PUBLISHING HOUSE

图书在版编目（CIP）数据

普惠金融发展与我国居民收入分配的失衡调整/胡志军著. —北京：经济管理出版社，2020.7
ISBN 978-7-5096-7299-0

Ⅰ. ①普… Ⅱ. ①胡… Ⅲ. ①金融体系—关系—国民收入分配—研究—中国 Ⅳ. ①F832.1 ②F124.7

中国版本图书馆 CIP 数据核字（2020）第 138986 号

组稿编辑：宋 娜
责任编辑：宋 娜 张馨予
责任印制：黄章平
责任校对：陈 颖

出版发行：经济管理出版社
（北京市海淀区北蜂窝 8 号中雅大厦 A 座 11 层 100038）
网 址：www. E-mp. com. cn
电 话：（010）51915602
印 刷：三河市延风印装有限公司
经 销：新华书店
开 本：720mm×1000mm/16
印 张：14.75
字 数：218 千字
版 次：2020 年 9 月第 1 版 2020 年 9 月第 1 次印刷
书 号：ISBN 978-7-5096-7299-0
定 价：98.00 元

摘 要

进入 21 世纪以来，我国的经济发展保持了良好的增长速度（2000~2011 年的 GDP 增速都在 9%以上），但是进入 2012 年以后，经济增长了 7%，我国的经济发展进入了“经济新常态”。另外，国家统计局对外公布的我国 2003~2015 年居民收入基尼系数一直都在 0.45 以上，表明收入差距较大。居民收入的分配不平等导致社会公平缺失，而且悬殊的收入分配不平等也会导致经济效率的损失。在实现“两个一百年”奋斗目标和实现中华民族伟大复兴的“中国梦”的前进道路上，我国居民的收入分配差距较大是一个急需解决的问题。

发展普惠金融是党的十八届三中全会提出的发展方向。本书拟从普惠金融的视角出发，实证考察普惠金融发展对我国居民收入分配的影响，这对如何降低我国居民收入分配差距具有一定的实践意义。

首先，基于统计局对外公布的居民收入分组数据测度我国居民收入分配的不平等和极化程度，并考察了收入不平等对社会福利和贫困变动的影响。结果发现，1985~2009 年，总体基尼系数呈现上升趋势，由 1985 年的 0.3063 上升到 2008 年的 0.4522；2009 年以后就有逐步下降的趋势。总体的极化程度从 1985~2009 年有着上升的趋势，2009 年以后开始下降；其中，1985~2015 年认同性一直呈现下降趋势，而疏离性 1985~2009 年在上升，2009 年以后有下降趋势，而且我国的城乡阶层效应、地区阶层效应和收入阶层效应都越来越明显了。以阿马蒂亚·森的福利指数度量社会福利，结果发现，对于总体来说，1990~2015 年，社会福利增加了 5180.12，其中经济增长带来的福利增加了 5764.83，收入分配的变化带来的福利减少了 584.71；收入分配变化抵消了由经济增长带来的福利增加额的 10.14%，导致社会福利减少量占总的社会福利的比重为 10.07%。以 FGT 贫困指数度量贫困程度，以农村的贫困缺口为例，结果发现，1990~2015 年，贫困缺口减少了 0.2805，其中经济增长带来的贫困减少为 0.3080，收入分配的变化带来的贫困增加为 0.0275。

其次，基于各省银行业、证券业和保险业的发展情况对我国的普惠金融发展状况进行评估，构造各省的普惠金融发展指数。具体而言，基于各省平均每万人拥有的贷款、存款、银行业资产、银行网点数、银行就业人员数，平均每万平方公里拥有的银行业资产、银行网点数、银行就业人员数，平均每万人拥有的总市值、流通市值、交易额、保费收入等指标，构建了各省及总体的普惠金融发展指数。结果表明，2006~2015 年，我国普惠金融发展水平一直处于上升阶段，地区差距较大，但已经呈现出缩小趋势。

基于构建的普惠金融发展指数，本书研究了普惠金融发展对我国居民收入分配的影响。基于 31 省市 2006~2015 年的面板数据，使用面板模型及动态面板模型，结果发现，普惠金融发展水平显著减少了城乡收入差距，而传统的金融发展水平则显著加剧了城乡收入差距。同样地，基于 28 省市城镇 2008~2012 年的面板数据，结果发现，普惠金融的发展显著减少了城镇内部收入差距，而传统的金融发展水平则显著加剧了城镇内部收入差距。而且，普惠金融发展水平也显著减少了城镇内部收入极化程度，传统的金融发展水平则显著加剧了城镇内部收入极化程度。笔者还发现，普惠金融发展水平降低了劳动收入份额，而传统的金融发展水平则显著增加了劳动收入份额。

最后，我们还考察了普惠金融发展对经济增长和贫困的影响。基于 31 省市 2006~2015 年的面板数据，使用面板模型及动态面板模型，结果发现，普惠金融发展水平显著促进了经济增长，而传统的金融发展水平则显著阻碍了经济增长；普惠金融发展水平显著减少了城镇贫困程度，而传统的金融发展水平则显著加剧了城镇贫困程度。

关键词：普惠金融发展；基尼系数；收入极化；动态面板模型

目 录

第一章
引 言

第一节 背景与意义

进入21世纪以来，我国的经济发展保持了良好的增长速度，以GDP增长率为例，2003年为10%，2004年为10.1%，2005年为11.4%，2006年为12.7%，2007年为14.2%，2008年为9.7%，2009年为9.4%，2010年为10.6%，2011年为9.5%，2012年为7.9%，2013年为7.8%，2014年为7.3%，2015年为6.9%，可以发现，2003~2011年经济增长维持了较快的速度，但进入2012年以后，经济增长进入了7%时代，我国的经济发展进入了"经济新常态"。[①]

此外，我国居民的收入分配不平等的问题受到越来越多的关注。2013年以前，国家统计局没有对外公布我国居民收入分配的基尼系数值。[②] 2013年，

---

① 2014年11月，习近平在亚太经合组织（APEC）开幕式上对中国经济新常态进行了阐述。中国经济新常态的特点就是："一是从高速增长转为中高速增长。二是经济结构不断优化升级，第三产业、消费需求逐步成为主体，城乡区域差距逐步缩小，居民收入占比上升，发展成果惠及更广大民众。三是从要素驱动、投资驱动转向创新驱动。"

② 基尼系数为意大利经济学家基尼于1922年提出，旨在定量测定居民收入分配差异程度。其值在0~1，越接近0就表明收入分配越趋向平等，反之收入分配越趋向不平等。按照国际一般标准0.4以上基尼系数表示收入差距较大，当基尼系数达到0.6时，则表示收入悬殊。

国家统计局正式对外公布了2003年以来我国居民收入分配的基尼系数值，分别为：2003年为0.479，2004年为0.473，2005年为0.485，2006年为0.487，2007年为0.484，2008年为0.491，2009年为0.490，2010年为0.481，2011年为0.477，2012年为0.474，2013年为0.473，2014年为0.469，2015年为0.462。可以发现，我国的基尼系数值在2003~2009年处在上升趋势，2009年以后呈现下降趋势，但一直都在0.4以上，收入差距较大。居民收入的分配不平等（收入差距）会造成社会公平的缺失，而且悬殊的收入分配不平等也会导致经济效率的损失。

在经济新常态下，在实现“两个一百年”奋斗目标和实现中华民族伟大复兴的“中国梦”的前进道路上，我国居民的收入分配差距较大是一个重要的、需要认真解决的问题。

2013年11月，中共十八届三中全会在北京胜利召开，并通过了《中共中央关于全面深化改革若干重大问题的决定》，其中，“让发展成果更多更公平惠及全体人民”“促进社会公平正义，深化社会体制改革，改革收入分配制度，促进共同富裕”等表述明确了未来经济体制改革对居民收入分配问题的关注，彰显了党和政府要缩小居民收入差距的决心；与此同时，“发展普惠金融”[①]“鼓励金融创新，丰富金融市场层次和产品”等表述也为金融市场体系在缩小居民收入差距中的积极作用指明了方向。此外，2015年《政府工作报告》也提出要加大力度发展普惠金融，让所有市场主体，尤其是中低收入阶层都能分享金融服务。

本书从普惠金融的视角出发，考察普惠金融发展对我国居民收入分配及其相关问题的影响。首先，评估我国居民收入分配的状况。其次，研究我国的普惠金融发展状况。在此基础上，考察普惠金融发展对我国收入分配的影响，而且考察普惠金融发展对经济增长和贫困程度的影响。最后，从普惠金融视角出发，给出收入分配制度改革的一些建议。

---

① 普惠金融是指立足机会平等要求和商业可持续原则，以可负担的成本为有金融服务需求的社会各阶层和群体提供适当、有效的金融服务。

本书可以使我们对我国居民收入分配的状况有更加全面、更加深刻的认识，并且使我们认识到具有普惠金融内涵的金融发展在完善收入分配制度、调节收入分配失衡、促进社会公平正义方面的积极作用，从而能够以合理的框架和稳健的步伐加快推进我国的普惠金融发展。

第二节　文献综述

本节对我国居民收入分配和普惠金融发展相关研究文献进行梳理，主要内容包括收入分配的不平等和极化程度的测度方法相关文献，普惠金融发展的测度方法相关文献以及我国普惠金融发展对收入分配影响的相关文献。

1. 我国居民收入分配状况的评估

（1）我国居民收入分配不平等的评估。

对于居民收入分配不平等的测度，国际上常用的指标是基尼系数。而估计我国居民总体收入基尼系数的文献，按其所使用的数据来源，大致可以分为两类：一是基于微观调查的个体数据的实证研究（李实和赵人伟，1999；罗楚亮，2006；甘犁等，2013）。二是基于国家统计局对外公布的城镇和农村各自独立分开的收入分组数据（陈宗胜，2002；胡祖光，2004；程永宏，2007；Chen et al.，2015）。接下来我们对基于国家统计局对外公布的城镇、农村各自分开的收入分组数据进行的基尼系数估计的研究文献进行梳理。

基于分组数据如何对基尼系数进行估计，国内外已有大量研究文献。大致总结如下：一是参数方法，主要是基于分组数据拟合洛伦兹曲线或者收入分布函数，然后再根据洛伦兹曲线或收入分布估计基尼系数（Gastwirth，1975；Cowell and Mehta，1982；McDonald，1984；Slottje，1989；Schader and Schmid，1994；Ogwang and Rao，1996；Chotikapanich et al.，2007）。二是非参数方法，主要是基于分组数据估计基尼系数的上下界（Gastwirth，1972；

Murray，1978；Fuller，1979；Ogwang，2003，2006；Mehran，2012）。

基于国家统计局对外公布的城镇和农村各自独立分开的收入分组数据估计我国基尼系数，难点在于如何根据分组数据估计出城乡混合的基尼系数。陈宗胜（2002）和胡祖光（2004）都采用离散形式的方法来估算我国的总体基尼系数；但更多的学者是基于连续形式的方法来估计我国的总体基尼系数，一般就是先假定居民收入服从某个连续形式的特定分布，然后使用统计或计量经济学的方法估计出分布参数，再根据该连续收入分布函数计算出基尼系数（王祖祥，2006；程永宏，2006，2008；Chotikapanich et al.，2007；胡志军等，2011；胡志军，2012；陈建东等，2013；Chen et al.，2015）。

（2）我国居民收入分配极化程度的评估。

对于收入分布极化现象的测度，Foster 等（1992）、Wolfson（1994）、Esteban 和 Ray（1994）等都做了开创性的工作。

一类是两极分化的测度方法，Foster 等（1992）和 Wolfson（1994）以中位数收入为分界点把总体分为两组，构建了极化曲线，并把极化曲线以下的面积作为两极分化程度的测度，文献中称为 W 型指数；随后很多学者都对该极化指数进行了拓展（Wang and Tusi，2000；Rodriguez and Salas，2003）。另一类是多极分化的测度方法，Esteban 和 Ray（1994）基于认同——疏离框架（Identification-alienation），按照某些标准对所有成员进行分组，然后测度组与组之间的差异程度，以及测度各个组内成员的相似程度，最后构建多极分化程度的指数，文献中称为 ER 型指数；Esteban 等（1999）和 Duclos 等（2004）都对 Esteban 和 Ray（1994）的工作进行了扩展。

国内已有一些研究我国居民收入分布极化程度的文献。较多的研究是对特定年份的极化程度的测度，例如，洪兴建和李金昌（2007）基于国家统计局对外公布的数据对 1990 年、1995 年、2000 年和 2005 年四个年份的居民收入极化程度进行了测度。罗楚亮（2010）基于国家统计局的抽样调查数据，讨论了我国 1988 年、1995 年、2002 年和 2007 年居民收入分布的极化现象。张运智和马赫然（2015）使用中国健康与营养调查（CHNS）数据，通过离散数据计算了 1989 年、1991 年、1993 年、1997 年、2000 年、2004 年、2006

年、2009 年和 2011 年的极化程度。徐佳舒和段志民（2017）基于 CHNS 数据对中等收入比例进行了测度并分析其影响因素。洪兴建（2013）对收入极化的测度与分解理论进行了详细的述评。

2. 我国普惠金融发展状况的评估

（1）传统金融发展水平的度量。

较早衡量传统金融发展的量化指标是 Goldsmith（1969）提出的金融相关比率（Financial interrelations ratio），表示某一时点上的一国金融工具的市场总值与实物形式的国民财富的市场总值之比，常用的计算公式是 FIR=金融资产总值/GDP。

McKinnon（1973）提出了衡量一国金融深化的数量指标：M2/GDP，反映一个国家的金融发展深度。King 和 Levine（1992）提出准流动性负债与 GDP 之比，即非货币金融深度，常用的计算公式是（M3-M1）/GDP，更能反映金融中介的规模；他们还提出三个表示国内金融机构相对地位的指标：一是中央银行资产/GDP；二是存款银行资产/GDP；三是存款银行资产/(存款银行资产+中央银行资产)。King 和 Levine（1993）又提出金融资产配置状况的 PRIVATE 和 PRIVY 指标，其中 PRIVATE 是提供给非金融私人部门的信贷/总信贷，PRIVY 是提供给非金融私人部门的信贷/GDP。

张薄洋和牛凯龙（2005）对金融发展指标的演进逻辑做了一个较好的综述。涉及度量我国金融发展相关的研究文献也有很多。例如，王志强和孙刚（2003）使用金融相关率（包括货币 M2、债券余额和股票市值）表示规模扩张，使用与资本市场相关的证券余额占全部金融资产总量的比率表示结构调整，使用储蓄与贷款之比表示效率；从金融发展的规模、结构和效率三个方面度量金融发展；梁莉（2005）采用三个指标来衡量金融发展水平：第一个是金融深度（金融中介系统的流动性负债与 GDP 的比率）；第二个是商业银行国内资产占商业银行国内资产与中央银行国内资产之和的比重；第三个是股票市场的市值与 GDP 的比率；温涛等（2005）选择将货币化程度（M2/GDP）、金融机构信贷比率（信贷存量/GDP）与经济证券化比率（股票和债券的市值之和/GDP）作为衡量中国金融发展水平的指标；赵楠（2007）使用各地区全部金融机构各项存款余额与贷款余额合计/各地区生产总值、各地区国家银行类金融机构各项存款余额与贷款余额合计/各地区生产总值、各地区非国家银行类金融机构各项存款余额与贷款余额合计/各地区生产总值来表示各地区的金融发展；姚耀军（2010）使用固定资产投资中国内贷款与国家预算内资金之比来反映中国金融发展；张成思和李雪君（2012）基于金融政策与机构环境、商业环境、银行金融服务和金融市场这四个维度来构建我国金融发展的指数，使用执行契约的时间、程序和成本三个变量来表示金融政策与机构环境，使用开办企业耗用时间、登记资产耗用时间和停办企业耗用时间等变量来表示商业环境，使用 M2/GDP、银行净利差、资产收益率和权益收益率的加权平均盈利指数等变量来度量银行金融服务；使用股票市场换手率、股票市场价值占 GDP 的比例、股票交易市值占 GDP 的比例、上市公司数量等变量来衡量金融市场。张成思等（2013）使用各省的金融机构存贷款与 GDP 之比（金融相关比率）、各省金融机构贷款余额占 GDP 的比重（金融发展深度）、各省金融机构的城乡居民储蓄存款余额与 GDP 之比（居民储蓄比率）作为金融发展规模的三个细分指标；将各省的资本形成总额与各省金融机构存款余额的比重（储蓄投资转化率）、各省的金融机构年末贷款余额与年末存款余额之比（存贷比）、非国有企业所获得贷款额与贷款总额之比（非国有企业获贷比）作为金融发展效率的三个细分指标；将非国有金融机构存款占全部金融机构存款比例作为金融市场竞争程度指标，从规模、效率和竞争等指标度量了我国各省的金融发展。余玲铮和魏下海（2013）采用樊纲等（2011）编制的“金融业市场化”指数表示金融发展，包括金融市场化程度和金融业竞争和信贷资金分配市场化。其中，非国有金融机构存款占全部金融机构存款的比例表示金融业竞争；使用银行贷款中非国有企业所占的份额度量贷款的差异化。梁琪和陈文哲（2014）基于上市公司数据，基于 Boyd 和 Jalal（2012）的分析框架，使用边际债务效用表示一个区域的金融发展。

（2）普惠金融发展的度量。

对于普惠金融发展的度量，Beck 等（2007）较早地提出了测度普惠金融发展的若干个指标，包括金融机构网点数/人口、金融机构网点数/面积、ATM机数/人口、ATM机数/面积、储蓄/GDP、贷款/GDP、储蓄账户数/人口，以及贷款账户数/人口；Sarma和Pais（2011）从渗透性（Accessibility）、可得性（Availability）和效用性（Usage）三个维度构建了普惠金融发展水平的综合评价体系，其中渗透度以拥有银行账户的人口比例表示，可得性用人均所拥有的银行营业点数或ATM机数表示，效用性以存贷款的GDP占比表示；Chakravarty和Pal（2010）对普惠金融指数进行了改进，从一个公理化的视角出发，借鉴人类发展指数的构建方法，测度了普惠金融发展水平。

国内也有较多对我国的普惠金融发展状况进行度量的研究文献。王婧和胡国晖（2013）借鉴Sarma和Pais（2011）的方法，基于两个维度（金融服务的范围和金融服务的使用）共四个描述性指标对我国2002~2011年总体普惠金融发展水平进行了度量，其中金融服务的范围包括地理维度的服务渗透性和人口维度的服务可得性，金融服务的使用包括存款服务的使用情况和贷款服务的使用情况。徐敏和张小林（2014）借鉴Chakravarty和Pal（2010）的方法，基于同样的这两个维度四个描述性指标，度量了我国1985~2012年的普惠金融发展程度。陈三毛和钱晓萍（2014）同样借鉴Chakravarty和Pal（2010）的方法，类似的基于银行业的这四个描述性指标测算了中国31个省市2007~2012年普惠金融发展水平。杨燕（2015）基于2005~2013年的这四个描述性指标，采用主成分分析法度量了全国和区域性的普惠金融发展水平。谢升峰和许宏波（2016）基于金融机构渗透性、金融产品服务可获得性、金融产品与服务使用以及农村金融覆盖度，通过因子分析法度量了我国2000~2013年的普惠金融发展水平。陈志刚和田江慧子（2018）根据2006~2015年我国省级面板数据，运用变异系数法测度我国各省的普惠金融发展水平。这些度量我国普惠金融发展的实证研究都只使用了银行业的发展数据。

张晓燕（2016）将互联网金融发展纳入我国普惠金融发展指标体系的构建，借鉴Sarma和Pais（2011）的方法，度量了我国2004~2014年的普惠金融发展水平；周斌等（2017）将保险市场的保费收入指标、股票市场的筹资额指标、小额贷款公司余额指标和农户贷款余额指标纳入我国普惠金融发展指标体系的构建，借鉴 Mandira（2010）的方法度量了 31 个省市 2008~2014 年间的普惠金融指数。张建波和郭丽萍（2017）构建了涉及三个维度（金融服务可获得性、金融服务使用效用性、金融服务质量）八个指标（地理维度服务渗透性、人口维度服务渗透性、存款情况、贷款情况、保险情况、证券情况、对三农的支持、对小微企业的支持）的我国普惠金融发展指数指标体系，运用 2005~2014 年省际面板数据构建各省的普惠金融发展指数。李建伟（2017）在变异系数法确定指标权重的基础上构建普惠金融发展指数，测算了 2009~2014 年我国 30 个省份的普惠金融发展程度；陆凤芝等（2017）从金融服务的渗透性、使用性、效用性、承受性四个维度构建普惠金融发展评价模型，基于熵值法测算 2005~2014 年中国省域普惠金融的发展水平；刘亦文等（2018）从金融服务渗透性、服务可得性、使用效用性和可负担性四个维度出发，结合中国国情构建了中国普惠金融指标体系，基于变异系数法对 2005~2015 年中国各地区普惠金融水平进行了测度；谭燕芝和彭千芮（2018）基于我国 31 个省份 2006~2015 年的面板数据，运用因子分析法从多维度确定普惠金融发展水平评价指标体系；张兵和张洋（2017）以江苏省 44 个县域为样本，测度 2009~2014 年江苏省各县域普惠金融的发展水平；付莎和王军（2018）以 2000~2016 年中国省际面板数据为研究样本，使用银行证券和保险 3 个行业的相关数据，选取普惠渗透度、使用度和效用度 3 个维度的 11 个指标，基于因子分析法构建普惠金融指数；熊学萍和谭霖（2016）基于世界银行主张的基本概念框架，结合综合开发研究院提出的指标体系，构建区域金融发展水平综合评价体系，并用因子分析法对我国 30 个省（市）2004~2013 年金融发展水平进行测度。

3. 我国金融发展、普惠金融对收入不平等的影响研究

（1）金融发展对收入不平等的影响研究。

关于金融发展对收入分配影响的假说主要有三类：一是认为金融发展能够缩小收入不平等，由于金融发展放松了信贷约束，使中低收入群体尤其是穷人更容易获取金融服务，他们受益更多，从而收入不平等程度降低（Galor and Zeria，1993；Banerjee and Newman，1993）；二是认为金融发展扩大了收入不平等程度，虽然金融发展有助于储蓄和资本的形成，但是资金却主要流向高收入群体，并未惠及低收入群体，从而恶化收入分配（Maurer and Haber，2003）；三是两者之间“倒U型”关系的假说，在金融发展初期，金融发展使高收入群体受益更多，收入差距拉大，而随着金融发展程度的提高，惠及低收入群体，使得收入分配趋于均等（Greenwood and Jovanovic，1990；Townsend and Ueda，2006）。

国外大部分实证研究显示，金融发展降低了收入不平等程度（Clarke et al.，2006；Beck et al.，2007，2010）；而国内大部分实证研究显示，金融发展拉大了收入不平等（温涛等，2005；杨俊等，2006；李志阳和刘振中，2011；叶志强等，2011；王征和鲁钊阳，2011；余玲铮和魏下海，2012）；但是这些研究都没有关注普惠金融发展的含义。

（2）普惠金融对收入不平等的影响研究。

徐敏和张小林（2014）利用金融包容指数和泰尔指数分别测算了我国1985~2012年的普惠金融发展水平和城乡居民收入差距，运用VAR模型、协整分析和格兰杰检验方法研究了普惠金融发展与城乡收入差距的关系。结果表明，普惠金融发展与我国城乡收入差距之间存在长期的均衡关系，普惠金融发展水平的提高能缩小城乡收入差距，但效果不明显。李建伟等（2015）使用协整分析方法研究了2004~2013年普惠金融发展水平与收入不平等的关系，结果也发现普惠金融发展与我国城乡居民收入差距之间存在长期的均衡关系，普惠金融发展水平的提高能缩小城乡收入差距。张晓燕（2016）采用向量误差修正模型（VECM）研究2004~2014年我国普惠金融发展与城乡收入差距的关系，结果发现，普惠金融发展与城乡收入差距之间存在长期的均衡关系，提高普惠金融发展水平可以显著地缩小城乡收入差距。

但是这些实证分析所用的时间序列样本量都较少，实证结果的稳健性不高。

张建波和郭丽萍（2017）运用2005~2014年的省级面板协整和面板误差修正模型，发现普惠金融发展可以有效缩小城乡居民收入差距，且在长期这一作用更为明显。李建伟（2017）使用2009~2014年的省级面板数据，基于空间计量模型，实证分析了省域普惠金融发展对城乡收入差距的影响，结果表明，普惠金融的发展对缩小城乡收入差距具有显著的作用，但这个作用在省域层面上表现出非完全一致的关系，而且周边省域普惠金融的发展对本省域城乡收入差距的改善存在空间溢出效应，但是这种溢出效应还不明显。

4. 我国金融发展、普惠金融发展对经济增长、贫困的影响研究

（1）金融发展、普惠金融发展对经济增长的影响研究。

Goldsmith（1969）较早地实证研究了金融发展与经济增长的关系，他使用金融相关比率作为衡量金融发展的指标，以人均真实GDP作为衡量经济增长的指标，发现金融发展与经济增长是正相关的；Roubini和Sala-i-Martin（1992）发现金融抑制阻碍了经济增长；King和Levine（1993）使用77国1960~1989年共30年的数据，使用金融发展指标的初始值作为工具变量，证实了金融发展是驱动经济增长的重要原因；Levine和Zervos（1998）考察了股票市场和银行发展对经济增长的影响，发现股票市场流动性和银行发展指标对长期经济增长具有显著正效应；Beck等（2000）利用动态面板模型，发现金融发展对经济增长有显著的正向影响。

国内也有较多研究，例如，李广众（2002）以1996~1999年省级数据的平均值进行的横截面回归结果显示，银行发展水平对长期经济增长直接作用不明显，股票市场的发展水平对实际人均GDP增长作用也不明显；卢峰和姚洋（2004）利用28个省份1991~2001年的面板数据验证了我国金融部门的漏损效应，这是金融发展促进经济增长的重要渠道；张军等（2005）提出了一个新的测度我国金融中介的深化程度指标，在此基础上，实证发现金融中介的深化对1987~2001年我国生产率增长具有显著的正向影响。

黄智淋和董志勇（2013）基于我国31个省市的年度面板数据，以通货膨胀率为门限变量，运用动态面板数据门限模型，研究了金融发展与经济增长之间的非线性关系。结果表明，金融发展与经济增长之间的关系存在通货膨胀率门限效应；当通货膨胀率低于门限值时，金融发展与经济增长是正相关

的；而当通货膨胀率超过门限值时，金融发展与经济增长是负相关的。

阳佳余和张少东（2018）基于空间杜宾模型，使用我国31个省市2000~2014年的数据，实证研究了地区金融发展与经济增长的空间效应，同时，考察经济开放下金融发展对经济增长的影响。结果发现，我国各省经济增长和金融发展存在显著的空间相关性，金融规模与经济增长存在正相关的关系，金融结构和金融相关比率分别与经济增长存在负相关关系。

杨燕（2015）采用VAR模型实证分析了普惠金融发展水平对经济增长的影响，结果表明，普惠金融的发展对经济增长有积极的作用，而经济发展却没有显著促进普惠金融的发展。基于我国2000~2014年省际面板数据，于平和周惠民（2018）研究了普惠金融对经济增长的影响，结果发现，我国普惠金融发展促进了经济增长，但不具有长期性。

付莎和王军（2018）以2000~2016年中国省际面板数据为研究样本，发现东部地区普惠金融的发展对经济增长的影响有限，中西部地区普惠金融的发展对经济增长有显著的促进作用。

（2）金融发展、普惠金融发展对贫困的影响研究。

金融发展对贫困的影响还未达成一致性的共识。一方面，Greenwood和Jovanovic（1990）发现，当经济发展阶段很低时，金融发展加剧贫困，当越过拐点后，金融发展有利于贫困减缓。Aghion和Bolton（1997）、Chakraborty和Lahiri（2007）等都验证了这一结论。另一方面，金融发展可以通过经济增长、收入分配等作用于贫困减缓，从而对贫困减缓起到积极的促进作用，例如，Clark等（2003）、Beck等（2004）、Daly和Akhter（2010），苏基溶和廖进中（2009）、丁志国等（2011）、崔艳娟和孙刚（2012）、陈飞和卢建词（2014）等的研究。

朱一鸣和王伟（2017）采用了两阶段最小二乘和工具变量分位数回归方法，利用全国2018个县域的数据，比较了普惠金融发展对不同收入群体的减贫增收作用的异质性，研究表明，普惠金融有利于农村居民增收，但是普惠金融的减贫增收效应对不同收入阶层的群体存在显著异质性。

谭燕芝和彭千芮（2018）基于我国31个省份2006~2015年的面板数据，

采用空间杜宾模型，考察普惠金融发展水平对贫困减缓的影响，结果发现，一个地区普惠金融发展水平对贫困减缓有显著的促进作用；同时，邻近地区惠普金融发展水平与空间关系共同作用，对贫困减缓产生了正向的空间溢出效应。

郝依梅等（2017）基于南疆 3 个地州 2008~2013 年 24 个县市的面板数据，实证分析普惠金融发展及各个维度对农村贫困减缓的影响。研究表明，普惠金融发展对农村贫困减缓具有显著的正效应，农村地区万人拥有金融机构服务人员、金融服务可得性、金融服务使用有效性对农村贫困减缓呈正效应，农村地区万人拥有金融网点数、金融服务使用度对农村贫困减缓呈负效应。

黄秋萍等（2018）利用中国 31 个省市 2007~2015 年的数据，基于面板平滑转换模型研究普惠金融发展的贫困减缓效应，结果表明，普惠金融发展水平与贫困程度存在显著的非线性关系，并表现出显著的单一门槛特征，在跨越门槛值之前，普惠金融发展对贫困的影响表现为显著的抑制作用；在跨越门槛值之后，贫困减缓效应随着普惠金融发展水平的提高有所减弱，体现了边际效应递减规律。

第三节　本书的结构安排

本书的主要目的是考察普惠金融发展对我国居民收入分配状况的影响。主要是评估我国居民的收入分配状况和我国的普惠金融发展状况。在此基础上，实证考察普惠金融发展状况对收入分配的影响。此外，也对普惠金融对经济增长和贫困的影响进行了考察。

本书的结构安排大致如下：

第一章是引言，主要介绍了本书的选题背景和意义、相关研究文献综述和课题的可能创新点与不足。

第二章是基于总体城乡分组数据对我国收入分配状况进行评估。主要是使用广义 Beta Ⅱ型分布拟合城乡收入分组数据，得到城乡收入分布，从而计算城镇、农村及城乡混合的收入基尼系数；并考察收入不平等的变化对社会福利和贫困变动的影响；此外，基于城乡收入分布测度居民收入分布的极化程度。

第三章是基于省级层面数据，对我国各省的收入分配状况进行评估。部分内容与第二章相似，即使用各省的城乡分组数据，计算各省城镇、农村的收入基尼系数以及极化程度指标，并考察各省的收入不平等对各自的社会福利、贫困变动的影响；此外，基于省级数据，我们还对地区间收入不平等进行了收入来源分解，并考察了地区间的物价水平差异对收入差距测算的影响。

第四章是对我国的普惠金融和传统金融发展状况进行评估。主要是基于31个省市2006~2015年的面板数据，分析各省的普惠金融和传统金融发展的各项指标；而且，基于层次分析法构建了普惠金融发展和传统金融发展指数，并对其进行统计分析。

第五章是研究普惠金融和传统金融发展对收入分配的影响，主要有以下三点：一是基于1985~2015年的总体时间序列数据，采用逐步回归、协整分析等计量方法从时间序列角度考察收入分布的不平等程度、极化程度与哪些因素存在长期均衡关系；二是基于省级面板数据，重点考察金融发展和普惠金融发展对收入分布不平等和收入分布极化的影响；三是从宏观角度考察金融发展和普惠金融对劳动收入份额的影响。

第六章是考察普惠金融、金融发展对经济增长和贫困减缓的影响。主要内容包括使用2006~2015年的省级面板数据，考察普惠金融、金融发展对经济增长的影响；分别使用省级城镇、农村面板数据，考察普惠金融、金融发展对城镇贫困、农村贫困的影响。

最后一章是结论，包括主要结论和政策建议，以及未来进一步的研究方向。

第四节　可能的创新点与不足

1. 可能的创新点

可能的创新点有以下四点：

一是基于总体城乡收入分组数据，笔者测算了 1985~2015 年我国收入不平等的基尼系数指标和收入极化的 DER 指标，得到一个我国居民收入差距和收入极化情况的动态变化趋势。基于各省城镇、农村的收入分组数据，笔者测算了各省的收入差距和极化程度，可以横向比较我国内部的收入分配状况。

二是基于基尼系数的阶层效应分解公式，对我国的城乡阶层效应、地区阶层效应进行了实证考察。

三是同时考虑到银行业、股票市场和保险市场的发展指标，构建了一个普惠金融发展指数和一个传统的金融发展指数。

四是基于省级面板数据，考察了普惠金融发展和传统的金融发展对收入不平等、极化程度、经济增长及贫困的影响。

2. 不足之处

本书也存在一些不足之处。首先，在对我国总体收入分配状况进行评估时，是基于国家统计局对外公布的总体收入分组数据，对缺少微观数据进行研究；其次，对于普惠金融发展指数的构建，限于数据的收集困难性，我们只选取了银行业、股票市场和保险市场的一些指标来衡量金融发展和普惠金融发展状况；最后，对于普惠金融对收入分配、贫困程度、经济增长等的影响研究，也受限于数据的可得性，我们只能在省级层面进行研究，未能深入更加微观的层面。

第二章
我国居民收入分配状况的评估：基于总体城乡分组数据的研究

本章对我国居民的收入分配状况进行评估，包括两个方面：一是收入分布的不平等，主要是基于总体城乡分组数据，使用广义 Beta Ⅱ型分布拟合收入分布，然后基于收入分布函数对城镇、农村及城乡混合的基尼系数进行测度；二是收入分布的极化程度，基于拟合的城镇、农村的收入分布函数，我们测度了城镇、农村及城乡混合的收入分布的极化程度。此外，还考察了收入不平等对社会福利及贫困的影响。

第一节　居民收入分配不平等的测度：基于基尼系数的视角

1. 基尼系数的估计与分解

（1）基于分布函数和分组数据的基尼系数估计。

本节使用参数方法估计基尼系数，具体而言，首先，选择一个合适的收入分布函数对收入分组数据进行拟合；其次，使用合适的参数估计方法得到分布参数；最后，基于分布参数估计基尼系数。

广义 Beta Ⅱ分布（GB2）是由 McDonald 于 1984 年提出的，该分布的密度函数如式（2-1）所示：

$$f(x|a,\ b,\ p,\ q)=\frac{ax^{ap-1}}{b^{ap}B(p,\ q)\left(1+\left(\frac{x}{b}\right)^{a}\right)^{p+q}},\ x\geqslant 0 \tag{2-1}$$

其中，a，b，p，q 为分布参数，B(p，q）为 Beta 函数。由于常用的收入分布函数大多是该分布的特例或极限形式，所以该分布在收入分布拟合中具有很大优势。我们也使用 GB2 分布来拟合我国城镇、农村居民的收入分布。

给定收入分布形式 F(x；θ)，x≥0，收入的基尼系数 g 可以表示为式（2-2）：

$$g=\frac{\int_0^{\infty}F(x;\ \theta)(1-F(x;\ \theta))dx}{\int_0^{\infty}(1-F(x;\ \theta))dx}\ \text{(Dorfman, 1979)} \tag{2-2}$$

假设总体由 M 部分组成，各部分的收入分布函数和人口份额分别为 $F_k(x;\ \theta_k)$ 和p_k，k=1，…，M，$\sum_{k=1}^{M}p_k=1$，那么总体的收入分布函数为 $F(x)=\sum_{k=1}^{M}p_kF_k(x;\ \theta_k)$。所以，根据基尼系数的计算公式，我们可以由各部分的分布函数得到总体的分布函数，从而得到总体基尼系数的估计量。

假定 F(x；θ）为 GB2 分布，此时，基尼系数的计算公式可以进一步表示为分布参数 θ 的函数，如式（2-3）所示：

$$g(\theta)=\frac{B(2q-1/a,\ 2p+1/a)}{B(p,\ q)B(p+1/a,\ q-1/a)}\left\{\left(\frac{1}{p}\right){}_3F_2\left[\begin{matrix}1,\ p+q,\ 2p+1/a;\ 1\\ p+1,\ 2(p+q);\end{matrix}\right]\right.$$
$$\left.-\left(\frac{1}{p+1/a}\right){}_3F_2\left[\begin{matrix}1,\ p+q,\ 2p+1/a;\ 1\\ p+1/a+1,\ 2(p+q);\end{matrix}\right]\right\} \tag{2-3}$$

其中，$_pF_q\left[\begin{matrix}a_1,\ \cdots,\ a_p;\ x\\ b_1,\ \cdots,\ b_q;\end{matrix}\right]=\sum_{i=0}^{\infty}\frac{(a_1)_i\cdots(a_p)_i}{(b_1)_i\cdots(b_p)_i}\frac{x^i}{i!},(a)_i=(a)(a+1)\cdots(a+i-1)$ 为超几何级数，所以，只要得到 GB2 分布参数的有效估计，便可得到基尼系数的估计值（McDonald，1984）。

当已知分组数据形式为表 2-1 时（所有的已知信息是 a_k 和 p_k，k=1，…，K），我们可以采用极大似然估计方法（MLE）估计参数。即 θ 的极大似然估计量如式（2-4）所示：

表 2-1　收入分组数据形式

收入由低到高排列				
收入组	$[a_0,\ a_1)$	$[a_1,\ a_2)$	…	$[a_{K-1},\ a_K)$
人口份额	p_1	p_2	…	p_K

$$\hat{\theta}=\arg\max_{\theta}\ \sum_{k=1}^{K} p_k \ln[F(a_k;\ \theta)-F(a_{k-1};\ \theta)] \tag{2-4}$$

当已知数据形式为表 2-2 时（所有的已知信息是 μ_k 和 p_k，$k=1，\cdots，K$），我们采用矩方法（MOM）估计参数。假设第 k 组的上下限分别为 a_{k-1}、a_k，则 θ 的矩估计量如式（2-5）所示：

$$\hat{\theta}=\arg\min_{\theta}\ \sum_{k=0}^{K}[e_k(\theta)]^2 \tag{2-5}$$

其中，$e_k(\theta)=\left(\dfrac{\int_{a_{k-1}(\theta)}^{a_k(\theta)} x dF(x;\ \theta)}{p_k}-\mu_k\right)/\mu_k$。

表 2-2　居民收入分组数据形式

收入由低到高排列				
人口份额	p_1（最低收入组）	p_2	…	p_K（最高收入组）
收入均值	μ_1	μ_2	…	μ_K

（2）基尼系数的分解。

假设总体 Ω 被分成互不相交的 N 部分，如式（2-6）所示：

$$\Omega_i\cap\Omega_j=\varnothing(i\neq j),\ \Omega=\Omega_1\cup\Omega_2\cup\cdots\cup\Omega_N \tag{2-6}$$

第 i 部分的人口份额为 p_i，收入份额为 $q_i=\dfrac{p_i\mu_i}{\mu}$，其中 $\mu=\sum_{i=1}^{N}p_i\mu_i$ 是总体的收入均值，$\mu_i\equiv\int_0^{\infty}x dF_i(x)$是第 i 部分的收入均值，收入分布函数 $F_i(x)$是第 i 部分的收入分布函数，$x>0$，$i=1，\cdots，N$。那么总体的收入分布函数 $F(x)=\sum_{i=1}^{N}p_iF_i(x)$。

我们常用的传统基尼系数按群体分解是一种不完全分解（Pyatt，1976），如式（2-7）所示：

$$G=G_W+G_B+R \tag{2-7}$$

其中，$G_W\equiv\sum_{i=1}^{N}p_iq_iG_i$ 为组内差距，G_i 为第 i 部分的基尼系数，$G_B\equiv\sum_{i=1}^{N}\sum_{j=1}^{N}\frac{p_ip_j|\mu_i-\mu_j|}{2\mu}$ 为组间差距，R 为分解剩余项，但该剩余项难以精确解释（Mookherjee and Shorrocks，1982）。进一步地，可以把 G_W/G 称为组内差距对总体差距的贡献率，G_B/G 称为组间差距对总体差距的贡献率。

另外，为了考察城乡阶层效应，我们按照 Yitzhaki（1994）的基尼系数分解框架，对交叉项（overlapping）进行研究。Yitzhaki（1994）的基尼系数分解是一种完全分解，如式（2-8）所示：

$$G=G_b+G_{wo} \tag{2-8}$$

其中，$G_b=\frac{2\,cov(\mu_i,\ \bar{F}_i)}{\mu}=\frac{2\sum_{i=1}^{N}p_i(\mu_i-\mu)(\bar{F}_i-1/2)}{\mu}$为组间差距，$\bar{F}_i=\int_0^{\infty}F(x)\,dF_i(x)$表示第 i 部分的个体在总体分布中的标准化排序值（即它在总体中的分位数）的平均值；$G_{wo}=\sum_{i=1}^{N}q_iG_iO_i$ 为组内差距，$O_i=\frac{cov_i(X,\ F(X))}{cov_i(X,\ F_i(X))}=\sum_{j=1}^{N}p_j\frac{cov_i(X,\ F_j(X))}{cov_i(X,\ F_i(X))}$表示第 i 部分的收入分布与总体收入分布的交叉程度，可以作为阶层效应的一个度量指标，一般而言，O_i 越大，该群体与总体之间的阶层效应越小。

定义 $O_{ji}=\frac{cov_i(X,\ F_j(X))}{cov_i(X,\ F_i(X))}$，其中 $cov_i(X,\ F_j(X))=\int(x-\mu_i)(F_j(x)-\bar{F}_{ji})\,dF_i(x)$，$\bar{F}_{ji}=\int F_j(x)\,dF_i(x)$，表示第 i 部分的个体在第 j 部分分布中的标准化排序值，即它在第 j 部分中的分位数）的平均值，那么$O_i=\sum_{i=1}^{N}p_jO_{ji}$，$\bar{F}_i=\sum_{i=1}^{N}p_j\bar{F}_{ji}$，$\bar{F}_{jj}=1/2$，$O_{jj}=1$。

当进行总体的城乡分解时，基尼系数的分解更简洁（下标 u 表示城镇，r 表示农村）：

传统的不完全分解如式（2-9）、式（2-10）所示：

$$G_W\equiv p_uq_uG_u+p_rq_rG_r \tag{2-9}$$

$$G_B \equiv \frac{p_u p_r(\mu_u - \mu_r)}{\mu} \tag{2-10}$$

$$R = \int (1 - F_r) F_u dx \tag{2-11}$$

Yitzhaki（1994）的完全分解如式（2-12）所示：

$$G_b = \frac{2}{\mu}[p_u(\mu_u - \mu_r)(\bar{F}_u - 1/2) + p_r(\mu_r - \mu)(\bar{F}_r - 1/2)] \tag{2-12}$$

其中，$\bar{F}_u = \frac{1}{2}p_u + p_r\bar{F}_{ru}$，$\bar{F}_r = \frac{1}{2}p_r + p_u\bar{F}_{ur}$，$\bar{F}_{ru} + \bar{F}_{ur} = 1$；

$G_{wo} = q_u G_u O_u + q_r G_r O_r$，

其中，$O_u = p_u + p_r O_{ru}$，$O_r = p_r + p_u O_{ur}$，$O_{ru} = \frac{cov_u(X, F_r(X))}{cov_u(X, F_u(X))}$，$O_{ur} = \frac{cov_r(X, F_u(X))}{cov_r(X, F_r(X))}$。

当城乡收入分布不重叠时，即城镇、农村都存在完全的阶层效应，此时，传统分解剩余项 $R=0$，城乡收入分布重叠程度 $O_{ur}=0$，$O_{ru}=0$，$O_u=p_u$，$O_r=p_r$，从而 $G_W=G_{wo}$，$G_B=G_b$。

当城乡收入分布有不完全重叠时，即存在部分的阶层效应，此时，$G_b < G_B$，$G_{wo} > G_W$（Yitzhaki and Lerman，1991），城乡收入分布的交叉程度对组内差距的影响为 $G_{wo}-G_W$，对组间差距的影响为 G_b-G_B。

当城乡收入完全重叠时，即城镇、农村不存在阶层效应，此时，$G=G_u=G_r$，$O_{ru}=O_{ur}=1=O_u=O_r$，$G_b=G_B=0$，$G_{wo}=G$，$G_W=(p_u^2+p_r^2)G$，$R=2p_u p_r G$。

2. 基于总体城乡分组数据的基尼系数测度

（1）数据说明。

根据国家统计局对外公布的数据信息，城镇居民的收入分组数据在 1985~2015 年是完整的（表 2-2 的数据格式）。其七份组数据分别为城镇最低收入户（10%人口份额）、低收入户（10%）、较低收入户（20%）、中等收入户（20%）、较高收入户（20%）、高收入户（10%）和最高收入户（10%）家庭的平均每人可支配收入数据，其中，2013~2015 年的是五份组数据即低收入户（20%）、较低收入户（20%）、中等收入户（20%）、较高收入户（20%）、高收入户（20%）。2013 年国家统计局又对外公布了 2005 年、2009~2012 年的经过调整的城镇居民按可支配收入分组的户数占调查户比重的数据。

胡志军和谭中（2016）使用模拟试验方法比较了在 GB2 分布的前提下，这两类数据得到的基尼系数估计效果，结果表明，基尼系数的估计效果差别很小。所以我们全部使用七份组或五份组数据来估计 1985~2015 年的城镇基尼系数。城镇详细的分组数据如表 2-3 所示。

表 2-3　1985~2015 年城镇居民收入分组数据

单位：元

年份	最低收入户	低收入	较低收入	中等收入	较高收入	高收入	最高收入
1985	437.40	546.72	632.88	737.28	861.96	1012.32	1276.20
1986	446.40	570.36	663.24	772.92	905.04	1054.56	1347.12
1987	526.68	659.16	770.52	897.84	1049.64	1228.56	1581.60
1988	625.33	789.48	929.57	1098.40	1291.95	1528.14	1976.95
1989	692.63	880.01	1039.42	1230.75	1456.31	1719.51	2279.47
1990	859.92	1077.12	1266.60	1489.08	1756.56	2071.92	2675.64
1991	887.85	1107.03	1292.79	1510.27	1767.34	2070.34	2675.79
1992	975	1255	1494	1776	2107	2501	3322
1993	1180.27	1529.08	1841.03	2222.02	2708.76	3299.12	4502.02
1994	1524.83	2011.94	2460.87	3007.44	3707.16	4565.43	6262.7
1995	1923.80	2505.68	3040.90	3698.41	4512.20	5503.67	7537.98
1996	2156.12	2808.52	3397.17	4146.18	5075.43	6190.26	8432.96
1997	2430.24	3223.37	3966.23	4894.66	6045.30	7460.70	10250.93
1998	2476.75	3303.17	4107.26	5118.99	6370.59	7877.69	10962.16
1999	2617.80	3492.27	4363.78	5512.12	6904.96	8631.94	12083.79
2000	2653.02	3633.51	4623.54	5897.92	7487.37	9434.21	13311.02
2001	2802.83	3856.49	4946.6	6366.24	8164.22	10374.92	15114.85
2002	2408.6	3649.16	4931.96	6656.81	8869.51	11772.82	18995.85
2003	2590.17	3970.03	5377.25	7278.75	9763.37	13123.08	21837.32
2004	2862.39	4429.05	6024.1	8166.54	11050.89	14970.91	25377.17
2005	3134.88	4885.32	6710.58	9190.05	12603.37	17202.93	28773.11
2006	3568.73	5540.71	7554.16	10269.7	14049.17	19068.95	31967.34
2007	4210.06	6504.6	8900.51	12042.32	16385.8	22233.56	36784.51

续表

年份	最低收入户	低收入	较低收入	中等收入	较高收入	高收入	最高收入
2008	4753.59	7363.28	10195.56	13984.23	19254.08	26250.1	43613.75
2009	5253.23	8162.07	11243.55	15399.92	21017.95	28386.47	46826.05
2010	5948.1	4739.2	9285.3	12702.1	17224	23188.9	31044
2011	6876.1	5398.2	10672	14498.3	19544.9	26420	35579.2
2012	8215.1	6520	12488.6	16761.4	22419.1	29813.7	39605.2
2013	9895.93		17628.14	24172.89	32613.81	57762.11	
2014	11219.28		19650.51	26650.59	35631.24	61615.03	
2015	12230.85		21446.16	29105.18	38572.43	65082.2	

根据国家统计局对外公布的数据，1985~2015 年，农村居民收入分组数据比较繁杂。1985~2001 年只公布了农村居民按纯收入分组的户数占调查户比重的数据（其中，1985~1996 年的最高组起点收入为 2000 元，1997~2001 年的最高组起点收入为 5000 元，而且 1995 年既有最高组起点收入为 2000 元，也有最高组起点收入为 5000 元的分组数据），2013~2015 年，只公布了五份组数据；而 2002~2012 年，既有按纯收入分组的户数占调查户比重的数据（最高组起点收入为 5000），也有五份组数据。而且，2013 年国家统计局又对外公布了 2005 年、2009~2012 年经过调整的农村居民按纯收入分组的户数占调查户比重的数据（主要是增加了高收入群体的信息，将最高组起点收入调整为 20000 元）。

胡志军和谭中（2016）使用模拟试验方法比较了在 GB2 分布的前提下，比较了使用调整前后的按纯收入分组的户数占调查户比重数据所得到的基尼系数估计效果，结果表明，缺失大量高收入群体的收入信息，将高估真实的基尼系数。这意味着如果使用 2002~2012 年按纯收入分组的户数占调查户比重的数据来估计基尼系数，导致高估收入不平等。那么使用 2002~2012 年五份组数据的估计效果如何呢？以 2005 年为例，调整前的按纯收入分组的户数占调查户比重数据得到的基尼系数值为 0.4183，调整后的按纯收入分组的户数占调查户比重数据得到的基尼系数值为 0.3721，五份组数据得到的基尼系数值为 0.3745。我们也使用模拟方法比较了在 GB2 分布的前提下，当缺失少量高收入群体的收入信息时，基于调整前按纯收入分组的户数占调查户比重数据和五份组数据的估计基尼系数的效果①，如表 2-4 所示，基于五份组的基尼系数估计效果较好。所以 2002~2015 年的农村基尼系数估计是基于五份组数据的。

表 2-4　按纯收入分组的户数占调查户比重数据和五份组数据的基尼系数估计效果比较

	真实基尼系数为 0.3703		真实基尼系数为 0.3679	
n=200	占调查户比重数据	五份组数据	占调查户比重数据	五份组数据
均值	0.3684	0.3699	0.3718	0.3677
标准差	0.0183	0.0119	0.0266	0.0117

对于 1995 年、1997~2001 年的基尼系数估计，只能使用调整前按纯收入分组的户数占调查户比重数据，由于这几年最高组的人口份额不是很大，即缺失的高收入分布信息不多，使用该数据得到的基尼系数值也是可靠的。

对于 1985~1993 年的基尼系数估计，存在类似的问题即缺失的高收入分布信息不多，使用该数据得到的基尼系数值也是可靠的。

对于 1994 年和 1996 年的基尼系数估计，则缺失了较多的高收入分布信息，我们以 1995 年的数据外推 1994 年和 1996 年的 2000 元以上的收入分布，从而得到 1994 年和 1996 年的基尼系数估计值。

农村详细的分组数据如表 2-5 所示。

① 试验步骤：假设真实收入分布为 GB2 分布，两组真实的分布参数设定，一组为 a_0=2.2433，b_0=2417.3574，p_0=1.1354，q_0=1.3771（这是 2002 年农村收入分布的估计参数）；另一组为 a_0=2.3038，b_0=3000.7981，p_0=1.0528，q_0=1.3744（这是 2004 年农村收入分布的估计参数）。a. 从真实收入分布中随机抽取 1000 个样本，分别整理为按纯收入分组的户数占调查户比重数据和五份组数据的形式；b. 根据整理得到的数据形式，在 GB2 的前提下估计基尼系数；c. 重复上述步骤（a 和 b）M 次，得到基尼系数估计值 $g_{调整前,i}$ 和 $g_{调整后,i}$，i=1，2，…，n；d. 比较基尼系数估计值的均值和标准差。

表 2–5　1985~2015 年农村居民收入分组数据

单位：元

分组形式	1985 年	1986 年	1987 年	1988 年	1989 年
100 元以下	0.96	1.10	0.87	0.51	0.57
100~150	3.40	3.20	2.38	1.49	1.25
150~200	7.86	7.00	4.99	3.34	2.76
200~300	25.61	21.80	17.51	13.51	10.89
300~400	24.00	21.70	21.34	17.45	15.58
400~500	15.85	16.50	17.21	16.69	15.56
500~600	9.06	11.65	12.00	13.34	13.35
500~800	8.02	10.31	12.87	16.45	17.63
800~1000	2.93	3.77	5.47	7.81	9.54
1000~1500	1.89	2.43	4.10	6.69	8.86
1500~2000	0.26	0.33	0.88	1.79	2.55
2000 以上	0.16	0.21	0.38	0.93	1.46

分组形式	1990 年	1991 年	1992 年	1993 年	1994 年	1995 年	1996 年
100 元以下	0.22	0.4	0.34	0.45	0.3	0.22	0.13
100~150	0.51	0.77	0.53	0.38	0.19	0.38	0.18
150~200	1.29	1.56	1.12	0.78	0.4		
200~300	6.57	6.64	5.63	3.41	1.55	0.81	0.36
300~400	11.99	11.08	9.93	6.33	2.93	1.55	0.66
400~500	14.37	13.35	12.65	9.05	4.61	2.40	1.20
500~600	13.99	13	12.98	10.38	6.2	3.70	1.88
500~800	20.83	20.9	21.44	20.28	15.25	9.59	5.56
800~1000	12.45	12.83	13.83	15.77	15.71	11.58	8.00
1000~1500	12.2	12.99	14.15	19.35	26.29	26.60	23.74
1500~2000	3.47	3.89	4.10	7.06	12.93	17.25	19.89
2000 以上	2.11	2.59	3.29	6.76	13.64	25.92	38.40

续表

分组形式	1995 年	1997 年	1998 年	1999 年	2000 年	2001 年
100 以下	0.21	0.18	0.14	0.17	0.31	0.48
100~200	0.36	0.19	0.14	0.13	0.2	0.21
200~300	0.78	0.34	0.23	0.24	0.43	0.33
300~400	1.47	0.6	0.44	0.48	0.69	0.6
400~500	2.3	0.97	0.75	0.86	1.01	0.89
500~600	3.37	1.47	1.17	1.35	1.37	1.36
600~800	9.54	4.49	3.76	3.99	4.44	3.88
800~1000	11.63	6.49	6.04	5.77	5.72	5.47
1000~1200	11.83	7.59	7.63	7.04	6.75	6.3
1200~1300	5.38	4.2	3.95	3.8	3.75	3.45
1300~1500	9.74	8.56	8.31	8.08	7.42	7.25
1500~1700	7.92	8.17	8.17	8.05	7.48	7.2
1700~2000	9.39	11.35	11.43	11.15	10.45	10.13
2000~2500	10.29	14.93	14.97	15.18	14.54	14.52
2500~3000	5.89	10.35	10.7	10.33	10.29	10.38
3000~3500	3.49	6.56	7.08	7.05	7.11	7.41
3500~4000	1.95	4.13	4.37	4.67	4.76	5.07
4000~4500	1.34	2.68	3.08	3.18	3.44	3.61
4500~5000	0.86	1.81	2.1	2.13	2.4	2.56
5000 以上	2.26	4.94	5.57	6.35	7.45	8.9

年份	低收入组	较低收入组	中收入组	较高收入组	高收入组
2002	857	1548	2164	3031	5903
2003	865.9	1606.5	2273.1	3206.8	6346.9
2004	1007	1842.2	2578.6	3608	6931
2005	1067.2	2018.3	2851	4003.3	7747.4
2006	1182.5	2222	3148.5	4446.6	8474.8
2007	1346.9	2581.8	3658.8	5129.8	9790.7
2008	1499.8	2935	4203.1	5928.6	11290.2
2009	1549.3	3110.1	4502.1	6467.6	12319.1
2010	1869.8	3621.2	5221.7	7440.6	14049.7

续表

年份	低收入组	较低收入组	中收入组	较高收入组	高收入组
2011	2000.5	4255.7	6207.7	8893.6	16783.1
2012	2316.2	4807.5	7041	10142.1	19008.9
2013	2877.94	5965.56	8438.26	11815.96	21323.71
2014	2768.14	6604.42	9503.94	13449.17	23947.36
2015	3085.55	7220.92	10310.57	14537.29	26013.9

（2）城镇、农村收入分布函数估计。

首先，使用 GB2 分布拟合 1985~2015 年我国城镇、农村的收入分布，基于 MLE 和 MOM 估计的分布参数结果（见表 2–6）。

表 2–6　城镇、农村收入分布参数估计结果

年份	城镇				农村			
	a	b	p	q	a	b	p	q
1985	2.8054	728.9990	3.3125	3.2003	2.5993	330.5606	1.6784	1.5113
1986	4.1054	798.8328	1.5928	1.7634	2.1482	410.0344	1.8509	2.1706
1987	3.5511	882.2022	2.1714	2.0604	2.5434	419.3772	1.4482	1.4678
1988	2.8216	1080.0516	2.9050	2.8028	2.2520	454.5596	1.7603	1.5897
1989	3.3836	1191.2359	2.1052	1.9326	2.2996	507.3843	1.5699	1.4759
1990	2.6145	1424.0000	3.5121	3.1615	2.4210	579.0000	1.6199	1.4605
1991	3.3603	1451.8015	2.4361	2.1803	2.5092	623.6441	1.3118	1.1966
1992	3.4075	1769.6089	1.9044	1.8985	3.0119	627.3917	1.0997	0.9972
1993	2.1656	1968.3317	3.9603	3.1131	3.6622	749.9454	0.7712	0.6856
1994	1.8163	2794.1188	4.5818	4.0412	3.5496	998.8301	0.7822	0.7048
1995	2.0984	3374.0000	3.8777	3.2662	2.6366	1393.2000	1.0853	1.1218
1996	1.7466	3658.2019	5.4601	4.4606	4.1515	1456.0603	0.6723	0.4748
1997	1.5803	4669.4685	5.5032	5.1451	2.8411	2046.3101	0.9358	1.1214
1998	1.4117	4901.9943	6.3146	5.9909	2.6526	2017.5159	1.1112	1.1955
1999	0.7811	4043.4007	20.2371	16.0397	2.8251	2035.3667	0.9717	1.0387
2000	0.7973	7191.0000	14.3452	16.8059	2.9961	2159.2000	0.7778	0.9079
2001	1.0110	5768.0000	9.5102	8.6904	3.4836	2178.0000	0.6260	0.6924

续表

年份	城镇				农村			
	a	b	p	q	a	b	p	q
2002	1.7918	7036.0000	2.1986	2.4293	3.1767	2229.0000	0.7156	0.7612
2003	1.9452	7369.0000	1.9041	1.9670	3.3147	2354.4000	0.6411	0.6919
2004	1.9773	8167.0000	1.8164	1.8314	3.4130	2683.8000	0.6339	0.6907
2005	1.5914	9533.0000	2.4351	2.5740	4.0828	2981.1000	0.4781	0.5290
2006	1.7302	10454.0000	2.1972	2.2613	3.8005	3200.7000	0.5294	0.5512
2007	1.7089	12499.0000	2.2464	2.3792	4.7542	3641.2000	0.3990	0.3984
2008	1.4093	14765.0000	2.9509	3.1748	5.4280	3957.8000	0.3364	0.2971
2009	1.5777	16764.0000	2.4335	2.7585	7.3966	3945.9000	0.2324	0.1748
2010	1.9321	17785.7178	1.8441	2.0261	1.4720	7136.1826	1.8920	2.8269
2011	2.2615	19318.3819	1.5181	1.5423	1.6115	9279.8746	1.4737	2.5437
2012	2.2336	22226.2447	1.6316	1.6731	1.3855	11585.9004	1.8458	3.3780
2013	2.7034	29339.6745	0.8952	1.3252	3.2934	11665.3404	0.5196	1.0099
2014	0.3533	32513.3262	43.4130	46.9949	4.9722	13706.4407	0.2738	0.6305
2015	2.8136	36644.5822	0.8761	1.4290	4.9834	14571.9787	0.2806	0.6192

城镇、农村及城乡混合的收入密度函数如图 2-1 所示。显示了每 10 年我国城镇、农村及城乡混合总体的收入分布情况，可以发现，每经过 10 年的发展，居民收入分布都发生了显著的变化，具有更厚的右尾部，即居民收入都有大幅度的提高。

根据 GB2 分布，我们计算了城镇、农村的 10%、20%、30%、40%、50%、60%、70%、80%和 90%的分位数及十等分组的平均收入情况，如表 2-7~表 2-10 所示。

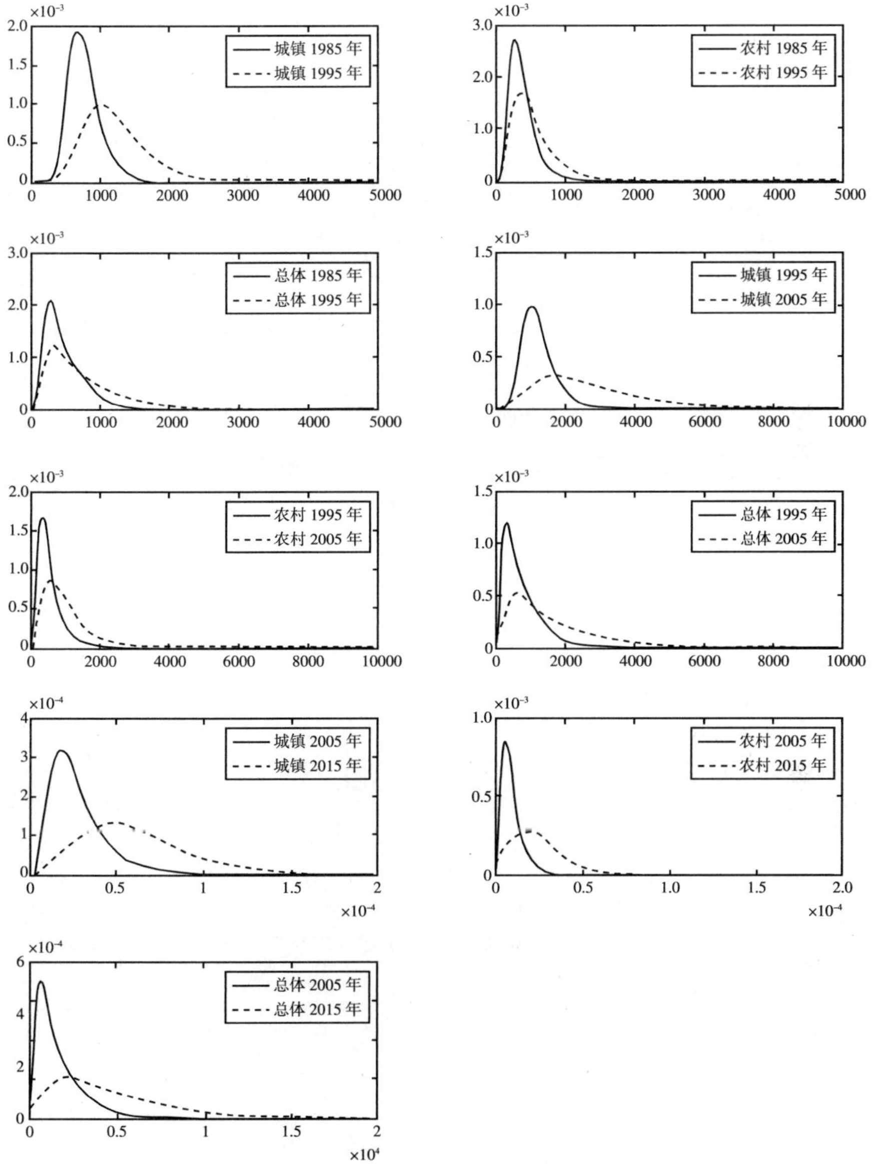

图 2-1　收入分布的密度函数

表 2–7 城镇居民收入分布分位数特征

年份	10%	20%	30%	40%	50%	60%	70%	80%	90%
1985	505.90	577.78	634.41	686.58	738.99	795.48	861.15	946.17	1082.09
1986	491.00	565.19	622.00	673.37	724.34	778.84	842.04	924.09	1057.16
1987	525.95	602.28	661.79	716.33	771.03	830.06	899.00	989.08	1135.76
1988	519.66	599.34	662.43	720.79	779.69	843.50	918.15	1015.56	1173.25
1989	497.74	575.75	637.12	693.78	751.02	813.25	886.55	983.28	1143.11
1990	603.35	693.53	765.29	831.92	899.33	972.49	1058.18	1170.03	1350.85
1991	591.51	676.66	743.47	804.98	866.90	933.92	1012.42	1115.20	1282.88
1992	611.62	712.37	791.41	864.20	937.58	1017.19	1110.81	1234.16	1437.74
1993	637.36	748.43	839.20	925.26	1014.00	1112.11	1229.27	1385.63	1645.94
1994	666.67	792.74	896.65	995.64	1098.02	1211.39	1346.82	1527.31	1826.47
1995	714.93	843.87	949.35	1049.38	1152.51	1266.49	1402.50	1583.82	1885.10
1996	735.10	867.67	976.88	1080.85	1188.29	1307.13	1448.87	1637.34	1948.50
1997	813.87	972.65	1104.18	1229.85	1360.02	1504.25	1676.47	1905.60	2283.65
1998	838.23	1008.24	1150.06	1286.22	1427.80	1585.20	1773.68	2025.09	2440.84
1999	896.37	1082.32	1239.95	1392.97	1553.45	1733.05	1949.26	2238.65	2717.46
2000	917.09	1124.51	1300.89	1472.37	1652.34	1853.78	2096.19	2420.35	2955.53
2001	965.81	1189.98	1381.91	1569.80	1768.45	1992.67	2265.24	2634.54	3256.60
2002	895.15	1162.86	1393.25	1620.30	1862.65	2139.91	2483.54	2962.96	3813.11
2003	960.28	1252.98	1505.01	1753.86	2020.40	2326.91	2709.61	3249.48	4225.18
2004	1032.60	1353.41	1630.40	1904.63	2199.26	2539.30	2965.81	3571.27	4676.46
2005	1115.42	1472.83	1786.62	2100.64	2440.38	2834.05	3328.29	4027.60	5289.87
2006	1248.41	1640.82	1983.03	2324.01	2691.83	3117.26	3650.94	4406.52	5774.73
2007	1407.02	1846.85	2229.80	2610.73	3020.82	3494.02	4085.85	4920.41	6422.09
2008	1506.14	1990.57	2418.78	2849.17	3316.09	3857.91	4538.11	5498.59	7221.66
2009	1683.80	2223.77	2696.35	3167.72	3675.80	4262.08	4994.36	6023.66	7862.85
2010	1833.38	2405.59	2898.21	3384.13	3903.81	4500.27	5243.16	6287.79	8166.52
2011	2024.32	2641.48	3167.00	3682.29	4231.93	4862.98	5651.83	6770.28	8817.07
2012	2313.17	2989.51	3562.88	4122.95	4717.89	5397.67	6242.28	7429.94	9574.95
2013	2189.18	3012.24	3702.25	4364.60	5055.66	5831.91	6781.65	8099.83	10459.80
2014	2472.14	3220.59	3895.10	4581.03	5330.07	6200.92	7290.34	8810.81	11460.37
2015	2613.19	3565.39	4353.41	5100.93	5871.56	6726.08	7756.24	9160.17	11608.53

表 2–8　城镇居民收入分布均值特征

年份	1	2	3	4	5	6	7	8	9	10
1985	438.12	544.01	606.74	660.64	712.61	766.72	827.25	901.33	1006.95	1277.88
1986	417.77	530.56	594.35	647.89	698.73	751.12	809.42	880.77	983.35	1259.95
1987	452.40	566.52	632.75	689.23	743.50	799.99	863.38	941.48	1054.37	1358.79
1988	445.04	561.88	631.59	691.75	750.02	810.98	879.57	964.11	1085.87	1407.22
1989	423.63	539.13	607.13	665.59	722.18	781.51	848.62	932.08	1054.19	1394.25
1990	519.61	651.08	730.18	798.75	865.36	935.20	1013.89	1110.96	1250.69	1617.01
1991	510.22	636.71	710.84	774.39	835.71	899.77	971.84	1060.88	1189.82	1537.90
1992	515.80	665.10	752.81	827.99	900.61	976.60	1062.38	1168.88	1324.50	1757.75
1993	538.45	695.86	794.62	882.28	969.15	1061.95	1168.53	1302.74	1501.01	2052.54
1994	556.42	732.96	845.56	946.16	1046.25	1153.42	1276.60	1431.66	1660.08	2285.39
1995	600.48	782.83	897.55	999.42	1100.39	1208.22	1331.99	1487.72	1717.43	2353.25
1996	618.99	804.81	923.19	1028.89	1133.97	1246.37	1375.40	1537.51	1775.57	2420.45
1997	676.51	897.27	1039.47	1167.01	1294.18	1430.50	1587.20	1784.23	2073.58	2854.01
1998	692.96	927.41	1080.23	1218.09	1356.15	1504.67	1675.93	1891.87	2209.76	3068.13
1999	741.84	993.60	1162.16	1316.29	1472.14	1641.08	1837.05	2085.24	2451.41	3428.52
2000	746.12	1025.47	1213.83	1386.43	1561.15	1750.62	1970.39	2248.55	2658.29	3744.87
2001	782.28	1082.81	1287.06	1475.52	1667.66	1877.68	2123.55	2438.35	2909.82	4220.91
2002	678.90	1034.76	1279.29	1506.22	1739.46	1997.35	2304.25	2706.84	3334.46	5358.35
2003	723.76	1112.93	1380.32	1628.77	1884.83	2169.15	2509.65	2960.46	3673.87	6104.66
2004	774.43	1199.83	1493.30	1766.72	2049.32	2364.17	2742.78	3246.78	4050.86	6867.53
2005	835.30	1301.11	1630.97	1942.50	2267.33	2631.22	3069.87	3653.14	4577.10	7666.58
2006	937.36	1452.56	1813.43	2152.38	2504.55	2898.12	3371.91	4001.84	5001.56	8394.32
2007	1057.83	1635.90	2040.06	2419.05	2812.09	3250.37	3776.58	4473.76	5574.48	9245.78
2008	1130.43	1757.48	2206.18	2632.29	3078.18	3578.72	4182.51	4984.55	6249.98	10377.24
2009	1259.66	1964.47	2462.05	2930.46	3417.17	3960.24	4611.82	5473.15	6826.19	11233.09
2010	1372.60	2131.77	2654.51	3139.92	3639.56	4193.39	4855.17	5728.88	7105.89	11739.68
2011	1518.01	2346.88	2907.37	3423.50	3952.50	4538.21	5239.48	6170.84	7657.60	12955.21
2012	1753.38	2666.95	3279.80	3841.85	4415.64	5048.12	5801.26	6794.36	8362.74	13749.87
2013	1531.40	2619.95	3362.51	4033.17	4705.60	5433.81	6286.87	7395.64	9127.14	15104.30
2014	1908.74	2858.93	3559.39	4234.88	4948.15	5752.22	6721.40	7999.20	9975.36	15757.56
2015	1840.11	3112.65	3966.20	4727.61	5481.98	6288.80	7220.93	8412.56	10232.32	16124.43

表 2-9 农村居民收入分布分位数特征

年份	10%	20%	30%	40%	50%	60%	70%	80%	90%
1985	187.68	233.75	271.95	308.74	347.41	391.19	445.15	520.42	655.14
1986	180.92	230.48	271.98	312.04	354.03	401.29	458.91	537.91	675.14
1987	188.11	240.19	283.62	325.56	369.73	419.85	481.78	568.49	724.72
1988	181.99	232.64	275.66	317.84	362.83	414.51	479.10	570.62	737.74
1989	161.73	209.33	249.84	289.62	332.14	381.08	442.48	529.93	691.11
1990	189.36	240.07	282.95	324.90	369.63	421.02	485.37	576.83	744.87
1991	180.76	234.96	280.33	324.32	370.90	424.15	490.66	585.29	760.41
1992	185.15	238.48	282.77	325.60	371.00	423.14	488.79	583.47	762.72
1993	188.29	247.41	295.96	342.63	392.14	449.51	523.10	632.55	851.13
1994	199.07	263.07	316.14	367.43	421.96	485.06	565.63	684.45	918.33
1995	214.50	286.28	347.09	406.55	469.98	543.12	635.41	768.53	1020.25
1996	252.86	334.68	402.77	468.29	537.11	615.18	711.93	848.51	1099.11
1997	263.95	355.08	431.18	504.49	581.55	669.06	777.76	931.79	1216.50
1998	284.22	376.47	454.09	529.51	609.45	700.96	815.43	978.65	1281.99
1999	285.68	382.52	463.89	542.88	626.69	722.90	843.93	1018.21	1347.95
2000	270.15	374.37	462.19	547.28	637.38	740.78	871.18	1060.29	1423.75
2001	273.73	383.55	475.25	563.48	656.70	764.11	901.11	1104.14	1509.88
2002	285.90	395.41	490.37	584.41	685.48	802.39	949.84	1161.50	1556.99
2003	284.62	400.45	501.25	601.15	708.52	832.74	989.50	1214.88	1637.62
2004	315.79	440.33	547.99	654.11	767.61	898.20	1061.96	1295.49	1728.18
2005	327.95	467.39	587.59	705.40	830.63	973.98	1153.03	1407.86	1880.87
2006	357.53	506.81	637.14	766.21	904.44	1063.35	1261.94	1543.20	2057.49
2007	387.26	557.06	703.24	846.00	997.05	1169.04	1382.56	1684.32	2239.18
2008	404.64	589.94	750.69	908.23	1075.14	1265.11	1500.48	1831.74	2436.17
2009	418.72	619.07	795.91	971.27	1158.60	1372.87	1638.82	2012.19	2686.58
2010	487.23	704.25	896.16	1087.42	1292.81	1528.81	1822.64	2235.48	2978.05
2011	493.00	759.48	993.01	1220.74	1459.51	1727.79	2055.62	2510.49	3328.63
2012	556.39	841.67	1094.67	1345.19	1611.63	1914.46	2287.23	2804.89	3725.17
2013	675.02	1022.65	1318.81	1600.49	1889.35	2207.68	2590.37	3114.64	4050.12
2014	632.40	1053.02	1422.20	1768.54	2111.50	2473.47	2891.21	3447.63	4438.40
2015	697.42	1145.93	1536.06	1900.59	2261.32	2642.82	3085.01	3677.79	4742.41

表 2-10　农村居民收入分布均值特征

年份	1	2	3	4	5	6	7	8	9	10
1985	147.78	211.89	253.14	290.31	327.80	368.71	417.01	480.19	579.12	912.31
1986	139.21	206.89	251.53	291.97	332.75	377.06	428.92	495.82	598.14	915.40
1987	143.88	215.44	262.22	304.54	347.32	394.10	449.47	522.11	636.45	1029.55
1988	139.86	208.48	254.41	296.66	339.96	387.91	445.34	521.58	643.12	1071.90
1989	122.44	186.61	229.83	269.64	310.52	355.88	410.37	483.02	599.69	1023.01
1990	146.71	215.91	261.78	303.84	346.89	394.57	451.72	527.79	649.61	1087.34
1991	135.28	209.18	257.97	302.26	347.24	396.75	455.88	534.52	660.97	1130.41
1992	139.62	213.16	260.95	304.12	347.93	396.29	454.41	532.55	660.51	1166.78
1993	137.85	219.41	272.09	319.24	366.96	419.91	484.42	573.34	725.31	1425.84
1994	145.25	232.69	290.01	341.71	394.23	452.52	523.33	620.27	784.04	1511.09
1995	155.96	252.04	317.07	376.69	437.72	505.44	587.07	696.94	876.77	1587.31
1996	184.78	295.78	369.25	435.48	502.20	575.07	661.41	775.33	956.99	1621.48
1997	189.30	311.72	393.71	467.77	542.45	624.09	720.98	849.20	1054.81	1824.99
1998	208.20	332.53	415.81	491.68	568.84	653.88	755.57	891.05	1109.61	1933.04
1999	206.30	336.40	423.77	503.26	584.10	673.37	780.56	924.50	1159.94	2096.58
2000	187.36	324.67	418.90	504.61	591.60	687.54	802.87	958.45	1215.88	2297.62
2001	186.77	331.25	430.11	519.28	609.34	708.73	829.15	994.34	1276.20	2605.14
2002	200.92	342.90	443.36	537.12	634.04	742.15	872.64	1047.80	1332.08	2413.13
2003	196.15	344.84	451.34	550.91	653.87	768.73	907.41	1093.77	1397.03	2567.87
2004	219.55	380.63	494.73	600.79	709.89	830.96	976.30	1170.18	1482.46	2647.63
2005	221.90	400.53	528.18	646.26	767.00	900.23	1059.42	1271.13	1612.08	2905.55
2006	244.72	435.08	572.60	701.32	834.14	981.57	1158.14	1392.48	1766.16	3104.66
2007	259.16	475.63	631.02	774.39	920.36	1080.64	1271.04	1522.60	1924.36	3415.79
2008	267.34	500.91	671.21	829.17	990.40	1167.49	1377.61	1654.36	2093.73	3688.40
2009	273.91	522.47	708.27	883.13	1063.39	1262.69	1499.99	1812.42	2305.35	4024.26
2010	327.64	599.64	800.98	991.20	1188.33	1407.38	1669.20	2014.62	2558.75	4407.59
2011	307.19	630.92	877.55	1106.62	1338.52	1590.23	1884.87	2267.45	2866.04	4999.24
2012	355.22	703.87	969.27	1219.33	1476.33	1758.93	2092.92	2528.45	3206.38	5481.82
2013	425.19	855.81	1173.04	1459.89	1743.48	2044.92	2391.51	2834.99	3521.55	5960.72
2014	364.57	848.93	1240.42	1596.45	1939.48	2289.72	2675.40	3151.67	3877.39	6585.93
2015	406.59	928.78	1344.15	1719.52	2080.36	2449.05	2856.36	3362.13	4138.77	7084.00

根据城镇、农村的收入分布函数，我们可以构造城乡混合的收入分布。价格因素（城镇、农村居民消费价格指数）对估计历年城镇、农村的收入分布没有影响（从而对城镇、农村的基尼系数估计没有影响），但对城乡混合的收入分布的构造有影响（从而影响城乡混合的总体基尼系数估计），这也会影响本章后续的社会福利及贫困分析。在 GB2 分布的前提下，经过价格调整的城镇、农村收入分布与未经过价格调整的收入分布只有分布参数 b 会发生变化，其他分布参数不变。

假设未经价格调整的收入分布为 $f(x|a,b,p,q)=\dfrac{ax^{ap-1}}{b^{ap}B(p,\ q)\left(1+\left(\dfrac{x}{b}\right)^{a}\right)^{p+q}}$，经过价格调整后，若收入为 $y=ax$，则新的分布函数为 $h(y|a,\ b^*,\ p,\ q)=\dfrac{ax^{ap-1}}{b^{*ap}B(p,\ q)\left(1+\left(\dfrac{x}{b^*}\right)^{a}\right)^{p+q}}$，其中，$b^*=ab$。所以本节先对未经价格调整的收入分布进行分布参数的估计，再调整分布参数 b，得到经过价格调整的收入分布。

历年的农村、城镇居民消费价格指数来自中经网数据库，我们把价格指数转化为以 1985 年为基期的价格指数。城乡人口份额数据也来自历年的《中国统计年鉴》。

表 2-11 和表 2-12 是城乡混合收入分布的 10%、20%、30%、40%、50%、60%、70%、80%和 90%的分位数及十等分组的平均收入情况。

表 2-11　城乡居民混合收入分布分位数特征

单位：元

年份	10%	20%	30%	40%	50%	60%	70%	80%	90%
1985	200	260	310	360	410	480	580	690	850
1986	200	260	310	360	430	500	590	690	840
1987	210	270	330	380	450	530	630	750	910
1988	200	260	320	380	450	530	630	760	940
1989	180	240	290	350	420	500	600	730	900
1990	210	270	330	390	460	560	690	840	1050
1991	200	270	330	390	470	570	690	830	1020

续表

年份	10%	20%	30%	40%	50%	60%	70%	80%	90%
1992	200	270	330	390	470	570	710	880	1110
1993	210	280	350	420	500	620	770	970	1250
1994	220	300	370	450	540	670	830	1050	1360
1995	240	330	420	510	610	750	910	1120	1440
1996	280	390	480	580	690	820	980	1190	1500
1997	300	420	530	640	760	920	1110	1360	1740
1998	320	450	560	670	810	980	1180	1450	1870
1999	330	460	580	710	860	1050	1280	1590	2060
2000	320	460	590	730	900	1110	1370	1720	2250
2001	330	480	620	770	960	1190	1480	1870	2470
2002	340	500	640	800	990	1230	1550	1990	2720
2003	350	520	670	850	1060	1330	1690	2180	3000
2004	390	570	740	930	1160	1450	1840	2380	3300
2005	410	620	810	1020	1280	1610	2060	2680	3740
2006	450	680	900	1140	1440	1820	2310	2990	4130
2007	500	760	1010	1290	1630	2060	2620	3390	4680
2008	540	830	1100	1410	1790	2270	2900	3780	5250
2009	570	900	1220	1580	2020	2570	3280	4230	5820
2010	660	1020	1380	1790	2270	2860	3590	4560	6170
2011	720	1160	1580	2040	2570	3200	3980	5010	6740
2012	810	1310	1790	2330	2950	3650	4500	5610	7450
2013	960	1500	2000	2530	3150	3920	4870	6130	8190
2014	1040	1720	2280	2830	3460	4220	5220	6620	8980
2015	1110	1830	2450	3100	3830	4720	5800	7200	9410

表 2–12　城乡居民混合收入分布均值特征

年份	1	2	3	4	5	6	7	8	9	10
1985	147.74	254.86	296.42	329.76	329.51	434.41	575.44	602.27	753.92	1153.87
1986	155.60	237.06	271.27	307.57	444.93	434.68	544.55	589.29	759.76	1160.24
1987	164.63	233.57	322.39	302.28	430.20	477.30	586.75	692.13	781.82	1275.47
1988	149.61	224.22	308.49	346.70	409.36	456.28	564.11	718.61	834.44	1309.01
1989	134.67	218.59	247.75	331.80	389.00	428.20	530.58	689.49	769.33	1294.05

续表

年份	1	2	3	4	5	6	7	8	9	10
1990	162.74	234.03	316.06	347.15	394.98	514.68	630.90	740.57	932.50	1461.16
1991	143.50	249.77	299.34	333.07	439.54	514.24	612.75	746.27	900.86	1456.67
1992	135.83	250.42	305.78	339.84	440.75	493.51	640.27	798.63	984.55	1590.46
1993	146.63	236.61	340.69	381.68	422.30	571.09	671.00	892.03	1078.91	1889.21
1994	147.77	261.48	328.94	425.31	471.90	625.03	719.43	958.81	1158.20	2091.13
1995	162.81	283.29	405.38	459.92	515.76	699.26	786.44	1006.82	1284.05	2131.00
1996	183.84	355.77	423.34	545.23	626.80	737.64	887.60	1089.70	1299.69	2205.54
1997	198.37	369.77	495.39	573.79	649.59	857.36	992.16	1227.82	1524.66	2587.02
1998	210.34	415.55	503.67	572.60	753.36	905.37	1038.13	1312.29	1651.50	2753.79
1999	219.61	399.23	525.43	648.37	766.84	956.60	1131.27	1434.02	1774.09	3116.72
2000	203.46	387.41	525.53	655.46	822.91	1004.37	1219.60	1552.63	1929.55	3425.09
2001	206.74	405.67	558.16	685.53	882.22	1048.55	1308.18	1676.35	2107.44	3895.41
2002	214.88	441.10	551.35	722.17	886.67	1096.33	1393.61	1749.74	2300.28	4437.79
2003	222.06	449.54	563.59	774.92	934.48	1181.84	1520.74	1911.19	2534.10	5006.73
2004	250.38	485.14	651.45	831.38	1032.47	1270.69	1638.60	2087.17	2805.15	5577.68
2005	249.97	535.73	707.38	901.22	1148.81	1418.19	1839.91	2319.51	3146.15	6326.52
2006	275.50	580.16	797.30	997.70	1292.38	1622.97	2034.91	2612.89	3470.89	6967.71
2007	299.94	637.14	896.12	1156.83	1446.62	1809.08	2310.16	2975.35	3977.54	7784.64
2008	326.73	696.60	943.71	1254.67	1597.94	2000.89	2558.32	3316.66	4413.00	8789.63
2009	336.97	751.80	1057.91	1380.76	1779.80	2268.06	2929.10	3690.40	4936.79	9621.63
2010	398.98	844.70	1202.70	1588.33	1991.72	2557.51	3215.96	4022.34	5265.08	10160.62
2011	410.11	944.09	1367.06	1807.41	2282.35	2863.07	3603.10	4438.61	5766.51	11223.95
2012	465.39	1074.99	1521.77	2061.15	2655.85	3255.20	4081.70	4996.51	6419.53	12144.39
2013	554.68	1236.47	1766.38	2249.52	2800.63	3536.42	4362.55	5453.57	7047.69	13384.88
2014	549.31	1397.93	1999.82	2538.76	3176.59	3793.30	4696.63	5854.20	7652.90	14350.87
2015	599.67	1483.83	2119.04	2806.59	3414.80	4263.42	5241.28	6478.30	8156.84	14828.12

考察城镇、农村及城乡混合的分位点数值和十等分组内均值的变动趋势，我们简单以 10%、50%和 90%分位点，以及 10%以下组、40%~60%组、90%以上组的均值为例，如图 2-2 所示。可以发现，更高收入群体的收入增长速度快于低收入群体。

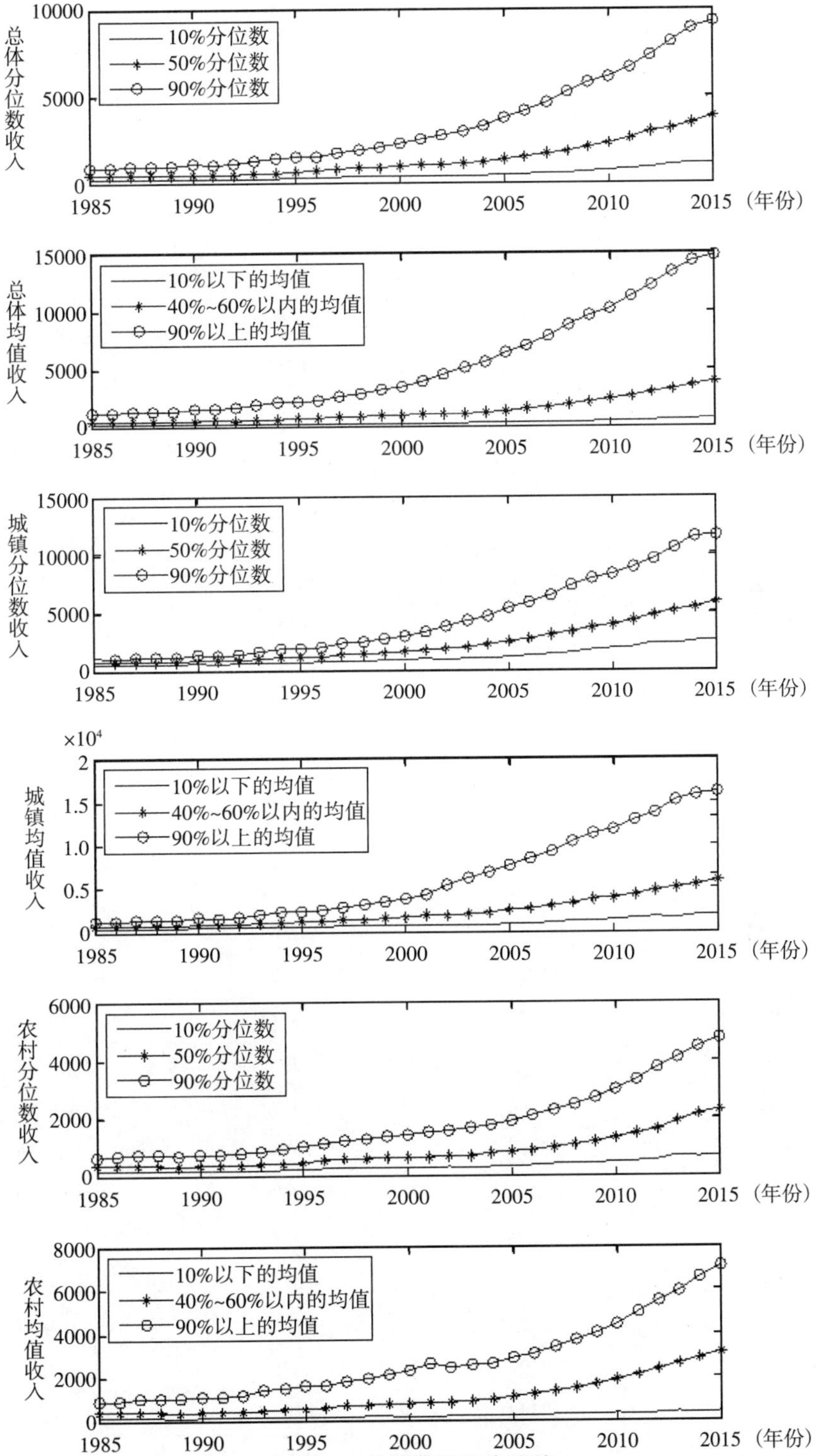

图 2-2　分位数及组内均值

（3）城镇、农村及城乡混合总体的基尼系数估计。

根据城镇、农村及城乡混合的收入分布，我们基于分布函数的基尼系数计算公式测度了城镇、农村及城乡混合的基尼系数值，估计结果见表2-13，趋势变动如图 2-3 所示。

表 2-13　城镇、农村及城乡混合的基尼系数估计结果

年份	城镇	农村	全国
1985	0.1686	0.2820	0.3063
1986	0.1710	0.2881	0.3043
1987	0.1721	0.3015	0.3140
1988	0.1808	0.3147	0.3259
1989	0.1863	0.3264	0.3399
1990	0.1790	0.3107	0.3413
1991	0.1732	0.3237	0.3399
1992	0.1909	0.3259	0.3567
1993	0.2113	0.3575	0.3795
1994	0.2225	0.3572	0.3829
1995	0.2152	0.3512	0.3692
1996	0.2155	0.3263	0.3445
1997	0.2266	0.3379	0.3598
1998	0.2341	0.3369	0.3609
1999	0.2421	0.3493	0.3756
2000	0.2532	0.3714	0.3922
2001	0.2648	0.3905	0.4074
2002	0.3164	0.3703	0.4249
2003	0.3266	0.3797	0.4386
2004	0.3342	0.3679	0.4409
2005	0.3395	0.3745	0.4481
2006	0.3360	0.3718	0.4460
2007	0.3321	0.3723	0.4457
2008	0.3399	0.3761	0.4522
2009	0.3342	0.3831	0.4511

续表

年份	城镇	农村	全国
2010	0.3274	0.3760	0.4370
2011	0.3277	0.3857	0.4337
2012	0.3154	0.3837	0.4239
2013	0.3350	0.3643	0.4223
2014	0.3278	0.3758	0.4152
2015	0.3163	0.3739	0.4068

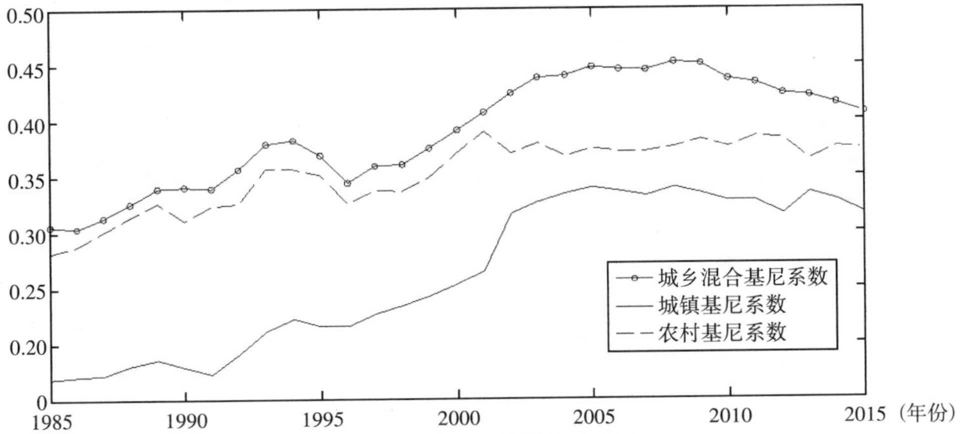

图 2-3 基尼系数的变动趋势

从图 2-3 中可以发现，1985~2005 年，城镇基尼系数经历了一波较快的上升，由 1985 年的 0.1686 上升到 2005 年的 0.3395；2005~2009 年，城镇基尼系数比较稳定，2009 年以后有缓慢下降的趋势。

1985~2015 年，农村基尼系数一直以来都高于城镇基尼系数，且农村基尼系数没有城镇基尼系数的变化幅度大。而且 2000 年以来，农村基尼系数比较稳定，也没有呈现出下降趋势的端倪。

1985~2009 年，总体基尼系数呈现上升趋势，由 1985 年的 0.3063 上升到 2008 年的 0.4522；2009 年以后有逐步下降的趋势。

（4）传统的城乡分解。

我们对基尼系数进行了传统的城乡分解（Pyatt，1976），详细结果如表 2-14 所示。变动趋势如图 2-4 所示，可以看到，1990 年以前，组内差距比组间差距大，1990 年以后，组间差距（城乡差距）就一直是更重要的收入差距来源。

表 2–14　组间差距、组内差距、交叉项

年份	G_W	G_B	R
1985	0.1492	0.1392	0.0179
1986	0.1510	0.1334	0.0199
1987	0.1544	0.1363	0.0233
1988	0.1589	0.1410	0.0259
1989	0.1612	0.1528	0.0259
1990	0.1494	0.1731	0.0189
1991	0.1545	0.1623	0.0231
1992	0.1523	0.1824	0.0220
1993	0.1656	0.1831	0.0308
1994	0.1645	0.1883	0.0301
1995	0.1618	0.1781	0.0293
1996	0.1512	0.1645	0.0288
1997	0.1514	0.1794	0.0290
1998	0.1491	0.1816	0.0302
1999	0.1498	0.1952	0.0306
2000	0.1548	0.2032	0.0342
2001	0.1593	0.2091	0.0390
2002	0.1622	0.2308	0.0318
2003	0.1653	0.2429	0.0305
2004	0.1645	0.2492	0.0272
2005	0.1673	0.2539	0.0269
2006	0.1665	0.2550	0.0246
2007	0.1664	0.2560	0.0234
2008	0.1705	0.2591	0.0226
2009	0.1709	0.2587	0.0215
2010	0.1698	0.2448	0.0224
2011	0.1730	0.2364	0.0243
2012	0.1697	0.2316	0.0226
2013	0.1772	0.2181	0.0271
2014	0.1772	0.2108	0.0272
2015	0.1743	0.2046	0.0278

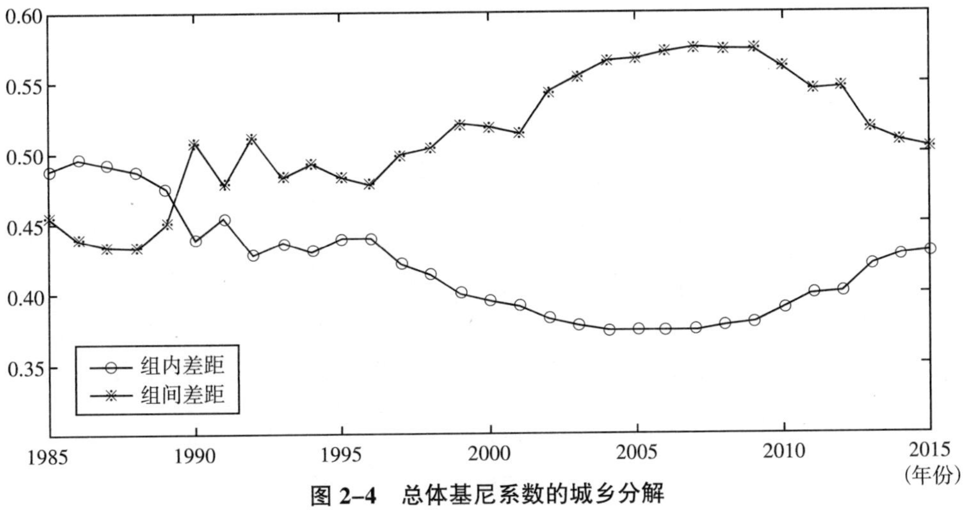

图 2-4　总体基尼系数的城乡分解

（5）城乡阶层效应。

我们也按照 Yitzhaki（1994）的分解方法对我国总体收入分布的阶层效应进行研究。选取 2005 年、2009 年、2010 年、2011 年和 2012 年五年的情况进行分析。

首先，分别考察城镇、农村收入分布的交叉效应，我们先列出了$\bar{F}_{ru}$、$\bar{F}_{ur}$、$\bar{F}_u$、$\bar{F}_r$的变动情况，如表 2-15 所示。

表 2-15　城镇、农村收入分布排序值

年份	μ_r	μ_u	$\bar{F}_{ru}$	$\bar{F}_{ur}$	$\bar{F}_u$	$\bar{F}_r$
2005	3594	10981	0.9002	0.0998	0.7281	0.3279
2009	5669	18051	0.9064	0.0936	0.7099	0.3035
2010	6506	20020	0.9034	0.0966	0.7019	0.2985
2011	7733	22949	0.8968	0.1032	0.6934	0.2965
2012	8774	25889	0.9011	0.0989	0.6902	0.2891

可以发现，城镇居民收入在农村群体中排序值的平均值（$\bar{F}_{ru}$）约为 0.90，在总体中的排序值的平均值（$\bar{F}_u$）约为 0.70，平均来看，把一个城镇居民放到农村群体中去，他的收入可以排在 90%的位置（由低到高），把他放到所有

群体中去，他的收入可以排在70%的位置；农村居民收入在城镇群体中排序值的平均值（$\bar{F}_{ur}$）约为0.10，在总体中的排序值的平均值（$\bar{F}_r$）约为0.30，即平均来看，把一个农村居民放到城镇群体中去，他的收入可以排在10%的位置，把他放到所有群体中去，他的收入可以排在30%的位置。

其次，考察各群体的交叉效应，我们列出了O_{ur}、O_{ru}、O_u和O_r的变动情况，结果如表2-16所示。

表2-16 城镇、农村收入分布与总体收入分布的交叉效应

年份	p_u	p_r	q_u	q_r	O_u	O_r
2005	0.4299	0.5701	0.6973	0.3027	0.6114	0.8679
2009	0.4834	0.5166	0.7487	0.2513	0.6418	0.8263
2010	0.4995	0.5005	0.7543	0.2457	0.6584	0.8224
2011	0.5127	0.4873	0.7574	0.2426	0.6738	0.8312
2012	0.5257	0.4743	0.7658	0.2342	0.6767	0.8209

可以发现，O_{ur}大于O_{ru}，这表明城镇群体有更多的人落入农村群体收入分布的值域当中，相比较而言，农村群体就有较少的人落入城镇群体收入分布的值域当中。O_u小于O_r，意味着城镇收入分布与总体收入分布的交叉效应比农村与总体之间的交叉效应小，这表明城镇收入分布与总体收入分布的阶层效应比农村与总体之间的阶层效应要大。在一定程度上，这说明与农村相比，城镇群体更趋向于形成一个阶层。

就整个社会的阶层效应而言，我们按照Liberati（2015）的思路，计算了交叉效应对组内差距和组间差距的影响，结果如表2-17所示。可以发现：

就对总体差距的贡献而言，组内差距比组间差距更为重要[①]，而且，城乡间差距对总体差距的贡献呈下降趋势，城乡内部差距对总体差距的贡献呈上升趋势。

① 这与基尼系数的传统分解结果不一致。传统分解结果显示，2005~2012年城乡间差距占比分别为58.6%、58.32%、57.37%、55.83%和55.93%，城乡间差距比城乡内部差距更为重要。

表 2–17　总体基尼系数的城乡分解

年份	组内差距 G_{wo}	组内差距百分比	交叉效应对组内差距的影响 $G_{wo}-G_w$	组间差距 G_b	组间差距百分比	交叉效应对组间差距的影响 G_b-G_B	总体差距
2005	0.2422	53.08	0.0764	0.2141	46.92	–0.0533	0.4563
2009	0.2393	52.60	0.0692	0.2156	47.40	–0.0497	0.4549
2010	0.2385	53.70	0.0689	0.2056	46.30	–0.0492	0.4441
2011	0.2441	55.69	0.0718	0.1942	44.31	–0.0505	0.4383
2012	0.2367	55.14	0.0674	0.1926	44.86	–0.0475	0.4293

城乡收入分布的交叉效应使得组内差距增加了约 0.07，但是又使得组间差距减少了约 0.05。而且，$G_{wo}-G_W$ 呈现下降趋势，表明我国城镇、农村居民收入分布的交叉效应越来越小，整个社会的城乡阶层效应越来越明显。G_b-G_B（绝对值意义上）也呈现出下降趋势，也表明我国城乡阶层效应越来越明显了。

第二节　我国居民收入分布极化的测度：基于 DER 指数的视角

1. 基于收入分布函数的极化测度

本节主要介绍 Duclos、Esteban 和 Ray（2003）的极化测度框架。Duclos、Esteban 和 Ray（2003）的 DER 极化指数是在 Esteban 和 Ray（1994）提出的极化指标基础上发展而来的认同—疏离框架。体现在两个方面，一是将收入假设为连续而非离散分布，二是收入分组不再随意确定，而是根据收入分布本身的聚合特征做出的。

假设收入分布的密度函数是 f(x)，其中两个个体的收入分别为 x 和 y，那么两人之间的疏离性可以表示为 $|x-y|$，收入为 x 的人的认同性取决于有多少人与他的收入类似，即取决于收入分布。定义 x 对 y 的有效对抗为 T(f (x),

$|x-y|$），这是一个对疏离性递增的函数。那么极化指标可以定义为社会所有有效对抗的和，如式（2-13）所示：

$$P(f)=\iint T(f(x),\ |x-y|)f(x)f(y)dydx \tag{2-13}$$

Duclos、Esteban 和 Ray（2003）证明了在一定的公理性条件下，上式的唯一形式如式（2-14）所示：

$$P^{DER}=\iint f(x)^{1+\alpha}f(x)|x-y|dydx \tag{2-14}$$

其中，$\alpha\in[0.25,\ 1]$ 为极化回避程度参数。

P^{DER} 可以进一步分解为认同性、疏离性及两者相关性的乘积。其中，收入 y 的认同性为 $\iota(\alpha)=f(y)^{\alpha}$（认同性是收入分布中，每个人的收入点附近有多大比例的人群），加总得到社会平均认同感为 $\bar{\iota}(\alpha)=\int f(y)^{1+\alpha}dy$；收入为 x 的个体对收入为 y 的个体的疏离性为 $|x-y|$（疏离性是每个人的收入与其他人收入之间的差距），所有人对收入为 y 的个体的疏离性为 $a(y)=\int f(x)|x-y|dx$，社会平均的疏离性为 $\bar{a}=\iint f(x)f(y)|x-y|dxdy$。

当出现极化时，一方面，部分人群会聚集成少数群体，从而每个人收入分布的认同性会增强；另一方面，不同群体之间的收入差距会扩大，从而疏离性可能也会增强。

定义疏离性和认同性之间标准化的协方差如式（2-15）所示：

$$\rho=\frac{cov(\iota(\alpha),\ a(y))}{\bar{\iota}(\alpha)\bar{a}} \tag{2-15}$$

那么，

$$P^{DER}=\bar{\iota}(\alpha)\times\bar{a}(1+\rho) \tag{2-16}$$

当 $\alpha=0$ 时，DER 指数退化为基尼系数，而且我们可以看到，基尼系数或者疏离性并不是影响极化程度的唯一因素。

2. 基于总体城乡分组数据的收入极化测度

（1）DER 极化指数。

根据第二章第一节的内容，我们已经使用广义 Beta Ⅱ型分布拟合了城镇、农村的收入分布函数。基于收入分布函数，也估计了收入分布的基尼系数。同样基于这些收入分布函数，测度了收入极化程度。

定义收入在全国收入分布中位数的 0.75~1.25 倍的人群为中等收入人群，中位数 0.75 倍以下的为低收入人群，中位数 1.25 倍以上的为高收入人群。我们计算了它们的人口份额，以及相应的城镇和农村人群的比重。如图 2-5 所示，可以发现，1985~2009 年，中等收入人群比例一直有下降趋势，2009 年以后，中等收入人群有上升趋势；而高收入人群和低收入人群的比重都大于中等收入人群比重，且出现了中等收入人群相反的趋势，即 1985~2009 年有上升趋势，而 2009 年以后有下降趋势（见图 2-5）。

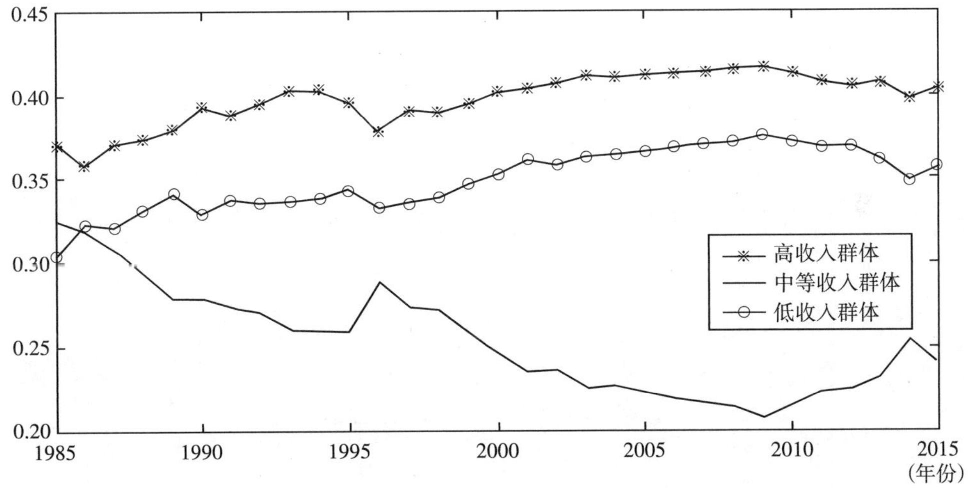

图 2-5　中等收入人群与高收入、低收入人群比重

根据 DER 的计算公式，分别计算了 $\alpha=0.25$，0.5，0.75，1 四种情况下的极化程度，如图 2-6 所示，可以看到，极化程度从 1985~2009 年有着上升的趋势，2009 年以后开始下降。农村的极化程度要高于城镇的极化程度。

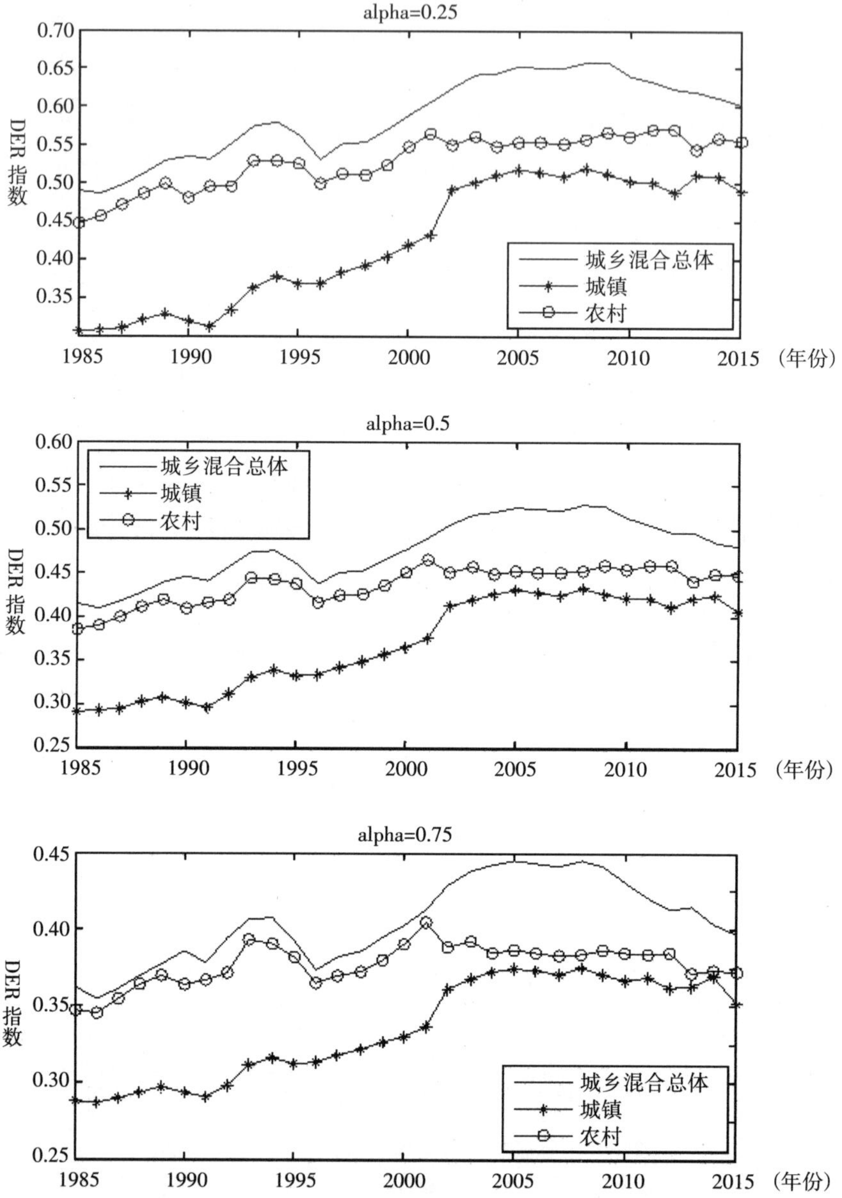
alpha=0.25
0.70
0.65
0.60
0.55
0.50
0.45
0.40
0.35
DER 指数
城乡混合总体
城镇
农村
1985
1990
1995
2000
2005
2010
2015
（年份）
alpha=0.5
0.60
0.55
0.50
0.45
0.40
0.35
0.30
0.25
DER 指数
城乡混合总体
城镇
农村
1985
1990
1995
2000
2005
2010
2015
（年份）
alpha=0.75
0.45
0.40
0.35
0.30
0.25
DER 指数
城乡混合总体
城镇
农村
1985
1990
1995
2000
2005
2010
2015
（年份）

图 2–6 极化程度

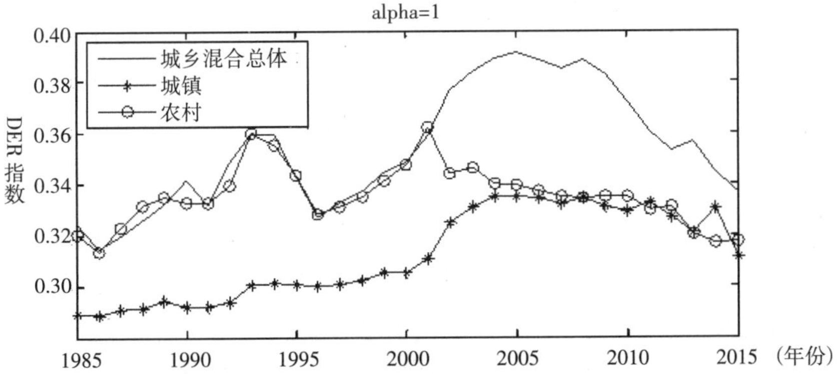

图 2–6　极化程度（续图）

DER 指数中的认同性和疏离性如图 2–7 和图 2–8 所示。可以发现，1985~2015 年认同性一直呈下降趋势，城镇的认同性高于农村；而疏离性 1985~2009 年在上升，2009 年以后有下降趋势，农村的疏离性高于城镇。

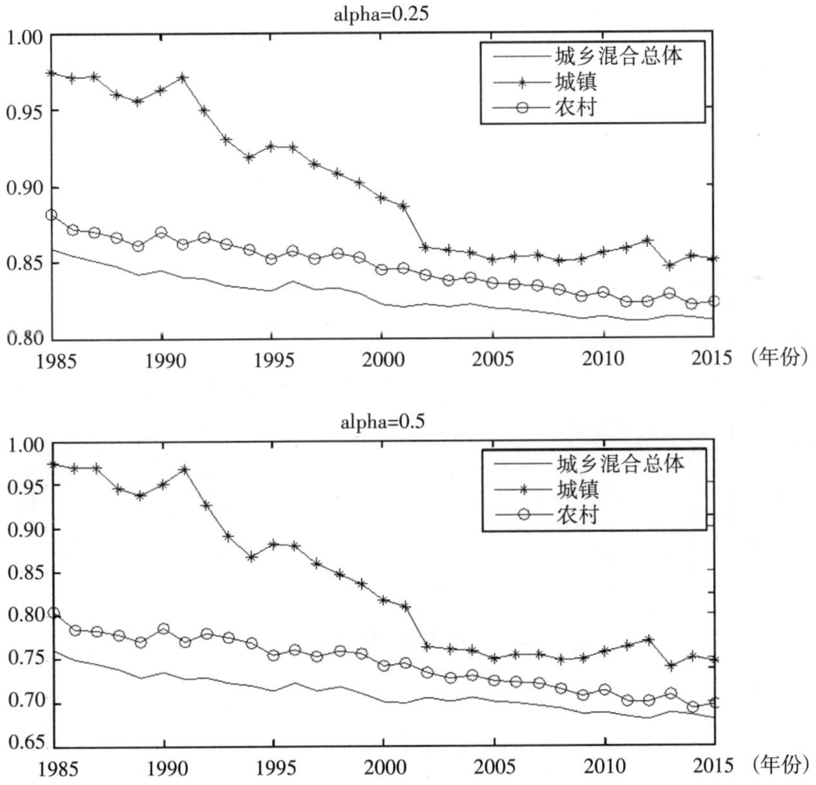

图 2–7　认同性

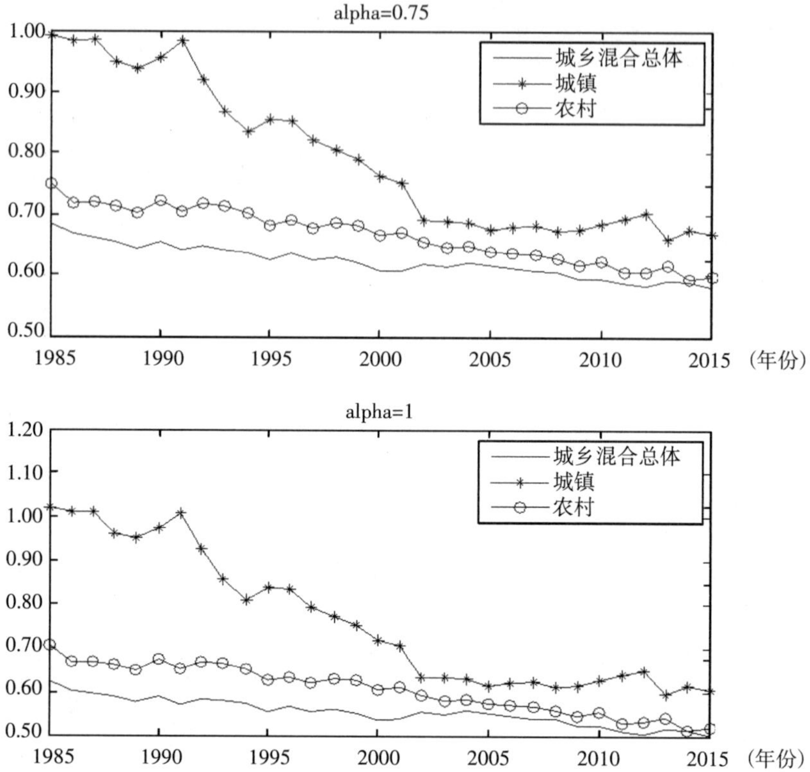

图 2-7 认同性（续图）

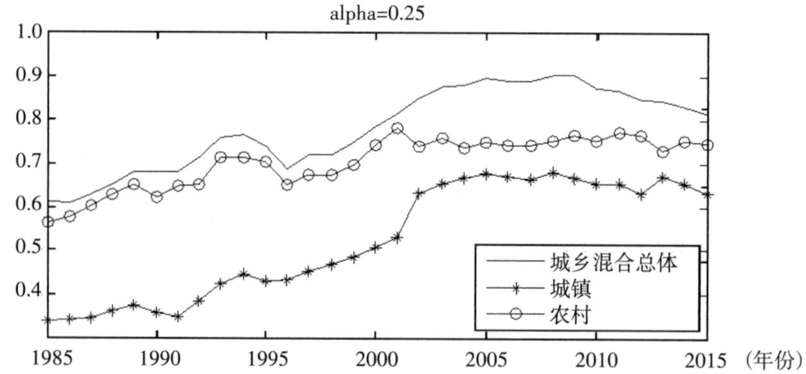

图 2-8 疏离性

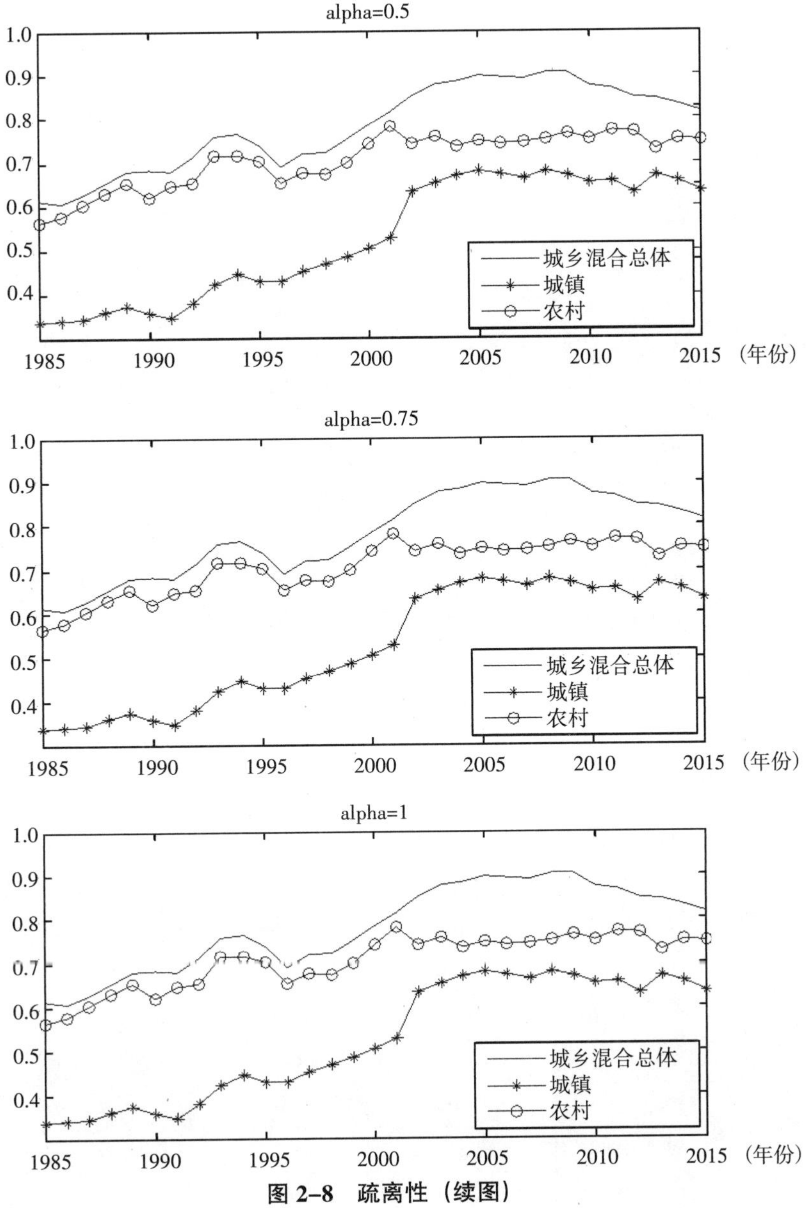

图 2-8　疏离性（续图）

（2）极化的变动分析。

对于 DER 指数的动态分解，如表 2-18 所示。将 1985~2015 年作为一个考察期间，我们发现，极化程度的加剧主要是由于疏离性的上升，同时认同性也在下降，两者相叠加导致极化程度的上升。以每 5 年作为一个考察期间，一共有 6 个时间段。可以发现，2009 年以后，尽管认同性在下降，但由于疏离性出现拐点，开始出现下降趋势，使得极化程度在下降。

表 2–18　DER 指数的分解分析

	年份	Δln（P^{DER}）	Δln（$\bar{\iota}(\alpha)$）	Δln($\bar{a}$)	Δln(1 + ρ)
城乡混合 α=0.25	1985~1990	0.0388	−0.0074	0.0469	−0.0007
	1990~1995	0.0222	−0.0069	0.0342	−0.0050
	1995~2000	0.0201	−0.0046	0.0262	−0.0016
	2000~2005	0.0433	−0.0017	0.0579	−0.0128
	2005~2010	−0.0076	−0.0028	−0.0109	0.0062
	2010~2015	−0.0266	−0.0012	−0.0311	0.0057
	1985~2015	0.0903	−0.0247	0.1232	−0.0082
城乡混合 α=0.5	1985~1990	0.0324	−0.0139	0.0469	−0.0007
	1990~1995	0.0144	−0.0133	0.0342	−0.0065
	1995~2000	0.0150	−0.0085	0.0262	−0.0027
	2000~2005	0.0407	0.0007	0.0579	−0.0179
	2005~2010	−0.0095	−0.0082	−0.0109	0.0096
	2010~2015	−0.0288	−0.0053	−0.0311	0.0076
	1985~2015	0.0642	−0.0485	0.1232	−0.0106
城乡混合 α=0.75	1985~1990	0.0271	−0.0195	0.0469	−0.0004
	1990~1995	0.0076	−0.0197	0.0342	−0.0068
	1995~2000	0.0109	−0.0120	0.0262	−0.0034
	2000~2005	0.0439	0.0055	0.0579	−0.0195
	2005~2010	−0.0146	−0.0152	−0.0109	0.0116
	2010~2015	−0.0348	−0.0114	−0.0311	0.0076
	1985~2015	0.0401	−0.0723	0.1232	−0.0109
城乡混合 α=1	1985~1990	0.0227	−0.0243	0.0469	0.0000
	1990~1995	0.0010	−0.0264	0.0342	−0.0067
	1995~2000	0.0075	−0.0151	0.0262	−0.0036
	2000~2005	0.0501	0.0119	0.0579	−0.0196
	2005~2010	−0.0217	−0.0235	−0.0109	0.0128
	2010~2015	−0.0432	−0.0189	−0.0311	0.0068
	1985~2015	0.0164	−0.0964	0.1232	−0.0104

第三节　收入不平等对社会福利及贫困的影响

1. 基于基尼系数的社会福利含义

假设 $X=(x_1, \cdots, x_n)$ 为按升序排列的社会收入分布向量，社会福利函数为 $w(X)$。一个具有社会福利含义的不平等指标 I 的定义为：

$I=1-\xi/\mu$，其中，$\mu=\sum_{i=1}^{n} x_i/n$ 为收入均值；ξ 为平均分配的同等收入值（EDEI），满足条件 $w(\xi\cdot\overrightarrow{1})=w(X)$。在一定条件下，$\xi$ 与 $w(X)$是一一对应的，即平均分配的同等收入值可以作为衡量社会福利的一个指标。

当社会福利函数 $w(X)$取为：

$\phi\left(\sum_{i=1}^{n}(2n-2i+1)x_i\right)$

其中，$\phi(\cdot)$为单调增函数（这个福利函数赋予贫穷者较大的权重，富裕者较小的权重）。可以得到在该福利函数下，平均分配的同等收入值 $\xi=\left(\sum_{i=1}^{n}(2n-2i+1)x_i\right)/n^2$，基尼系数 $g=1-\xi/\mu$。所以基尼系数是一个具有社会福利含义的不平等指标，而变量 $W\equiv\mu(1-g)=\xi$ 可以作为衡量社会福利的指标。

假设时点 t_1 的基尼系数、收入均值和社会福利分别为 g_1、μ_1 和 W_1，时点 t_2 的基尼系数、收入均值和社会福利分别为 g_2、μ_2 和 W_2。我们可以对 t_1 到 t_2 期间的社会福利变动进行因素分解，分析经济增长和收入分配对社会福利变动的影响。

经济增长对社会福利变动的影响定义为：保持收入不平等程度不变，仅由收入均值变化带来的福利变动；收入分配对社会福利变动的影响定义为：保持收入均值不变，仅由收入不平等程度变化带来的福利变动。

令 $\Delta W=W_2-W_1$，$\Delta g=g_2-g_1$，$\Delta\mu=\mu_2-\mu_1$，则 $\Delta W=\mu_2(-\Delta g)+(1-g_1)\Delta\mu$，但是这种分解不是唯一的，另一种分解方法可以为 $\Delta W=\mu_1(-\Delta g)+(1-g_2)\Delta\mu$。

一个折中的方法，如式（2-17）所示：

$$\Delta W=\frac{1}{2}(\mu_1+\mu_2)(-\Delta g)+\frac{1}{2}(1-g_2+1-g_1)\Delta\mu \tag{2-17}$$

其中，$\frac{1}{2}(\mu_1+\mu_2)(-\Delta g)$是收入分配变化对福利的影响，$\frac{1}{2}(1-g_2+1-g_1)\Delta\mu$是经济增长对福利的影响。

定义 $\chi_1\equiv\left[\frac{1}{2}(\mu_1+\mu_2)(-\Delta g)\right]/\left[\frac{1}{2}(1-g_2+1-g_1)\Delta\mu\right]$，如果 $\chi_1<0$，则表示收入分配恶化，而且收入分配恶化抵消了由经济增长带来的福利增加额的 $-100\chi_1\%$；如果 $\chi_1>0$，则表示收入分配改善，而且收入分配改善额外增加了由经济增长带来的福利增加额的 $100\chi_1\%$。定义 $\chi_2\equiv\left[\frac{1}{2}(\mu_1+\mu_2)(-\Delta g)\right]/W_2$，如果 $\chi_2<0$，则表示由于收入分配恶化导致的社会福利减少量占总的社会福利的比重。

2. 基于收入分布的贫困测度

FGT 指数是 Foster 等（1984）提出的贫困测度指标。假设个体的收入分别为 x_i，i=1，2，…，n，贫困线为 z。那么 FGT 指数如式（2-18）所示：

$$P(\alpha)=\frac{1}{n}\sum_{x_i\leq z}\left(\frac{z-x_i}{z}\right)^{\alpha} \tag{2-18}$$

当 $\alpha=0$ 时，贫困指数为贫困率 P(0)，表示收入水平不高于贫困线的人口占总人口的比例；当 $\alpha=1$ 时，贫困指数为贫困缺口 P(1)，表示贫困人口的收入水平与贫困线之间的收入差距，该收入差距是贫困人口的收入与贫困线之差的百分数；当 $\alpha=2$ 时，贫困指数为贫困缺口的平方 P(2)，表示为贫困缺口以其自身为权重的加权平均值。

上述贫困指数的情形是当收入离散时的计算方式，我们也可以得到，当收入连续时，该贫困指数的计算方式。假设连续的收入分布函数为 F(x)，$x\geq0$，那么 P(0)=F(z)，而且在［0，z］这个区间的这个群体（贫困群体）

的收入分布可以表示为$\frac{F(x)}{F(z)}$，$0\leqslant x\leqslant z$。所以，$P(1)=F(z)\times\int_0^z\frac{z-x}{z}d\left(\frac{F(x)}{F(z)}\right)=\int_0^z\frac{z-x}{z}dF(x)$，$P(2)=\int_0^z\left(\frac{z-x}{z}\right)^2dF(x)$。

对于贫困变动的分解，我们可以参照 Datt 和 Ravallion（1992）的思路，假设t_1、t_2时期的贫困指数分别为P_1和P_2，那么$\Delta P=P_2-P_1=P(L_2, \mu_2)-P(L_1, \mu_1)$，其中，L 表示收入洛伦兹曲线，是表示收入不平等的因素，μ 表示收入均值，是表示经济增长的因素。

由t_1到t_2时期间的贫困变动如式（2-19）所示：

$$\Delta P=[P(L_2, \mu_2)-P(L_2, \mu_1)]+[P(L_2, \mu_1)-P(L_1, \mu_1)] \tag{2-19}$$

其中，第一项表示保持收入不平等不变（保持在t_2时期的不平等程度），由于经济增长带来的贫困变动，第二项表示保持经济水平不变（保持在t_1时期的经济程度），由于收入不平等变化带来的贫困变动。但是这种分解不是唯一的，另一种分解方法如式（2-20）所示：

$$\Delta P=[P(L_1, \mu_2)-P(L_1, \mu_1)]+[P(L_2, \mu_2)-P(L_1, \mu_2)] \tag{2-20}$$

其中，第一项表示保持收入不平等不变（保持在t_1时期的不平等程度），由于经济增长带来的贫困变动，第二项表示保持经济水平不变（保持在t_2时期的经济程度），由于收入不平等变化带来的贫困变动。

一个折中的方法如式（2-20）、式（2-21）所示：

$$\Delta P=\frac{1}{2}\{[P(L_2, \mu_2)-P(L_2, \mu_1)]+[P(L_1, \mu_2)-P(L_1, \mu_1)]\}+$$
$$\frac{1}{2}\{[P(L_2, \mu_1)-P(L_1, \mu_1)]+[P(L_2, \mu_2)-P(L_1, \mu_2)]\} \tag{2-21}$$

其中，式（2-20）是经济增长对贫困变动的影响，式（2-21）是收入分配变化对贫困变动的影响。

3. 收入不平等、经济增长与社会福利/贫困的分析框架

假设社会福利或贫困变量是收入不平等和收入均值的一个函数，如式（2-22）所示：

$$Y=y(L, \mu) \tag{2-22}$$

其中，L 表示收入洛伦兹曲线，是表示收入不平等的因素，μ 表示收入均值，是表示经济增长的因素。下面我们建立一个收入不平等对 Y 的影响的分析框架。

假设 t_1、t_2 时期的目标分别为 Y_1 和 Y_2，那么 $\Delta Y = Y_2 - Y_1 = y(L_2, \mu_2) - y(L_1, \mu_1)$，那么由 t_1 到 t_2 时期间的目标变动如式（2-23）所示：

$$\Delta Y = [y(L_2, \mu_2) - y(L_2, \mu_1)] + [y(L_2, \mu_1) - y(L_1, \mu_1)] \tag{2-23}$$

其中，第一项表示保持收入不平等不变（保持在 t_2 时期的不平等程度），由于经济增长带来的目标变动，第二项表示保持经济水平不变（保持在 t_1 时期的经济水平），由于收入不平等变化带来的目标变动。

但是这种分解不是唯一的，另一种分解方法如式（2-24）所示：

$$\Delta Y = [y(L_1, \mu_2) - y(L_1, \mu_1)] + [y(L_2, \mu_2) - y(L_1, \mu_2)] \tag{2-24}$$

其中，第一项表示保持收入不平等不变（保持在 t_1 时期的不平等程度），由于经济增长带来的目标变动，第二项表示保持经济水平不变（保持在 t_2 时期的经济程度），由于收入不平等变化带来的目标变动。

折中的方法如式（2-24）、式（2-25）所示：

$$\Delta Y = \frac{1}{2}\{[y(L_2, \mu_2) - y(L_2, \mu_1)] + [y(L_1, \mu_2) - y(L_1, \mu_1)]\} + \frac{1}{2}\{[y(L_2, \mu_1) - y(L_1, \mu_1)] + [y(L_2, \mu_2) - y(L_1, \mu_2)]\} \tag{2-25}$$

其中，第一项是经济增长对目标变动的影响，第二项是收入分配变化对目标变动的影响。

在这个分析框架中，$y(L_1, \mu_2)$ 和 $y(L_2, \mu_1)$ 都属于反事实的构造。只能得到初始分布和最终分布，但仍需要虚构一个收入分布，该收入分布与最终分布的不平等程度一样，但该收入分布的均值却与初始分布的一样。一般地，反事实分布的构造非常困难，因为缺少样本数据。但在收入分布是 GB2 分布的情形下，反事实分布的构造就非常容易。

假设 $y(L_1, \mu_1)$ 对应的初始收入分布为 $f(a_1, b_1, p_1, q_1)$，$y(L_2, \mu_2)$ 对应的最终收入分布为 $f(a_2, b_2, p_2, q_2)$，那么 $y(L_1, \mu_2)$ 和 $y(L_2, \mu_1)$ 对应的反事实收入分布分别为 $f(a_1, b_1 \times \mu_2/\mu_1, p_1, q_1)$ 和 $f(a_2, b_2 \times \mu_1/\mu_2, p_2, q_2)$ 的

和，从而可以计算得到 $y(L_1, \mu_2)$ 和 $y(L_2, \mu_1)$。

4. 基于总体分组数据的实证分析

（1）社会福利及贫困的测度。

如表 2-19 所示，根据上述社会福利度量的指标估计了 1990~2015 年城镇、农村及城乡混合的社会福利。

表 2-19　1990~2015 年城镇、农村及城乡混合的社会福利

单位：元

年份	城乡混合	城镇	农村
1990	623.89	1290.19	499.00
1991	620.95	1249.35	494.55
1992	637.15	1350.38	498.06
1993	683.66	1469.25	524.36
1994	739.64	1596.69	561.83
1995	816.27	1707.14	620.32
1996	919.62	1782.21	709.19
1997	1023.62	2048.02	762.64
1998	1096.45	2168.49	805.61
1999	1168.89	2383.27	825.79
2000	1224.78	2542.09	828.93
2001	1311.01	2751.19	854.11
2002	1382.98	2861.70	890.39
2003	1490.64	3143.09	914.49
2004	1647.34	3461.74	992.52
2005	1834.49	3874.76	1064.65
2006	2064.12	4339.85	1160.44
2007	2353.76	4933.39	1271.72
2008	2612.54	5468.53	1363.60
2009	2939.84	6138.49	1461.73
2010	3308.04	6626.45	1644.22
2011	3735.16	7307.22	1811.83
2012	4282.66	8281.58	2013.33
2013	4739.58	8717.72	2351.47
2014	5266.21	9542.23	2531.47
2015	5804.01	10401.35	2725.07

如图 2-9 所示，城镇及农村各自在 1990~2015 年的社会福利值变动趋势。可以发现，一方面，总体、城镇及农村的社会福利一直在增长，且城镇社会福利一直高于农村；另一方面，城镇的社会福利增长速度快于农村，城镇、农村之间的社会福利差距一直在扩大。

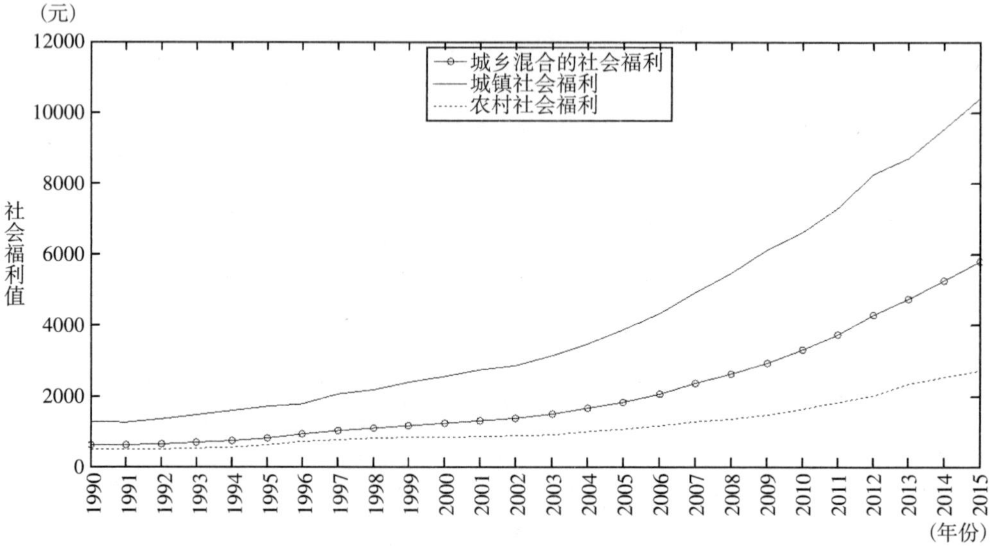

图 2-9　城镇、农村及总体的社会福利水平

根据上述贫困度量的指标，我们也估计了 1990~2015 年城镇、农村的贫困程度，如表 2-20 所示。其中，农村以 2011 年的 2300 元为绝对贫困线，换算成 1990 年为基期的贫困线约为 889 元；城镇以 2011 年的两倍于农村贫困线的值即 4600 元为绝对贫困线，换算成 1990 年为基期的贫困线约为 2179 元。

表 2-20　城镇、农村的贫困 FGT 指数

年份	城镇			农村		
	P_0	P_1	P_2	P_0	P_1	P_2
1990	0.8855	0.3018	0.1261	0.7636	0.3095	0.1578
1991	0.9129	0.3234	0.1377	0.7563	0.3120	0.1629
1992	0.8395	0.2722	0.1116	0.7584	0.3100	0.1600
1993	0.7382	0.2243	0.0892	0.7175	0.2882	0.1487
1994	0.6430	0.1838	0.0712	0.6700	0.2591	0.1314
1995	0.5862	0.1529	0.0553	0.5946	0.2205	0.1100

续表

年份	城镇			农村		
	P_0	P_1	P_2	P_0	P_1	P_2
1996	0.5398	0.1352	0.0475	0.5023	0.1682	0.0790
1997	0.3906	0.0897	0.0301	0.4456	0.1486	0.0705
1998	0.3384	0.0762	0.0254	0.4121	0.1313	0.0600
1999	0.2655	0.0566	0.0181	0.3949	0.1272	0.0590
2000	0.2259	0.0493	0.0162	0.3902	0.1336	0.0657
2001	0.1836	0.0390	0.0126	0.3722	0.1283	0.0638
2002	0.1913	0.0500	0.0198	0.3519	0.1191	0.0577
2003	0.1539	0.0397	0.0156	0.3379	0.1171	0.0581
2004	0.1224	0.0312	0.0123	0.2913	0.0969	0.0468
2005	0.0959	0.0240	0.0093	0.2586	0.0883	0.0440
2006	0.0670	0.0161	0.0061	0.2239	0.0745	0.0364
2007	0.0448	0.0104	0.0039	0.1882	0.0638	0.0319
2008	0.0351	0.0080	0.0029	0.1702	0.0588	0.0299
2009	0.0239	0.0055	0.0020	0.1574	0.0554	0.0285
2010	0.0174	0.0040	0.0015	0.1217	0.0402	0.0197
2011	0.0120	0.0028	0.0010	0.1156	0.0436	0.0239
2012	0.0065	0.0014	0.0005	0.0946	0.0342	0.0180
2013	0.0155	0.0045	0.0021	0.0682	0.0252	0.0136
2014	0.0025	0.0004	0.0001	0.0804	0.0341	0.0203
2015	0.0090	0.0026	0.0012	0.0697	0.0291	0.0171

如图 2-10 所示，是我国城镇、农村 1990~2015 年 FGT 指数的情况，可以看到，贫困程度一直在下降。

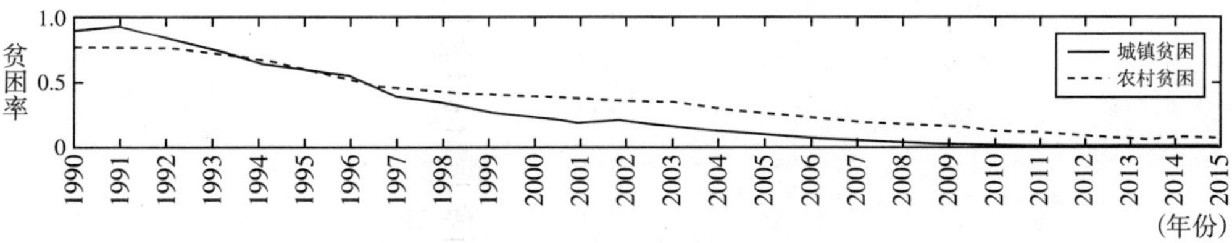

图 2-10　城镇、农村贫困的 FGT 指数

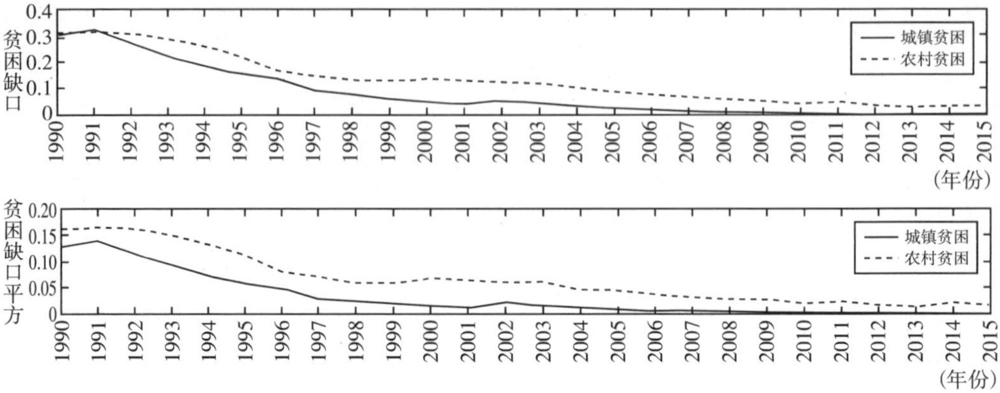

图 2-10　城镇、农村贫困的 FGT 指数（续图）

（2）收入不平等对福利变动的影响。

如表 2-21 所示，收入不平等，可见经济增长与社会福利变动的分解结果。

表 2-21　社会福利变动的分解分析

	时间段	ΔW	分配效应	增长效应	χ_1（%）	χ_2（%）
城乡混合	1990~1995 年	192.38	-39.81	232.20	-17.15	-4.88
	1995~2000 年	408.51	-54.90	463.40	-11.85	-4.48
	2000~2005 年	609.72	-181.62	791.33	-22.95	-9.90
	2005~2010 年	1473.55	23.59	1449.95	1.63	0.71
	2010~2015 年	2495.97	212.54	2283.43	9.31	3.66
	1990~2015 年	5180.12	-584.71	5764.83	-10.14	-10.07
城镇	1990~1995 年	416.95	-67.94	484.89	-14.01	-3.98
	1995~2000 年	834.95	-105.81	940.76	-11.25	-4.16
	2000~2005 年	1332.67	-400.02	1732.70	-23.09	-10.32
	2005~2010 年	2751.69	95.03	2656.66	3.58	1.43
	2010~2015 年	3774.90	138.43	3636.47	3.81	1.33
	1990~2015 年	9111.16	-1152.86	10264.02	-11.23	-11.08
农村	1990~1995 年	121.32	-34.03	155.34	-21.90	-5.49
	1995~2000 年	208.61	-22.93	231.54	-9.91	-2.77
	2000~2005 年	235.72	-4.71	240.43	-1.96	-0.44
	2005~2010 年	579.57	-3.28	582.85	-0.56	-0.20
	2010~2015 年	1080.85	7.46	1073.39	0.70	0.27
	1990~2015 年	2226.07	-160.33	2386.40	-6.72	-5.88

对于总体来说，1990~2015 年，社会福利增加了 5180.12 元，其中经济增长带来的福利增加为 5764.83 元，收入分配的变化带来的福利减少为 584.71 元；收入分配变化抵消了由经济增长带来的福利增加额的 10.14%，导致社会福利减少量占总的社会福利的比重为 10.07%。从细分时段来看，1990~1995 年、1995~2000 年和 2000~2005 年的情况类似，都是收入分配的变化带来福利的减少；2005~2010 年和 2010~2015 年的情况类似，都是收入分配的变化带来福利的增加。

对于城镇来说，1990~2015 年，社会福利增加了 9111.16 元，其中经济增长带来的福利增加为 10264.02 元，收入分配的变化带来的福利减少为 1152.86 元；收入分配变化抵消了由经济增长带来的福利增加额的 11.23%，导致的社会福利减少量占总的社会福利的比重为 11.08%。从细分时段来看，1990~1995 年、1995~2000 年和 2000~2005 年的情况类似，都是收入分配的变化带来福利的减少；2005~2010 年和 2010~2015 年的情况类似，都是收入分配的变化带来福利的增加。

对于农村来说，1990~2015 年，社会福利增加了 2226.07 元，其中经济增长带来的福利增加为 2386.40 元，收入分配的变化带来的福利减少为 160.33 元；收入分配变化抵消了由经济增长带来的福利增加额的 6.72%，导致的社会福利减少量占总的社会福利的比重为 5.88%。从细分时段来看，1990~1995 年、1995~2000 年、2000~2005 年和 2005~2010 年的情况类似，都是收入分配的变化带来福利的减少；2010~2015 年的情况类似，都是收入分配的变化带来福利的增加。

（3）收入不平等对贫困变动的影响。

如表 2-22 所示，收入不平等，经济增长与贫困变动的分解结果，我们以贫困缺口 P_1 为例进行说明。

对于城镇来说，1990~2015 年，贫困缺口减少了 0.2991，其中经济增长带来的贫困减少为 0.33，收入分配的变化带来的贫困增加为 0.0308。从细分时段来看，1990~1995 年、1995~2000 年、2000~2005 年和 2010~2015 年的情况类似，都是收入分配的变化带来贫困的增加，即收入分配部分抵消了经济增

表 2-22　贫困变动的分解分析

贫困指标	时间段	城镇			农村		
		ΔP	增长效应	分配效应	ΔP	增长效应	分配效应
P_0	1990~1995 年	−0.2993	−0.2924	−0.0069	−0.1690	−0.1778	0.0087
	1995~2000 年	−0.3603	−0.3947	0.0344	−0.2044	−0.2164	0.0120
	2000~2005 年	−0.1300	−0.2183	0.0883	−0.1316	−0.1376	0.0061
	2005~2010 年	−0.0786	−0.0718	−0.0067	−0.1369	−0.1457	0.0088
	2010~2015 年	−0.0083	−0.0152	0.0069	−0.0520	−0.0742	0.0222
	1990~2015 年	−0.8765	−0.8435	−0.0330	−0.6939	−0.7085	0.0146
P_1	1990~1995 年	−0.1488	−0.1692	0.0204	−0.0891	−0.1158	0.0267
	1995~2000 年	−0.1036	−0.1283	0.0247	−0.0868	−0.1015	0.0147
	2000~2005 年	−0.0253	−0.0615	0.0361	−0.0453	−0.0536	0.0083
	2005~2010 年	−0.0200	−0.0183	−0.0017	−0.0481	−0.0528	0.0047
	2010~2015 年	−0.0014	−0.0040	0.0027	−0.0111	−0.0278	0.0167
	1990~2015 年	−0.2991	−0.3300	0.0308	−0.2805	−0.3080	0.0275
P_2	1990~1995 年	−0.0708	−0.0874	0.0166	−0.0478	−0.0724	0.0246
	1995~2000 年	−0.0390	−0.0533	0.0143	−0.0443	−0.0565	0.0122
	2000~2005 年	−0.0070	−0.0252	0.0183	−0.0217	−0.0281	0.0065
	2005~2010 年	−0.0078	−0.0072	−0.0006	−0.0243	−0.0271	0.0028
	2010~2015 年	−0.0003	−0.0017	0.0014	−0.0026	−0.0152	0.0125
	1990~2015 年	−0.1249	−0.1632	0.0383	−0.1407	−0.1725	0.0319

长带来的减贫效果；而 2005~2010 年则是收入分配的变化带来贫困的降低，即收入分配部分增加了经济增长带来的减贫效果。

对于农村来说，1990~2015 年，贫困缺口减少了 0.2805，其中经济增长带来的贫困减少为 0.3080，收入分配的变化带来的贫困增加为 0.0275。从细分时段来看，1990~1995 年、1995~2000 年、2000~2005 年、2005~2010 年和 2010~2015 年的情况类似，都是收入分配的变化带来贫困的增加，即收入分配部分抵消了经济增长带来的减贫效果。

第三章

我国居民收入分配状况的再评估：基于省级数据的研究

本章基于省级层面数据，对我国各省的收入分配状况进行评估。部分内容与第二章相似，即使用各省的城乡分组数据来计算各省城镇、农村的收入基尼系数以及极化程度指标，并考察各省的收入不平等对各自的社会福利、贫困变动的影响。基于省级数据，我们还对地区间的收入不平等进行了收入来源分解，考察了地区间的物价水平差异对收入差距测算的影响。

第一节　我国城镇居民收入分配状况的再评估——基于28省市分组数据的分析

本节使用了2008~2012年各省城镇居民的收入分组数据。我们搜集了28个省市的城镇居民收入分组数据（由于搜集数据的困难，缺少了山东、湖南和云南的数据），分别是福建、北京、安徽、甘肃、广东、广西、贵州、河南、黑龙江、江苏、江西、内蒙古、宁夏、青海、山西、陕西、上海、四川、新疆、浙江、重庆、湖北、辽宁、河北、海南、吉林、天津和西藏。大部分省市的城镇是7份组收入数据，分别是10%人口份额的最低收入组，10%人口份额的低收入组，20%人口份额的中等偏下收入组，20%人口份额的中等

收入组，20%人口份额的中等偏上收入组，10%人口份额的高收入组合和10%人口份额最高收入组；而陕西、上海和四川三个省市是5等份收入分组数据。此外，在进行各省城镇居民收入分布的加总时，需要各省城镇居民人口数据。这些数据都来自历年的省级统计年鉴。

1. 我国城镇基尼系数的估计——基于省级数据的测算

首先，基于各省的收入分组数据，我们使用矩方法估计了广义 Beta Ⅱ分布的分布参数，如表3-1所示。

表3-1　28省市广义 Beta Ⅱ分布的参数估计结果

省份	年份	a	b	p	q
福建	2008	2.1272	11794.6051	2.9949	1.5526
	2009	2.1722	15825.6677	1.9634	1.7092
	2010	2.3267	15456.6164	2.1789	1.4644
	2011	1.7471	16672.7028	3.1636	2.0720
	2012	1.7048	27199.6207	2.5870	2.8136
安徽	2008	1.3060	9990.1174	5.2741	4.0536
	2009	0.6869	7959.6477	19.5419	13.5615
	2010	2.1489	15431.8100	1.9682	1.9629
	2011	2.1513	17859.8948	2.1058	2.0447
	2012	1.1507	15667.7820	9.1173	6.5721
甘肃	2008	0.2588	4346.5993	104.8844	84.9307
	2009	0.2786	38397.8964	66.0487	93.9451
	2010	0.4068	454215.9621	24.2725	104.5386
	2011	0.7256	277837.8068	7.6729	63.2757
	2012	0.7009	210244.2569	9.3683	53.9040
广东	2008	0.4196	256136.3541	16.8124	51.6541
	2009	0.4183	235667.3391	18.1500	51.7903
	2010	0.3411	145761.5523	32.0066	61.8811
	2011	0.1480	30300.2705	231.3710	240.4153
	2012	0.3137	75603.9116	52.1809	72.2836

续表

省份	年份	a	b	p	q
广西	2008	1.0220	39037.6443	4.4843	13.2353
	2009	0.8138	43467.5482	7.4589	18.2431
	2010	0.5512	77602.5859	17.8916	43.0590
	2011	1.0918	21853.9190	5.3145	7.0683
	2012	2.8550	19151.8615	1.2999	1.3361
贵州	2008	2.4660	14497.3377	1.0383	1.7393
	2009	0.2064	136924.6441	107.6902	178.6282
	2010	1.3249	35403.1077	2.4158	7.8950
	2011	1.1547	43201.7265	2.9977	9.1421
	2012	0.7208	925894.9604	6.5036	106.0844
河南	2008	2.1435	16510.2019	1.5531	2.4950
	2009	2.2289	18340.9646	1.4097	2.4031
	2010	2.3131	21012.3255	1.3405	2.4725
	2011	3.1659	17217.1387	1.1402	1.1433
	2012	2.5810	19265.1033	1.6194	1.6054
黑龙江	2008	2.2797	10899.6354	1.2249	1.3851
	2009	2.7519	12475.2492	0.9480	1.1475
	2010	3.6907	13766.2622	0.6931	0.8283
	2011	4.3361	14058.4846	0.6435	0.6237
	2012	4.0443	17009.5714	0.7042	0.7592
江苏	2008	1.3132	13576.6797	3.9368	3.3174
	2009	1.0503	12254.1786	6.2313	4.4804
	2010	1.4014	15713.5961	3.6575	2.8516
	2011	1.4657	19856.0740	3.5422	3.0014
	2012	1.5448	22027.7124	3.5402	2.8761
江西	2008	1.6372	15547.5993	3.1295	4.4427
	2009	2.0011	15687.3445	2.1542	2.8417
	2010	1.9634	20902.7420	2.0754	3.6708
	2011	2.5792	15349.8432	1.6950	1.5065
	2012	2.2446	18639.4038	2.1137	2.1067

续表

省份	年份	a	b	p	q
内蒙古	2008	3.1676	15164.9276	0.8292	1.0511
	2009	3.2675	17125.9719	0.8684	1.0738
	2010	3.5784	17993.2274	0.8391	0.9154
	2011	2.2842	20002.4711	1.5587	1.5686
	2012	2.8074	24026.2404	1.2068	1.3119
宁夏	2008	0.8463	61800.4947	4.8772	18.7265
	2009	1.2672	43934.0611	2.2860	9.3198
	2010	3.8850	24156.5180	0.4063	1.3037
	2011	2.2627	35139.5871	0.9262	3.5106
	2012	1.1580	710148.7259	2.3311	132.7052
青海	2008	0.7205	862134.4831	3.8699	85.4284
	2009	0.7541	2081833.9610	3.7601	170.8801
	2010	0.7454	4662066.0650	4.0722	300.4304
	2011	0.9324	2610078.1430	2.0915	220.6121
	2012	0.7843	4988005.1750	3.7874	299.8218
陕西	2008	1.9529	12628.5982	1.8874	2.3303
	2009	1.1343	17437.5548	4.6077	6.7648
	2010	2.5381	17531.9806	1.1568	1.8755
	2011	2.5121	19723.1360	1.3506	2.0033
	2012	2.7484	21262.9197	1.2409	1.6596
上海	2008	1.9557	17026.9394	2.9995	1.8399
	2009	2.5375	18665.8103	2.2661	1.2725
	2010	3.5960	23361.2576	1.2852	0.8490
	2011	2.2005	22079.0331	3.2432	1.6612
	2012	3.3595	28396.4676	1.5062	0.9216
四川	2008	1.2692	17123.1967	3.4960	5.3476
	2009	0.7035	42643.1347	8.9940	20.0598
	2010	0.9417	46234.2487	5.6739	15.8391
	2011	2.0715	18642.8745	1.9017	2.2103
	2012	1.6628	16841.5881	3.4156	2.8454

续表

省份	年份	a	b	p	q
新疆	2008	3.2550	18503.2625	0.5815	1.8034
	2009	2.6437	17571.9247	0.9078	1.9583
	2010	3.3627	18893.2809	0.6353	1.3778
	2011	2.3842	27290.4834	0.9902	2.8722
	2012	2.1948	41745.6738	1.2267	5.8225
浙江	2008	1.6496	15512.5999	3.0447	2.2463
	2009	1.5293	16461.1957	3.4851	2.5704
	2010	1.5152	19120.5385	3.5132	2.7444
	2011	2.9520	30518.7321	0.9112	1.1851
	2012	2.9980	32668.7944	0.9902	1.1639
重庆	2008	2.4136	11630.9289	2.3631	1.8707
	2009	2.4022	15287.4624	2.1041	2.2606
	2010	4.0287	17310.6487	0.9609	1.1037
	2011	3.6134	17321.2721	1.3240	1.0606
	2012	2.7361	22298.8470	1.7700	1.9032
湖北	2008	0.5581	5077.9352	27.7353	17.5617
	2009	0.7986	2729.2571	22.4006	6.9119
	2010	1.2036	7464.8309	6.8928	3.4780
	2011	2.3009	18216.0755	1.5921	1.9066
	2012	2.4866	21952.3177	1.4183	1.8766
辽宁	2008	1.7521	10149.4959	2.5356	1.9766
	2009	1.7008	11536.2314	2.7952	2.2953
	2010	2.0318	13284.8986	2.1207	1.7541
	2011	3.0931	16430.3722	1.0646	0.9658
	2012	3.2738	20287.4103	1.0112	1.0340
河北	2008	2.3641	12896.2486	1.6472	1.8170
	2009	2.2557	15657.3375	1.6494	2.1380
	2010	3.6576	16402.7302	0.8404	1.0210
	2011	3.2950	18910.0235	0.9311	1.2132
	2012	2.2545	22304.2272	1.7409	2.3230

续表

省份	年份	a	b	p	q
海南	2008	1.5224	14425.9156	2.3660	3.1598
	2009	1.9327	14416.5374	1.6493	2.0220
	2010	0.6425	58816.4056	10.1023	24.3652
	2011	1.7177	18555.6305	2.0142	2.3103
	2012	2.3449	22291.0635	1.2498	1.5736
吉林	2008	2.6948	15802.7884	0.9739	1.5853
	2009	2.1636	19017.3949	1.3300	2.4033
	2010	2.9725	20999.5614	0.8676	1.7335
	2011	2.4357	18195.0241	1.2565	1.5015
	2012	2.1348	19995.2971	1.7907	1.9749
天津	2008	0.6877	3701.0188	27.8506	9.9995
	2009	0.6641	14557.4024	18.4459	15.3769
	2010	1.3411	20869.0750	4.8136	4.5750
	2011	2.3550	22863.0244	1.9748	1.7857
	2012	1.0010	23585.2104	9.4480	8.2466
西藏	2008	1.1964	2431543.2320	1.9041	911.3943
	2009	0.9192	6051795.5240	3.5352	908.1232
	2010	0.9209	23616974.2800	3.4674	2843.0045
	2011	0.8351	7514357.8700	3.2969	516.3920
	2012	0.7860	20415811.3200	3.8177	901.1544
山西	2008	1.7259	14797.5841	2.3010	3.0415
	2009	1.7139	14227.9459	2.5721	2.9047
	2010	2.0892	18763.8495	1.6779	2.4890
	2011	1.2803	34642.4645	3.1010	7.0374
	2012	0.8835	313361.9606	4.6913	50.0490
北京	2008	2.2256	23021.4635	1.7838	1.9764
	2009	3.5262	24421.0306	0.9276	1.0103
	2010	5.0709	26211.5084	0.6509	0.6687
	2011	7.3354	29279.6915	0.3991	0.4054
	2012	4.0657	34004.5510	0.7918	0.9186

根据分布参数，可以得到各省城镇的基尼系数估计值如表 3-2 所示。从这 5 年各省城镇基尼系数的均值可以看到，青海省是城镇基尼系数最大的省份，而重庆市是城镇基尼系数最小的省市。而且，大部分省市城镇基尼系数

表 3-2　2008~2012 年各省市城镇基尼系数估计

年份	福建	安徽	甘肃	广东	广西	贵州	河南
2008	0.3089	0.2985	0.3114	0.3599	0.2961	0.3189	0.2901
2009	0.3089	0.2908	0.3162	0.3519	0.2946	0.3232	0.2909
2010	0.3047	0.2946	0.3014	0.3467	0.2807	0.3112	0.2835
2011	0.3227	0.2853	0.2867	0.3403	0.2985	0.3202	0.2871
2012	0.3039	0.2574	0.2761	0.3178	0.2873	0.3027	0.2789
均值	0.3098	0.2853	0.2984	0.3433	0.2914	0.3152	0.2861
年份	黑龙江	江苏	江西	内蒙古	宁夏	青海	陕西
2008	0.3574	0.3377	0.2629	0.3229	0.3271	0.3787	0.3066
2009	0.3439	0.3450	0.2719	0.3066	0.3237	0.3647	0.3021
2010	0.3261	0.3407	0.2615	0.3047	0.3259	0.3542	0.2936
2011	0.3309	0.3216	0.2840	0.3203	0.3109	0.3913	0.2774
2012	0.3102	0.3106	0.2703	0.2997	0.3117	0.3498	0.2773
均值	0.3337	0.3311	0.2701	0.3108	0.3199	0.3677	0.2914
年份	上海	四川	新疆	浙江	重庆	湖北	辽宁
2008	0.3077	0.3098	0.3053	0.3314	0.2577	0.3071	0.3413
2009	0.2994	0.3133	0.3030	0.3292	0.2468	0.3188	0.3236
2010	0.2898	0.2874	0.3033	0.3229	0.2401	0.3298	0.3214
2011	0.2844	0.2945	0.2979	0.3202	0.2523	0.2931	0.3249
2012	0.2882	0.2923	0.2677	0.3110	0.2413	0.2820	0.2997
均值	0.2939	0.2995	0.2954	0.3229	0.2476	0.3062	0.3222
年份	河北	海南	吉林	天津	西藏	山西	北京
2008	0.2882	0.3332	0.3082	0.3084	0.3305	0.3015	0.2905
2009	0.2846	0.3362	0.3045	0.2923	0.3128	0.2996	0.2875
2010	0.2833	0.3186	0.2851	0.2843	0.3146	0.2907	0.2699
2011	0.2836	0.3422	0.3222	0.2795	0.3512	0.3005	0.2840
2012	0.2733	0.3286	0.3023	0.2720	0.3464	0.2972	0.2722
均值	0.2826	0.3318	0.3045	0.2873	0.3311	0.2979	0.2808

呈现下降趋势。

我们也计算了基于这28个省市的总体城镇基尼系数（见表3-3）。结果表明，我国城镇基尼系数已经呈现出下降趋势，由2008年的0.3415下降到2012年的0.3154。

表3-3　28个省市总体城镇基尼系数

年份	2008	2009	2010	2011	2012
28个省市混合的城镇基尼系数	0.3415	0.3372	0.3311	0.3301	0.3154

2. 我国城镇基尼系数的群体阶层分解

本节我们对总体城镇基尼系数按照群体进行阶层分解，包括地区阶层分解和收入阶层分解。

（1）地区阶层分解。

首先，对总体城镇基尼系数按照东、中、西三大地带进行群体分解，研究我国城镇居民收入分布的地区阶层效应①。

我们发现，东、中、西部地区人口比例约为48∶29∶23，各地区收入份额比例约为57∶24∶19；东部地区的基尼系数大于总体基尼系数，也高于中部和西部地区的基尼系数，而中、西部地区的基尼系数都小于总体基尼系数，各地区的城镇基尼系数都呈现下降趋势，如表3-4所示。

表3-4　东中西分组的人口份额、收入份额及其基尼系数

年份	$p_{东}$	$p_{中}$	$p_{西}$	$q_{东}$	$q_{中}$	$q_{西}$	$G_{东}$	$G_{中}$	$G_{西}$
2008	0.4795	0.2878	0.2327	0.5714	0.2380	0.1907	0.3459	0.3045	0.3085
2009	0.4793	0.2874	0.2333	0.5675	0.2381	0.1944	0.3410	0.3035	0.3065
2010	0.4880	0.2816	0.2304	0.5774	0.2328	0.1898	0.3348	0.2987	0.2943
2011	0.4842	0.2836	0.2322	0.5704	0.2361	0.1935	0.3319	0.2993	0.2998
2012	0.4809	0.2843	0.2348	0.5637	0.2384	0.1978	0.3168	0.2846	0.2888

① 东中西三大地带的划分如下：东部地区包括北京、天津、河北、辽宁、上海、江苏、浙江、福建、广东、海南；中部地区包括山西、吉林、黑龙江、安徽、江西、河南、湖北；西部地区包括内蒙古、广西、重庆、四川、贵州、西藏、陕西、甘肃、青海、宁夏、新疆。

其次，我们考察与阶层效应相关的$\bar{F}_{ji}$、$\bar{F}_i$和O_{ji}、O_i（行表示j，列表示i），具体结果如表3-5所示。

表3-5　东中西分组的阶层效应相关结果

2008年	东部	中部	西部	$\bar{F}$	东部	中部	西部	O
东部	0.5000	0.3518	0.3487	0.5778	1.0000	0.9369	0.9386	0.9446
中部	0.6481	0.5000	0.4953	0.4300	0.8973	1.0000	1.0115	0.9670
西部	0.6512	0.5046	0.5000	0.4261	0.8888	0.9884	1.0000	0.9739
2009年	东部	中部	西部	$\bar{F}$	东部	中部	西部	O
东部	0.5000	0.3516	0.3559	0.5762	1.0000	0.9424	0.9461	0.9460
中部	0.6483	0.5000	0.5034	0.4281	0.8957	1.0000	1.0110	0.9698
西部	0.6440	0.4966	0.5000	0.4319	0.8971	0.9891	1.0000	0.9773
2010年	东部	中部	西部	$\bar{F}$	东部	中部	西部	O
东部	0.5000	0.3470	0.3496	0.5777	1.0000	0.9414	0.9262	0.9446
中部	0.6529	0.5000	0.5033	0.4246	0.8881	1.0000	0.9995	0.9716
西部	0.6503	0.4966	0.5000	0.4275	0.8962	1.0009	1.0000	0.9638
2011年	东部	中部	西部	$\bar{F}$	东部	中部	西部	O
东部	0.5000	0.3464	0.3509	0.5782	1.0000	0.9518	0.9467	0.9426
中部	0.6535	0.5000	0.5041	0.4247	0.8866	1.0000	1.0079	0.9749
西部	0.6491	0.4958	0.5000	0.4290	0.8915	0.9925	1.0000	0.9764
2012年	东部	中部	西部	$\bar{F}$	东部	中部	西部	O
东部	0.5000	0.3458	0.3485	0.5794	1.0000	0.9420	0.9477	0.9431
中部	0.6541	0.5000	0.5020	0.4253	0.8904	1.0000	1.0080	0.9702
西部	0.6514	0.4979	0.5000	0.4277	0.8904	0.9920	1.0000	0.9771

$\bar{F}_{ji}$和$\bar{F}_i$的结果显示，以2012年为例说明（其他年份是相似的含义），东部居民的收入在中部群体中排序值的平均值（$\bar{F}_{21}$）为0.6541、在西部群体中排序值的平均值（$\bar{F}_{31}$）为0.6514；中部居民的收入在东部群体中排序值的平均值（$\bar{F}_{12}$）为0.3458、在西部群体中排序值的平均值（$\bar{F}_{32}$）为0.4979；西部

居民的收入在东部群体中排序值的平均值（$\bar{F}_{13}$）为 0.3485、在中部群体中排序值的平均值（$\bar{F}_{23}$）为 0.5020；东部居民的收入在总体中的排序值的平均值（$\bar{F}_1$）为 0.5794，中部居民的收入在总体中的排序值的平均值（$\bar{F}_2$）为 0.4253，西部居民的收入在总体中的排序值的平均值（$\bar{F}_3$）为 0.4277。从平均意义上来看，把一个中部居民放到东部群体中去，他的收入可以排在约 35%的位置（由低到高），把西部居民放到东部群体中去，他的收入也可以排在约 35%的位置；把西部居民放到中部群体中去，他的收入可以排在约 50%的位置。

O_{ji} 和 O_i 结果显示，以 2012 年为例（其他年份是相似的含义），以东部地区为基准，中、西部地区的人落在东部地区值域当中的程度相近（0.8904、0.8904）。以中部地区为基准，与西部地区（0.9920）相比，东部地区（0.9420）有更少的人落在中部地区值域当中。以西部地区为基准，与中部地区（1.0080）相比，东部地区（0.9477）有更少的人落在西部地区值域当中。而且，与中、西部地区相比（0.9702、0.9771），东部地区的 O_i 最小（0.9431），即东部地区的收入分布与总体收入分布的交叉效应 O_i 最小，也就是说东部地区的阶层效应最明显，东部地区更趋向于形成一个阶层。

最后，考察交叉效应对组内差距的影响，该指标也有助于理解我国城镇居民收入分布的地区阶层效应。具体结果如表 3-6 所示。

表 3-6 按东中西地区的基尼系数分解

年份	G_{wo}	G_{wo}/G	G_b	G_b/G	G_W	G_W/G	G_B	G_B/G	$G_{wo}-G_W$
2008	0.3141	0.9196	0.0275	0.0804	0.1293	0.3787	0.0923	0.2703	0.1847
2009	0.3114	0.9235	0.0258	0.0766	0.1274	0.3779	0.0885	0.2623	0.1840
2010	0.3040	0.9181	0.0271	0.0819	0.1268	0.3829	0.0896	0.2706	0.1772
2011	0.3040	0.9208	0.0261	0.0792	0.1252	0.3792	0.0863	0.2615	0.1788
2012	0.2901	0.9198	0.0253	0.0803	0.1186	0.3760	0.0831	0.2634	0.1715

可以发现，2008~2012 年，总体收入差距绝大部分（约 92%）来自三大地区的内部差距，而传统的基尼系数不完全分解结果显示，组内差距对总体

差距的贡献率约为 38%，仅比组间差距的贡献率高出约 10 个百分点，而且，$G_{wo}-G_W$ 有下降趋势，这表明我国城镇居民收入分布的地区阶层效应越来越明显了。

对 28 个省市进行八大经济区域的划分，重新研究我国城镇居民收入分布的地区阶层效应[①]。可以得到类似的结论。如表 3-7 和表 3-8 所示。

表 3-7　八大经济区域分组的阶层效应相关结果

	年份	p	q	g	$\bar{F}$	O
东北地区	2008	0.1222	0.1018	0.3411	0.4162	1.0270
	2009	0.1192	0.0991	0.3278	0.4184	1.0105
	2010	0.1158	0.0962	0.3172	0.4179	1.0016
	2011	0.1146	0.0960	0.3293	0.4119	1.0231
	2012	0.1128	0.0950	0.3070	0.4161	1.0080
北部沿海	2008	0.0760	0.0706	0.3057	0.4829	0.9552
	2009	0.0775	0.0731	0.2996	0.4924	0.9502
	2010	0.0777	0.0735	0.2978	0.4916	0.9536
	2011	0.0782	0.0720	0.2961	0.4791	0.9596
	2012	0.0787	0.0726	0.2867	0.4754	0.9721
东部沿海	2008	0.1806	0.2404	0.3371	0.6340	0.8623
	2009	0.1798	0.2397	0.3367	0.6331	0.8677
	2010	0.1867	0.2467	0.3307	0.6327	0.8705
	2011	0.1848	0.2448	0.3201	0.6419	0.8553
	2012	0.1824	0.2410	0.3122	0.6418	0.8570
南部沿海	2008	0.1706	0.2105	0.3509	0.5907	0.9455
	2009	0.1704	0.2054	0.3458	0.5816	0.9565
	2010	0.1733	0.2093	0.3405	0.5835	0.9521
	2011	0.1706	0.2049	0.3386	0.5818	0.9524
	2012	0.1695	0.2018	0.3168	0.5871	0.9468

① 东北地区：辽宁、吉林、黑龙江；北部沿海：北京、天津、河北、山东；东部沿海：上海、江苏、浙江；南部沿海：福建、广东、海南；黄河中游：山西、内蒙古、河南、陕西；长江中游：安徽、江西、湖北、湖南；西南地区：广西、重庆、四川、贵州、云南；大西北地区：西藏、甘肃、青海、宁夏、新疆。

续表

	年份	p	q	g	$\bar{F}$	O
黄河中游	2008	0.1234	0.1060	0.3037	0.4497	0.9640
	2009	0.1251	0.1082	0.3004	0.4518	0.9635
	2010	0.1229	0.1055	0.2943	0.4472	0.9626
	2011	0.1243	0.1089	0.2961	0.4511	0.9654
	2012	0.1260	0.1108	0.2870	0.4476	0.9729
长江中游	2008	0.1365	0.1146	0.2931	0.4399	0.9506
	2009	0.1369	0.1158	0.2968	0.4380	0.9618
	2010	0.1353	0.1148	0.3007	0.4343	0.9780
	2011	0.1372	0.1165	0.2891	0.4391	0.9596
	2012	0.1382	0.1188	0.2715	0.4433	0.9488
西南地区	2008	0.1456	0.1227	0.2987	0.4430	0.9595
	2009	0.1461	0.1252	0.2985	0.4484	0.9659
	2010	0.1427	0.1202	0.2813	0.4440	0.9447
	2011	0.1446	0.1228	0.2920	0.4406	0.9654
	2012	0.1466	0.1254	0.2837	0.4362	0.9713
西北地区	2008	0.0450	0.0333	0.3214	0.3787	0.9873
	2009	0.0449	0.0335	0.3197	0.3777	0.9910
	2010	0.0456	0.0338	0.3134	0.3744	0.9835
	2011	0.0457	0.0341	0.3099	0.3799	0.9837
	2012	0.0457	0.0345	0.2896	0.3800	0.9669

表 3-8　按八大经济区域分组的基尼系数分解

年份	G	G_{wo}	G_b	G_W	G_B	R
2008	0.3414	0.3047	0.0367	0.0475	0.1106	0.1833
2009	0.3369	0.3027	0.0342	0.0469	0.1077	0.1823
2010	0.3316	0.2963	0.0353	0.0466	0.1084	0.1765
2011	0.3299	0.2944	0.0355	0.0459	0.1059	0.1781
2012	0.3151	0.2804	0.0347	0.0436	0.1025	0.1690

（2）收入阶层分解。

上述地区分解结果表明，与中、西部地区相比，东部地区的阶层效应最明显，而且我国城镇居民的群体阶层效应越来越明显。本节我们对总体城镇基尼系数按照收入低、中、高三组进行群体分解，考察我国城镇居民按收入分组的群体阶层效应。一方面，这对判断我国是否存在一个显著的中产阶级具有一定作用；另一方面，也可以对上述地区分解的结论进行稳健性检验。

参考国家统计局对城镇居民的 7 分组划分方法（10%的最低收入组、10%的低收入组、20%的中等偏下收入组、20%的中等收入组、20%的中等偏上收入组、10%的高收入组、10%的最高收入组），把中等偏下、中等和中等偏上三组占 60%人口份额的人视为中收入人群，然后按照各省市人均可支配收入在 2008~2012 年的平均值，将 28 个省市分成低、中、高收入组（分组标准是使它们的人口份额接近 20：60：20）①。

可以发现，按收入分成低、中、高三组后，各组人口比例约为 16：59：25，各组收入份额比例约为 12：54：34；各组的基尼系数都小于总体基尼系数，高收入组的基尼系数要高于低、中收入组的基尼系数；各组的基尼系数都呈现下降趋势；详细情况如表 3-9 所示。

表 3-9　收入分组的人口份额、收入份额及其基尼系数

年份	$p_{低}$	$p_{中}$	$p_{高}$	$q_{低}$	$q_{中}$	$q_{高}$	$G_{低}$	$G_{中}$	$G_{高}$
2008	0.1597	0.5865	0.2539	0.1214	0.5350	0.3436	0.3156	0.3167	0.3387
2009	0.1588	0.5880	0.2532	0.1215	0.5372	0.3413	0.3128	0.3143	0.3316
2010	0.1583	0.5821	0.2597	0.1202	0.5323	0.3476	0.3015	0.3096	0.3240
2011	0.1582	0.5854	0.2564	0.1208	0.5392	0.3400	0.3050	0.3102	0.3215
2012	0.1589	0.5869	0.2542	0.1231	0.5437	0.3332	0.2892	0.2973	0.3076

① 按照各省市人均可支配收入在 2008~2012 年的平均值，我们将 28 个省市分成低收入组（5 年平均收入低于 1.7 万元，包括甘肃、黑龙江、新疆、贵州、江西、青海、陕西、西藏）；中收入组（5 年平均收入位于［1.7，2.5］万，包括福建、安徽、广西、江苏、内蒙古、宁夏、四川、重庆、湖北、辽宁、河北、河南、海南、吉林、山西）和高收入组（5 年平均收入高于 2.5 万元，包括广东、上海、浙江、天津、北京）三组。而且这个分组结果得到人口份额比例与 20：60：20 很接近。而且，我们也尝试了分组标准为 30：40：30 人口份额比例的情况，得到的结论相类似，所以我们选择了分组标准为 20：60：20 的情形。

其次，类似的考察与阶层效应相关的$\bar{F}_{ji}$、$\bar{F}_i$和O_{ji}、O_i（行表示j，列表示i），具体结果如表3-10所示。

$\bar{F}_{ji}$和$\bar{F}_i$的结果显示，以2012年为例说明（其他年份是相似的含义），低收入组居民的收入在中收入组群体中排序值的平均值（$\bar{F}_{21}$）为0.4118、在高收入群体中排序值的平均值（$\bar{F}_{31}$）为0.2520；中收入组居民的收入在低收入组群体中排序值的平均值（$\bar{F}_{12}$）为0.5882、在高收入组群体中排序值的平均值（$\bar{F}_{32}$）为0.3271；高收入组居民的收入在低收入组群体中排序值的平均值（$\bar{F}_{13}$）为0.7479、在中收入组群体中排序值的平均值（$\bar{F}_{23}$）为0.6728；低收入组居民的收入在总体中的排序值的平均值（$\bar{F}_1$）为0.3852，中收入组居民的收入在总体中的排序值的平均值（$\bar{F}_2$）为0.4701，高收入组居民的收入在总体中的排序值的平均值（$\bar{F}_3$）为0.6408。从平均意义上来看，把一个中收入组居民放到低收入组群体中去，他的收入可以排在约59%的位置（由低到高），把高收入组居民放到低收入组群体中去，他的收入可以排在约75%的位置；把高收入组居民放到中收入组群体中去，他的收入可以排在约67%的位置。

O_{ji}和O_i结果显示，以2012年为例说明（其他年份是相似的含义），以低收入组为基准，与中收入组（1.0063）相比，高收入组（0.8654）有更少的人落在低收入组值域当中。以中收入组为基准，与高收入组（0.9753）相比，低收入组（0.9403）有更少的人落在中收入组值域当中。以高收入组为基准，与中收入组（0.8441）相比，低收入组（0.7292）有更少的人落在高收入组值域当中。而且，与低、中收入组相比（0.9695、0.9842），高收入组O_i的最小（0.8655），即高收入组的收入分布与总体收入分布的交叉效应最小，也就是说，高收入组的阶层效应最明显，高收入组更趋向于形成一个阶层。

表 3–10　收入分组的阶层效应相关结果

2008 年	低收入组	中收入组	高收入组	$\bar{F}$	低收入组	中收入组	高收入组	O
低收入组	0.5000	0.5858	0.7430	0.3879	1.0000	0.9320	0.7369	0.9783
中收入组	0.4141	0.5000	0.6729	0.4698	1.0201	1.0000	0.8541	0.9777
高收入组	0.2569	0.3271	0.5000	0.6402	0.8681	0.9549	1.0000	0.8724
2009 年	低收入组	中收入组	高收入组	$\bar{F}$	低收入组	中收入组	高收入组	O
低收入组	0.5000	0.5848	0.7450	0.3880	1.0000	0.9338	0.7292	0.9803
中收入组	0.4151	0.5000	0.6753	0.4691	1.0202	1.0000	0.8453	0.9796
高收入组	0.2549	0.3246	0.5000	0.6420	0.8754	0.9612	1.0000	0.8660
2010 年	低收入组	中收入组	高收入组	$\bar{F}$	低收入组	中收入组	高收入组	O
低收入组	0.5000	0.5861	0.7498	0.3850	1.0000	0.9385	0.7267	0.9662
中收入组	0.4138	0.5000	0.6780	0.4674	1.0089	1.0000	0.8404	0.9811
高收入组	0.2502	0.3219	0.5000	0.6431	0.8499	0.9646	1.0000	0.8639
2011 年	低收入组	中收入组	高收入组	$\bar{F}$	低收入组	中收入组	高收入组	O
低收入组	0.5000	0.5907	0.7493	0.3829	1.0000	0.9301	0.7224	0.9780
中收入组	0.4092	0.5000	0.6739	0.4697	1.0163	1.0000	0.8428	0.9830
高收入组	0.2506	0.3260	0.5000	0.6413	0.8769	0.9770	1.0000	0.8641
2012 年	低收入组	中收入组	高收入组	$\bar{F}$	低收入组	中收入组	高收入组	O
低收入组	0.5000	0.5882	0.7479	0.3852	1.0000	0.9403	0.7292	0.9695
中收入组	0.4118	0.5000	0.6728	0.4701	1.0063	1.0000	0.8441	0.9842
高收入组	0.2520	0.3271	0.5000	0.6408	0.8654	0.9753	1.0000	0.8655

最后，考察交叉效应对组内差距的影响 $G_{wo} - G_W$，具体结果如表 3–11 所示。

表 3–11　按收入分组的基尼系数分解

年份	G_{wo}	G_{wo}/G	G_b	G_b/G	G_W	G_W/G	G_B	G_B/G	$G_{wo}-G_W$
2008	0.3047	0.8921	0.0369	0.1079	0.1350	0.3954	0.1040	0.3045	0.1697
2009	0.3007	0.8916	0.0365	0.1084	0.1340	0.3973	0.1020	0.3026	0.1667
2010	0.2940	0.8877	0.0372	0.1123	0.1309	0.3953	0.1022	0.3086	0.1631
2011	0.2949	0.8934	0.0352	0.1066	0.1318	0.3992	0.0982	0.2975	0.1631
2012	0.2823	0.8951	0.0331	0.1049	0.1266	0.4014	0.0932	0.2955	0.1557

可以发现，总体收入差距绝大部分（大约 89%）来自内部差距，而传统的基尼系数不完全分解结果显示，组内差距对总体差距的贡献率约为 40%，比组间差距的贡献率高出约 10 个百分点；而且，$G_{wo}-G_W$ 有下降趋势，这表明我国城镇居民按收入分组的群体阶层效应越来越明显，这一结果与地区分组的结论相似。

3. 城镇收入不平等对城镇福利和城镇贫困的影响

本节分析了 28 个省份城镇的收入不平等对各自社会福利和贫困的影响。

（1）城镇社会福利及贫困的测算。

首先，计算 28 个省份城镇 2008~2012 年的社会福利水平。按照第二章第三节的思路框架，28 个省份城镇的社会福利水平如表 3-12 所示。可以看到，以这 5 年的福利水平均值衡量，上海市是城镇社会福利最高的省市，而青海省是城镇社会福利最低的省市。

表 3-12　2008~2012 年 28 个省份城镇社会福利水平

省份	2008 年	2009 年	2010 年	2011 年	2012 年	均值
福建	14121.39	13950.98	15727.05	18032.2	20822.7	16530.86
安徽	10161.88	11222.83	12604.34	14872.93	17555.2	13283.44
甘肃	7975.779	8683.256	9807.514	11477.8	13363.92	10261.65
广东	13442.54	14737.65	16523.06	18719.3	21414.55	16967.42
广西	10259.19	11243.21	12546.18	13394.01	15463.44	12581.21
贵州	8699.281	9419.552	10506.28	12046.83	14182.09	10970.81
河南	10160.22	10966.35	12174.15	14086.17	15891.33	12655.64
黑龙江	8066.981	8989.629	10193.56	11534.67	13362.92	10429.55
江苏	12641.24	13830.69	15480.96	18259.52	20861.1	16214.70
江西	10058.76	10905.42	12208.03	13382.91	15381.57	12387.34
内蒙古	10842.67	12532.38	14058.06	16106.82	18743.22	14456.63
宁夏	9300.441	10249.79	11027.23	13030.55	14639.38	11649.48
青海	7948.51	8926.502	9949.013	10983.17	12915.49	10144.54
陕西	8946.821	9788.707	10985.6	13120.53	15066.6	11581.65
上海	18800.45	20624.2	22988.03	26372.49	29041.17	23565.27

续表

省份	2008 年	2009 年	2010 年	2011 年	2012 年	均值
四川	9535.885	10566.45	11962.88	13865.73	15617.76	12309.74
新疆	8589.084	9405.288	10493.33	12189	14452.13	11025.77
浙江	15576.61	16738.87	18652.48	21471.63	24389.38	19365.79
重庆	10891.57	12262.77	13712.89	15807.98	17990.81	14133.20
湖北	9497.541	10208.15	11252.37	13406.12	15467.26	11966.29
辽宁	9710.482	10703.62	12096.45	13965.06	16365.51	12568.22
河北	9982.51	11045.51	12323.68	13679.47	15587.41	12523.72
海南	9246.89	10104.55	11542.47	13470.48	15656.67	12004.21
吉林	9839.373	10792.75	12175.17	13256.14	15322.46	12277.18
天津	13906.67	15723.18	17800.81	19831.29	22377.17	17927.82
西藏	9061.776	10080.86	11241	11897.58	13346.86	11125.62
山西	9905.518	10632.61	12060.09	13822.51	15717.61	12427.67
北京	17715.92	19237.47	21442.73	23977.73	26331.72	21741.11

同样地，28 个省份城镇的贫困水平（FGT 指数）如表 3-13~表 3-15 所示①。

表 3-13　2008~2012 年 28 个省份城镇的贫困程度（alpha=0）

省份	2008 年	2009 年	2010 年	2011 年	2012 年	均值
福建	0.0038	0.0101	0.0035	0.0025	0.0024	0.0045
安徽	0.0287	0.0167	0.0143	0.0060	0.0004	0.0132
甘肃	0.0882	0.0717	0.0462	0.0278	0.0120	0.0492
广东	0.0319	0.0212	0.0112	0.0046	0.0015	0.0141
广西	0.0439	0.0280	0.0125	0.0127	0.0069	0.0208
贵州	0.0862	0.0584	0.0543	0.0385	0.0188	0.0512
河南	0.0425	0.0359	0.0258	0.0097	0.0046	0.0237
黑龙江	0.1082	0.0794	0.0517	0.0308	0.0193	0.0579
江苏	0.0210	0.0147	0.0092	0.0036	0.0014	0.0100
江西	0.0268	0.0226	0.0156	0.0084	0.0040	0.0155

① 各省城镇居民的贫困线与前文第二章中总体城镇居民的贫困线一致。

续表

省份	2008年	2009年	2010年	2011年	2012年	均值
内蒙古	0.0447	0.0253	0.0153	0.0091	0.0050	0.0199
宁夏	0.0781	0.0672	0.0834	0.0451	0.0306	0.0609
青海	0.1563	0.1201	0.0907	0.1054	0.0509	0.1047
陕西	0.0626	0.0458	0.0374	0.0161	0.0095	0.0343
上海	0.0012	0.0004	0.0005	0.0000	0.0001	0.0004
四川	0.0554	0.0415	0.0221	0.0119	0.0039	0.0270
新疆	0.1052	0.0722	0.0612	0.0414	0.0203	0.0601
浙江	0.0071	0.0050	0.0030	0.0072	0.0034	0.0051
重庆	0.0111	0.0076	0.0065	0.0019	0.0012	0.0057
湖北	0.0431	0.0282	0.0215	0.0143	0.0086	0.0231
辽宁	0.0502	0.0316	0.0194	0.0143	0.0075	0.0246
河北	0.0347	0.0265	0.0203	0.0156	0.0065	0.0207
海南	0.0714	0.0557	0.0329	0.0240	0.0160	0.0400
吉林	0.0590	0.0448	0.0323	0.0227	0.0090	0.0336
天津	0.0054	0.0032	0.0018	0.0013	0.0002	0.0024
西藏	0.1069	0.0675	0.0529	0.0639	0.0460	0.0674
山西	0.0444	0.0310	0.0235	0.0179	0.0137	0.0261
北京	0.0043	0.0043	0.0024	0.0026	0.0015	0.0030

表 3-14　2008~2012 年 28 个省份城镇的贫困程度（alpha=1）

省份	2008年	2009年	2010年	2011年	2012年	均值
福建	0.0006	0.0020	0.0006	0.0004	0.0005	0.0008
安徽	0.0051	0.0026	0.0029	0.0011	0.0001	0.0024
甘肃	0.0186	0.0152	0.0096	0.0059	0.0023	0.0103
广东	0.0075	0.0046	0.0022	0.0008	0.0002	0.0031
广西	0.0100	0.0057	0.0021	0.0024	0.0015	0.0043
贵州	0.0250	0.0123	0.0145	0.0099	0.0042	0.0132
河南	0.0103	0.0090	0.0064	0.0021	0.0009	0.0057
黑龙江	0.0306	0.0226	0.0146	0.0081	0.0050	0.0162
江苏	0.0042	0.0028	0.0018	0.0007	0.0002	0.0019

续表

省份	2008 年	2009 年	2010 年	2011 年	2012 年	均值
江西	0.0051	0.0046	0.0032	0.0016	0.0007	0.0030
内蒙古	0.0124	0.0066	0.0038	0.0020	0.0011	0.0052
宁夏	0.0205	0.0192	0.0324	0.0147	0.0088	0.0191
青海	0.0536	0.0393	0.0281	0.0393	0.0151	0.0351
陕西	0.0148	0.0098	0.0097	0.0037	0.0022	0.0080
上海	0.0002	0.0001	0.0001	0.0000	0.0000	0.0001
四川	0.0127	0.0090	0.0045	0.0025	0.0006	0.0059
新疆	0.0365	0.0216	0.0196	0.0125	0.0056	0.0192
浙江	0.0013	0.0009	0.0005	0.0020	0.0009	0.0011
重庆	0.0018	0.0013	0.0013	0.0003	0.0002	0.0010
湖北	0.0079	0.0045	0.0036	0.0032	0.0019	0.0042
辽宁	0.0109	0.0064	0.0039	0.0034	0.0018	0.0053
河北	0.0075	0.0059	0.0050	0.0038	0.0014	0.0047
海南	0.0181	0.0143	0.0071	0.0058	0.0041	0.0099
吉林	0.0166	0.0120	0.0091	0.0057	0.0019	0.0091
天津	0.0007	0.0005	0.0003	0.0002	0.0000	0.0003
西藏	0.0356	0.0189	0.0147	0.0198	0.0135	0.0205
山西	0.0100	0.0065	0.0054	0.0040	0.0031	0.0058
北京	0.0009	0.0010	0.0005	0.0007	0.0004	0.0007

表 3-15　2008~2012 年 28 个省份城镇的贫困程度（alpha=2）

省份	2008 年	2009 年	2010 年	2011 年	2012 年	均值
福建	0.0001	0.0007	0.0002	0.0001	0.0001	0.0002
安徽	0.0015	0.0007	0.0010	0.0004	0.0000	0.0007
甘肃	0.0060	0.0050	0.0031	0.0020	0.0007	0.0034
广东	0.0027	0.0016	0.0007	0.0002	0.0001	0.0011
广西	0.0036	0.0019	0.0006	0.0007	0.0005	0.0015
贵州	0.0111	0.0040	0.0060	0.0040	0.0015	0.0053
河南	0.0040	0.0036	0.0026	0.0008	0.0003	0.0023
黑龙江	0.0132	0.0099	0.0064	0.0034	0.0021	0.0070
江苏	0.0014	0.0008	0.0005	0.0002	0.0001	0.0006

续表

省份	2008 年	2009 年	2010 年	2011 年	2012 年	均值
江西	0.0016	0.0015	0.0011	0.0005	0.0002	0.0010
内蒙古	0.0054	0.0027	0.0015	0.0007	0.0004	0.0021
宁夏	0.0083	0.0084	0.0181	0.0072	0.0039	0.0092
青海	0.0266	0.0189	0.0130	0.0211	0.0068	0.0173
陕西	0.0056	0.0033	0.0040	0.0014	0.0008	0.0030
上海	0.0000	0.0000	0.0000	0.0000	0.0000	0.0000
四川	0.0046	0.0031	0.0015	0.0009	0.0002	0.0021
新疆	0.0188	0.0099	0.0095	0.0058	0.0024	0.0093
浙江	0.0004	0.0003	0.0002	0.0008	0.0003	0.0004
重庆	0.0005	0.0004	0.0005	0.0001	0.0001	0.0003
湖北	0.0023	0.0012	0.0010	0.0011	0.0007	0.0013
辽宁	0.0038	0.0021	0.0013	0.0013	0.0007	0.0018
河北	0.0026	0.0021	0.0020	0.0015	0.0005	0.0017
海南	0.0071	0.0058	0.0024	0.0022	0.0017	0.0038
吉林	0.0072	0.0050	0.0040	0.0023	0.0007	0.0038
天津	0.0002	0.0001	0.0001	0.0001	0.0000	0.0001
西藏	0.0175	0.0081	0.0063	0.0092	0.0060	0.0094
山西	0.0036	0.0022	0.0020	0.0015	0.0011	0.0021
北京	0.0003	0.0004	0.0002	0.0003	0.0001	0.0003

以贫困缺口为例，以 2008~2012 年的均值衡量，可以发现，上海和西藏分别是城镇贫困水平最低和最高的省市。

（2）城镇收入不平等对福利变动的影响。

根据第二章第三节的思路框架，对 28 个省市城镇收入不平等对城镇社会福利变动的影响进行考察。如表 3-16 所示。

表 3-16　2008~2012 年 28 个省份城镇社会福利的变动分解

省份	ΔW	增长效应	分配效应	χ_1（%）	χ_2（%）
福建	6701.31	6576.72	124.59	1.89	0.60
安徽	7393.33	6609.00	784.33	11.87	4.47

续表

省份	ΔW	增长效应	分配效应	χ_1（%）	χ_2（%）
甘肃	5388.15	4857.36	530.78	10.93	3.97
广东	7972.01	6867.96	1104.05	16.08	5.16
广西	5204.25	5045.88	158.37	3.14	1.02
贵州	5482.81	5213.82	268.98	5.16	1.90
河南	5731.11	5528.16	202.95	3.67	1.28
黑龙江	5295.94	4543.46	752.48	16.56	5.63
江苏	8219.85	7553.18	666.68	8.83	3.20
江西	5322.81	5451.41	-128.60	-2.36	-0.84
内蒙古	7900.55	7404.91	495.64	6.69	2.64
宁夏	5338.94	5069.64	269.29	5.31	1.84
青海	4966.98	4494.47	472.51	10.51	3.66
陕西	6119.78	5625.24	494.54	8.79	3.28
上海	10240.73	9577.30	663.43	6.93	2.28
四川	6081.88	5767.26	314.62	5.46	2.01
新疆	5863.05	5259.62	603.44	11.47	4.18
浙江	8812.77	8213.26	599.51	7.30	2.46
重庆	7099.24	6782.89	316.35	4.66	1.76
湖北	5969.72	5527.28	442.44	8.00	2.86
辽宁	6655.03	5862.03	793.00	13.53	4.85
河北	5604.90	5340.47	264.43	4.95	1.70
海南	6409.78	6322.92	86.86	1.37	0.55
吉林	5483.09	5374.87	108.22	2.01	0.71
天津	8470.50	7546.53	923.97	12.24	4.13
西藏	4285.08	4556.38	-271.30	-5.95	-2.03
山西	5812.09	5732.81	79.28	1.38	0.50
北京	8615.80	8056.74	559.06	6.94	2.12

对于这 28 个省份的城镇来说，2008~2012 年，社会福利都增加了，其中绝大部分的福利增加来源于经济增长效应；其中，绝大部分省份的城镇收入分配改善了由经济增长带来的福利增加额。

（3）城镇收入不平等对贫困变动的影响。

根据第二章第三节的思路框架，对28个省份城镇收入不平等和城镇贫困变动的影响进行了考察。结果如表3-17~表3-19所示。

表3-17　2008~2012年28个省份城镇贫困程度的变动分解（alpha=0）

省份	ΔP	增长效应	分配效应
福建	-0.0014	-0.0059	0.0045
安徽	-0.0282	-0.0182	-0.0100
甘肃	-0.0761	-0.0647	-0.0115
广东	-0.0304	-0.0163	-0.0141
广西	-0.0370	-0.0272	-0.0099
贵州	-0.0674	-0.0578	-0.0095
河南	-0.0379	-0.0261	-0.0118
黑龙江	-0.0889	-0.0591	-0.0298
江苏	-0.0196	-0.0140	-0.0056
江西	-0.0228	-0.0222	-0.0006
内蒙古	-0.0397	-0.0275	-0.0122
宁夏	-0.0475	-0.0532	0.0057
青海	-0.1054	-0.0823	-0.0232
陕西	-0.0531	-0.0428	-0.0103
上海	-0.0011	-0.0008	-0.0003
四川	-0.0516	-0.0361	-0.0155
新疆	-0.0849	-0.0545	-0.0304
浙江	-0.0036	-0.0072	0.0035
重庆	-0.0099	-0.0101	0.0002
湖北	-0.0344	-0.0342	-0.0002
辽宁	-0.0426	-0.0335	-0.0092
河北	-0.0282	-0.0259	-0.0024
海南	-0.0554	-0.0537	-0.0017
吉林	-0.0500	-0.0356	-0.0143
天津	-0.0052	-0.0040	-0.0012
西藏	-0.0609	-0.0625	0.0016
山西	-0.0307	-0.0381	0.0074
北京	-0.0028	-0.0033	0.0005

表 3-18　2008~2012 年 28 个省份城镇贫困程度的变动分解（alpha=1）

省份	ΔP	增长效应	分配效应
福建	-0.0001	-0.0011	0.0010
安徽	-0.0051	-0.0031	-0.0020
甘肃	-0.0163	-0.0142	-0.0021
广东	-0.0072	-0.0036	-0.0036
广西	-0.0085	-0.0062	-0.0023
贵州	-0.0208	-0.0160	-0.0048
河南	-0.0094	-0.0060	-0.0035
黑龙江	-0.0256	-0.0165	-0.0091
江苏	-0.0040	-0.0027	-0.0012
江西	-0.0044	-0.0043	-0.0001
内蒙古	-0.0113	-0.0072	-0.0041
宁夏	-0.0117	-0.0154	0.0037
青海	-0.0385	-0.0286	-0.0098
陕西	-0.0126	-0.0102	-0.0024
上海	-0.0002	-0.0001	0.0000
四川	-0.0121	-0.0078	-0.0043
新疆	-0.0310	-0.0174	-0.0136
浙江	-0.0004	-0.0016	0.0012
重庆	-0.0016	-0.0017	0.0001
湖北	-0.0059	-0.0071	0.0012
辽宁	-0.0092	-0.0076	-0.0016
河北	-0.0062	-0.0056	-0.0005
海南	-0.0139	-0.0141	0.0002
吉林	-0.0147	-0.0092	-0.0055
天津	-0.0007	-0.0005	-0.0002
西藏	-0.0221	-0.0208	-0.0012
山西	-0.0069	-0.0093	0.0023
北京	-0.0005	-0.0007	0.0002

表 3-19　2008~2012 年 28 个省份城镇贫困程度的变动分解（alpha=2）

省份	ΔP	增长效应	分配效应
福建	0.0000	-0.0003	0.0004
安徽	-0.0015	-0.0009	-0.0006
甘肃	-0.0054	-0.0048	-0.0005
广东	-0.0027	-0.0013	-0.0014
广西	-0.0031	-0.0023	-0.0008
贵州	-0.0096	-0.0068	-0.0029
河南	-0.0037	-0.0022	-0.0015
黑龙江	-0.0112	-0.0071	-0.0041
江苏	-0.0013	-0.0009	-0.0004
江西	-0.0014	-0.0013	0.0000
内蒙古	-0.0050	-0.0030	-0.0020
宁夏	-0.0043	-0.0067	0.0024
青海	-0.0198	-0.0143	-0.0055
陕西	-0.0047	-0.0039	-0.0009
上海	0.0000	0.0000	0.0000
四川	-0.0044	-0.0027	-0.0017
新疆	-0.0164	-0.0084	-0.0080
浙江	-0.0001	-0.0006	0.0005
重庆	-0.0004	-0.0005	0.0001
湖北	-0.0016	-0.0024	0.0008
辽宁	-0.0031	-0.0028	-0.0004
河北	-0.0022	-0.0020	-0.0002
海南	-0.0054	-0.0058	0.0003
吉林	-0.0066	-0.0038	-0.0028
天津	-0.0002	-0.0001	0.0000
西藏	-0.0115	-0.0102	-0.0013
山西	-0.0025	-0.0035	0.0010
北京	-0.0002	-0.0003	0.0001

以贫困缺口为例，2008~2012 年，20 个省份城镇的贫困缺口都减少了，这主要得益于经济增长。对于绝大部分省份城镇而言，城镇收入分配的改善也带来了贫困程度的降低。

4. 省级城镇极化程度的估计

根据第二章第三节的思路框架，对 28 省份城镇收入分布的极化程度进行了考察。结果如表 3-20~表 3-23 所示。

表 3-20 2008~2012 年 28 个省份城镇收入分布的极化程度 DER 指标（alpha=0.25）

省份＼年份	2008	2009	2010	2011	2012	均值
福建	0.4794	0.4800	0.4742	0.4971	0.4766	0.4815
安徽	0.4712	0.4638	0.4639	0.4530	0.4221	0.4548
甘肃	0.4894	0.4954	0.4782	0.4608	0.4475	0.4743
广东	0.5475	0.5380	0.5317	0.5145	0.4972	0.5258
广西	0.4713	0.4694	0.4526	0.4727	0.4532	0.4638
贵州	0.4932	0.5038	0.4895	0.5002	0.4807	0.4935
河南	0.4602	0.4612	0.4525	0.4519	0.4441	0.4540
黑龙江	0.5347	0.5182	0.4954	0.4980	0.4762	0.5045
江苏	0.5167	0.5261	0.5195	0.4976	0.4845	0.5089
江西	0.4286	0.4383	0.4267	0.4498	0.4351	0.4357
内蒙古	0.4937	0.4748	0.4712	0.4928	0.4678	0.4801
宁夏	0.5091	0.5051	0.5061	0.4892	0.4932	0.5005
青海	0.5724	0.5560	0.5435	0.5895	0.5384	0.5600
陕西	0.4793	0.4770	0.4634	0.4439	0.4428	0.4613
上海	0.4789	0.4671	0.4532	0.4510	0.4520	0.4604
四川	0.4859	0.4919	0.4608	0.4645	0.4626	0.4731
新疆	0.4809	0.4758	0.4751	0.4719	0.4370	0.4681
浙江	0.5076	0.5057	0.4987	0.4915	0.4804	0.4968
重庆	0.4192	0.4065	0.3951	0.4098	0.3990	0.4059
湖北	0.4836	0.4960	0.5074	0.4622	0.4490	0.4796
辽宁	0.5183	0.4987	0.4946	0.4946	0.4661	0.4945

续表

省份＼年份	2008	2009	2010	2011	2012	均值
河北	0.4560	0.4527	0.4471	0.4487	0.4393	0.4488
海南	0.5119	0.5132	0.4983	0.5207	0.5029	0.5094
吉林	0.4800	0.4777	0.4536	0.4951	0.4731	0.4759
天津	0.4843	0.4657	0.4544	0.4454	0.4405	0.4581
西藏	0.5167	0.4940	0.4963	0.5405	0.5345	0.5164
山西	0.4743	0.4716	0.4609	0.4757	0.4740	0.4713
北京	0.4591	0.4517	0.4282	0.4419	0.4331	0.4428

表 3-21　2008~2012 年 28 个省份城镇收入分布的极化程度 DER 指标（alpha=0.5）

省份＼年份	2008	2009	2010	2011	2012	均值
福建	0.4121	0.4074	0.4063	0.4211	0.4030	0.4100
安徽	0.4014	0.3962	0.3953	0.3883	0.3692	0.3901
甘肃	0.4124	0.4157	0.4029	0.3899	0.3819	0.4006
广东	0.4487	0.4424	0.4392	0.4280	0.4168	0.4350
广西	0.3967	0.3966	0.3866	0.3999	0.3881	0.3936
贵州	0.4096	0.4212	0.4068	0.4144	0.4020	0.4108
河南	0.3894	0.3895	0.3835	0.3877	0.3824	0.3865
黑龙江	0.4417	0.4296	0.4145	0.4205	0.4033	0.4219
江苏	0.4315	0.4386	0.4343	0.4187	0.4103	0.4267
江西	0.3706	0.3768	0.3681	0.3873	0.3764	0.3758
内蒙古	0.4125	0.4003	0.3996	0.4146	0.3972	0.4048
宁夏	0.4208	0.4163	0.4129	0.4037	0.4075	0.4122
青海	0.4608	0.4495	0.4414	0.4702	0.4378	0.4519
陕西	0.4037	0.4022	0.3908	0.3791	0.3790	0.3910
上海	0.4096	0.4039	0.3945	0.3925	0.3942	0.3989
四川	0.4075	0.4115	0.3904	0.3945	0.3956	0.3999
新疆	0.3976	0.3967	0.3953	0.3935	0.3716	0.3909
浙江	0.4270	0.4255	0.4202	0.4107	0.4046	0.4176
重庆	0.3677	0.3574	0.3491	0.3622	0.3524	0.3578

续表

省份＼年份	2008	2009	2010	2011	2012	均值
湖北	0.4094	0.4206	0.4283	0.3926	0.3832	0.4068
辽宁	0.4341	0.4200	0.4177	0.4180	0.3969	0.4173
河北	0.3893	0.3859	0.3823	0.3827	0.3772	0.3835
海南	0.4249	0.4261	0.4157	0.4319	0.4188	0.4235
吉林	0.4012	0.3997	0.3828	0.4142	0.4005	0.3997
天津	0.4116	0.3970	0.3893	0.3840	0.3805	0.3925
西藏	0.4218	0.4089	0.4103	0.4387	0.4352	0.4230
山西	0.4002	0.3995	0.3904	0.3994	0.3973	0.3974
北京	0.3913	0.3866	0.3722	0.3824	0.3737	0.3812

表 3-22　2008~2012 年 28 个省份城镇收入分布的极化程度 DER 指标（alpha=0.75）

省份＼年份	2008	2009	2010	2011	2012	均值
福建	0.3725	0.3618	0.3655	0.3743	0.3550	0.3658
安徽	0.3567	0.3521	0.3513	0.3469	0.3351	0.3484
甘肃	0.3617	0.3629	0.3518	0.3404	0.3364	0.3506
广东	0.3835	0.3793	0.3784	0.3711	0.3637	0.3752
广西	0.3452	0.3469	0.3418	0.3513	0.3470	0.3464
贵州	0.3535	0.3667	0.3494	0.3554	0.3470	0.3544
河南	0.3416	0.3409	0.3363	0.3475	0.3433	0.3419
黑龙江	0.3829	0.3731	0.3634	0.3742	0.3583	0.3704
江苏	0.3775	0.3833	0.3807	0.3684	0.3631	0.3746
江西	0.3318	0.3359	0.3281	0.3482	0.3388	0.3366
内蒙古	0.3602	0.3524	0.3547	0.3650	0.3522	0.3569
宁夏	0.3604	0.3545	0.3461	0.3426	0.3459	0.3499
青海	0.3850	0.3764	0.3709	0.3883	0.3681	0.3777
陕西	0.3541	0.3521	0.3419	0.3358	0.3369	0.3442
上海	0.3675	0.3673	0.3616	0.3581	0.3620	0.3633
四川	0.3550	0.3573	0.3420	0.3487	0.3528	0.3512
新疆	0.3380	0.3419	0.3400	0.3380	0.3241	0.3364

续表

省份 \ 年份	2008	2009	2010	2011	2012	均值
浙江	0.3769	0.3752	0.3706	0.3584	0.3561	0.3674
重庆	0.3360	0.3259	0.3208	0.3346	0.3230	0.3281
湖北	0.3610	0.3735	0.3795	0.3472	0.3398	0.3602
辽宁	0.3820	0.3705	0.3697	0.3713	0.3537	0.3694
河北	0.3461	0.3418	0.3409	0.3397	0.3359	0.3409
海南	0.3677	0.3697	0.3601	0.3746	0.3643	0.3673
吉林	0.3482	0.3467	0.3340	0.3620	0.3535	0.3489
天津	0.3654	0.3518	0.3468	0.3453	0.3412	0.3501
西藏	0.3538	0.3485	0.3493	0.3679	0.3662	0.3571
山西	0.3510	0.3522	0.3431	0.3471	0.3433	0.3473
北京	0.3473	0.3457	0.3388	0.3482	0.3363	0.3433

表 3–23 2008~2012 年 28 个省份城镇收入分布的极化程度 DER 指标（alpha=1）

省份 \ 年份	2008	2009	2010	2011	2012	均值
福建	0.5481	0.5499	0.5418	0.5718	0.5445	0.5512
安徽	0.5361	0.5253	0.5282	0.5134	0.4704	0.5147
甘肃	0.5592	0.5672	0.5442	0.5211	0.5035	0.5390
广东	0.6374	0.6246	0.6160	0.5928	0.5696	0.6081
广西	0.5356	0.5330	0.5103	0.5379	0.5151	0.5264
贵州	0.5684	0.5784	0.5604	0.5747	0.5475	0.5659
河南	0.5231	0.5246	0.5129	0.5139	0.5024	0.5154
黑龙江	0.6251	0.6036	0.5740	0.5780	0.5482	0.5858
江苏	0.5976	0.6096	0.6017	0.5721	0.5545	0.5871
江西	0.4798	0.4935	0.4778	0.5099	0.4896	0.4901
内蒙古	0.5709	0.5453	0.5407	0.5678	0.5349	0.5519
宁夏	0.5860	0.5811	0.5841	0.5606	0.5639	0.5751
青海	0.6704	0.6483	0.6315	0.6925	0.6246	0.6535
陕西	0.5486	0.5438	0.5282	0.5019	0.5009	0.5247
上海	0.5475	0.5322	0.5152	0.5100	0.5130	0.5236

续表

年份 / 省份	2008	2009	2010	2011	2012	均值
四川	0.5560	0.5629	0.5215	0.5289	0.5254	0.5389
新疆	0.5506	0.5446	0.5445	0.5382	0.4905	0.5337
浙江	0.5860	0.5832	0.5737	0.5675	0.5524	0.5726
重庆	0.4685	0.4518	0.4388	0.4575	0.4423	0.4518
湖北	0.5516	0.5683	0.5843	0.5263	0.5088	0.5479
辽宁	0.6008	0.5741	0.5694	0.5716	0.5333	0.5698
河北	0.5180	0.5133	0.5082	0.5098	0.4954	0.5089
海南	0.5919	0.5948	0.5715	0.6044	0.5817	0.5889
吉林	0.5510	0.5467	0.5153	0.5713	0.5407	0.5450
天津	0.5525	0.5278	0.5138	0.5036	0.4947	0.5185
西藏	0.5949	0.5650	0.5680	0.6272	0.6192	0.5949
山西	0.5414	0.5377	0.5240	0.5421	0.5387	0.5368
北京	0.5220	0.5142	0.4841	0.5038	0.4898	0.5028

以 alpha=0.5 为例，从这 5 年各省城镇极化 DER 指标的均值可以看到，青海省是城镇 DER 值最大的省份，而重庆市是城镇 DER 值最小的省市。而且，大部分省份城镇的极化程度呈现下降趋势。

第二节　我国农村居民收入分配状况的再评估
——基于 12 省市分组数据的分析

本节使用了 2008~2012 年各省农村居民的收入分组数据。由于搜集数据的困难，我们搜集了 12 个省份农村居民收入的分组数据，分别是福建、北京、甘肃、广东、广西、黑龙江、江苏、江西、上海、四川、浙江、重庆。大部分省份的农村是 5 份组收入数据，分别是 20%人口份额的低收入组，20%人口份额的中等偏下收入组，20%人口份额的中等收入组，20%人口份额的中等偏上收入组，20%人口份额的高收入组合。

1. 我国农村基尼系数的估计——基于 12 个省份收入分组数据的测算

首先基于 12 个省份农村收入分组数据，我们使用矩方法估计了广义 Beta Ⅱ分布的分布参数，结果如表 3-24 所示。

表 3-24　12 个省份农村广义 Beta Ⅱ分布的参数估计结果

省份	年份	a	b	p	q
北京	2008	1.6374	1.0616	2.6063	3.0372
	2009	2.4355	1.2677	1.2855	1.7574
	2010	1.6634	1.6425	2.1800	3.4854
	2011	1.0638	44.3655	3.5881	129.2235
	2012	3.8680	2.1275	0.6192	1.3817
福建	2008	4.0020	0.6903	0.4946	0.7956
	2009	2.6987	0.8124	0.8146	1.4425
	2010	1.8796	1.0949	1.4010	2.9691
	2011	2.2374	1.1611	1.1216	2.1438
	2012	2.5020	1.2702	0.9681	1.7981
甘肃	2008	0.3578	0.0099	95.7232	30.7486
	2009	0.4515	547.6813	40.3067	20.1212
	2010	0.4853	0.0099	70.5821	13.8705
	2011	0.1935	0.0732	140.9463	104.8522
	2012	0.3084	0.0063	111.0669	31.3253
广东	2008	2.0281	0.4971	2.0990	1.7112
	2009	0.6146	0.1902	23.8235	11.8607
	2010	0.5066	1.0150	20.8174	25.0056
	2011	0.2342	0.3561	103.2800	85.1638
	2012	0.2153	0.4940	136.3271	118.8775
广西	2008	0.2572	1.2580	76.2130	107.2882
	2009	0.2625	0.1711	110.7298	90.9315
	2010	0.3284	2.1593	46.9614	80.6545
	2011	1.5467	0.9358	1.6685	4.1600
	2012	0.6822	2.5985	7.8821	22.3163

续表

省份	年份	a	b	p	q
黑龙江	2008	7.1837	0.5664	0.1977	0.3925
	2009	5.6438	0.6985	0.2270	0.5818
	2010	2.3960	0.8591	0.7819	1.7147
	2011	5.9838	1.0837	0.1769	0.5120
	2012	4.3340	1.1286	0.3334	0.7844
江苏	2008	0.2786	0.4680	71.6082	65.3387
	2009	0.8103	1.0922	6.4076	9.1354
	2010	0.3069	1.9299	42.4053	56.1363
	2011	0.1863	0.4075	133.1627	114.8215
	2012	0.1754	0.7472	142.0456	134.5830
江西	2008	5.5851	0.6044	0.2879	0.6396
	2009	3.5538	0.6142	0.5624	1.0312
	2010	3.2705	0.6827	0.6782	1.1440
	2011	1.7493	0.8481	1.8174	2.7950
	2012	2.5436	0.9350	0.9612	1.5547
上海	2008	3.5963	1.3181	0.7092	1.2890
	2009	3.9563	1.2945	0.6950	1.0370
	2010	4.7953	1.5959	0.5108	0.9520
	2011	4.4664	1.8359	0.5904	1.1372
	2012	1.2235	102.5394	3.3263	475.7377
四川	2008	0.2761	0.6320	119.4417	135.7068
	2009	0.8608	0.6559	9.3990	12.7505
	2010	1.1011	0.5666	5.2683	6.3098
	2011	0.4767	1.7248	29.1929	47.4252
	2012	0.5923	2.7235	13.7891	31.3999
浙江	2008	4.9111	1.1045	0.3217	0.6502
	2009	4.0527	1.2309	0.4009	0.8371
	2010	3.2585	1.3521	0.5338	1.0309
	2011	4.7800	1.5645	0.3166	0.6527
	2012	1.2619	6.1977	1.6570	10.3147

续表

省份	年份	a	b	p	q
重庆	2008	2.1236	0.6591	1.1678	2.9880
	2009	2.6401	0.6024	0.8537	1.7943
	2010	2.7133	0.7176	0.9263	1.9621
	2011	2.4058	0.6911	1.3961	1.8107
	2012	1.8938	0.8135	1.7565	2.3345

根据分布参数可以得到各省农村的基尼系数估计值，如表 3-25 所示。可以看到，黑龙江省是农村基尼系数最大的省，而上海市是农村基尼系数最小的市。

表 3-25　2008~2012 年各省份农村基尼系数估计

年份＼省份	北京	福建	甘肃	广东	广西	黑龙江
2008	0.3075	0.3390	0.3247	0.3263	0.3193	0.3706
2009	0.3022	0.3353	0.3339	0.3283	0.2983	0.3734
2010	0.3050	0.3239	0.3461	0.3234	0.3067	0.3600
2011	0.2759	0.3210	0.3643	0.3430	0.3404	0.4103
2012	0.2698	0.3186	0.3659	0.3208	0.3307	0.3649
均值	0.2921	0.3276	0.3470	0.3284	0.3191	0.3758
年份＼省份	江苏	江西	上海	四川	浙江	重庆
2008	0.3374	0.3313	0.2791	0.2523	0.3534	0.3083
2009	0.3535	0.3287	0.2764	0.2800	0.3534	0.3167
2010	0.3610	0.3216	0.2654	0.3057	0.3619	0.2936
2011	0.3725	0.3249	0.2538	0.2729	0.3636	0.2960
2012	0.3732	0.3286	0.2494	0.2994	0.3639	0.3214
均值	0.3595	0.3270	0.2648	0.2821	0.3592	0.3072

2. 农村收入不平等对农村福利和农村贫困的影响

本节我们分析 12 个省份农村的收入不平等对各自社会福利和贫困的影响。

（1）农村社会福利及贫困的测算。

计算 2008~2012 年 12 个省份农村的社会福利水平。按照表 2-3 的思路框架，12 个省份农村的社会福利水平如表 3-26 所示。可以看到，以这 5 年的福利水平均值衡量，上海市是农村社会福利最高的市，而甘肃省是农村社会福利最低的省。

表 3-26　2008~2012 年 12 个省市农村的社会福利水平

省份＼年份	2008	2009	2010	2011	2012	均值
北京	7704.72	8641.29	9523.53	11054.41	12384.79	9861.75
福建	4372.64	4716.62	5318.91	6319.09	7198.92	5585.24
甘肃	1955.96	2111.85	2398.62	2700.65	3124.21	2458.26
广东	4564.10	4916.80	5649.13	6519.05	7538.72	5837.56
广西	2665.54	2954.79	3325.92	3686.96	4286.92	3384.03
黑龙江	3213.40	3422.41	4196.73	4732.14	5735.15	4259.97
江苏	5224.56	5473.52	6108.67	7190.99	8078.69	6415.29
江西	3357.92	3634.45	4212.74	5042.69	5707.01	4390.96
上海	8242.14	8938.79	10265.43	11750.18	13056.92	10450.69
四川	3294.75	3709.25	3844.87	5051.87	5335.62	4247.27
浙江	6215.38	6713.83	7465.57	8602.67	9494.74	7698.44
重庆	3004.17	3220.93	3938.64	4867.04	5429.68	4092.09

同样地，12 省份农村的贫困水平（FGT 指数）如表 3-27~表 3-29 所示①。

表 3-27　2008~2012 年 12 个省份农村的贫困程度（alpha=0）

省份＼年份	2008	2009	2010	2011	2012	均值
北京	0.0091	0.0091	0.0061	0.0038	0.0061	0.0068
福建	0.0980	0.0829	0.0580	0.0376	0.0277	0.0608
甘肃	0.4682	0.4077	0.3397	0.2803	0.2090	0.3410
广东	0.0548	0.0441	0.0308	0.0214	0.0080	0.0318

① 各省农村居民的贫困线与前文第二章中总体农村居民的贫困线一致。

续表

年份 省份	2008	2009	2010	2011	2012	均值
广西	0.2664	0.1983	0.1511	0.1471	0.0926	0.1711
黑龙江	0.2023	0.1991	0.1270	0.1592	0.0898	0.1555
江苏	0.0452	0.0512	0.0363	0.0225	0.0152	0.0341
江西	0.1752	0.1409	0.0972	0.0568	0.0481	0.1036
上海	0.0142	0.0089	0.0084	0.0046	0.0012	0.0075
四川	0.1150	0.0931	0.0974	0.0256	0.0329	0.0728
浙江	0.0688	0.0596	0.0467	0.0453	0.0306	0.0502
重庆	0.2007	0.1754	0.1019	0.0461	0.0417	0.1132

表 3-28　2008~2012 年 12 个省份农村的贫困程度（alpha=1）

年份 省份	2008	2009	2010	2011	2012	均值
北京	0.0019	0.0022	0.0014	0.0009	0.0018	0.0016
福建	0.0330	0.0263	0.0167	0.0109	0.0082	0.0190
甘肃	0.1507	0.1356	0.0985	0.0851	0.0568	0.1053
广东	0.0119	0.0083	0.0061	0.0041	0.0013	0.0063
广西	0.0730	0.0471	0.0357	0.0461	0.0235	0.0451
黑龙江	0.0836	0.0873	0.0451	0.0773	0.0367	0.0660
江苏	0.0093	0.0123	0.0079	0.0046	0.0030	0.0074
江西	0.0672	0.0474	0.0305	0.0148	0.0142	0.0348
上海	0.0040	0.0024	0.0024	0.0013	0.0002	0.0021
四川	0.0214	0.0192	0.0220	0.0043	0.0065	0.0147
浙江	0.0267	0.0227	0.0171	0.0180	0.0102	0.0189
重庆	0.0627	0.0562	0.0298	0.0111	0.0103	0.0340

表 3-29　2008~2012 年 12 个省份农村的贫困程度（alpha=2）

年份 省份	2008	2009	2010	2011	2012	均值
北京	0.0006	0.0009	0.0005	0.0003	0.0008	0.0006
福建	0.0166	0.0126	0.0074	0.0049	0.0037	0.0090

续表

省份＼年份	2008	2009	2010	2011	2012	均值
甘肃	0.0662	0.0626	0.0402	0.0367	0.0225	0.0456
广东	0.0041	0.0025	0.0019	0.0012	0.0004	0.0020
广西	0.0290	0.0167	0.0127	0.0215	0.0091	0.0178
黑龙江	0.0489	0.0532	0.0235	0.0506	0.0213	0.0395
江苏	0.0030	0.0046	0.0027	0.0015	0.0010	0.0026
江西	0.0373	0.0238	0.0145	0.0060	0.0064	0.0176
上海	0.0018	0.0010	0.0011	0.0005	0.0001	0.0009
四川	0.0062	0.0062	0.0077	0.0012	0.0021	0.0047
浙江	0.0149	0.0125	0.0091	0.0103	0.0051	0.0104
重庆	0.0293	0.0269	0.0134	0.0042	0.0040	0.0156

以贫困缺口为例，以 2008~2012 年的均值衡量，可以发现上海和甘肃分别是农村贫困水平最低和最高的省市。

（2）农村收入不平等对福利变动的影响。

根据第二章第三节的思路框架，对 12 个省份农村收入不平等对农村社会福利变动的影响进行考察。结果如表 3–30 所示。对于这 12 省的农村来说，2008~2012 年，社会福利都增加了，其中绝大部分的福利增加来源于经济增长效应；上海市的农村收入不平等的改善加强了经济增长带来的福利增加额；而甘肃省的农村收入不平等的恶化部分抵消了经济增长带来的福利增加额。

表 3–30　2008~2012 年 12 个省份农村社会福利的变动分解

省份	ΔW	分配效应	增长效应	χ_1（%）	χ_2（%）
北京	4680.07	529.46	4150.61	12.76	4.28
福建	2826.28	175.02	2651.26	6.60	2.43
甘肃	1168.25	–161.06	1329.32	–12.12	–5.16
广东	2974.62	48.99	2925.62	1.67	0.65
广西	1621.38	–58.77	1680.15	–3.50	–1.37
黑龙江	2521.75	39.95	2481.81	1.61	0.70
江苏	2854.12	–371.72	3225.85	–11.52	–4.60

续表

省份	ΔW	分配效应	增长效应	χ_1（%）	χ_2（%）
江西	2349.09	18.56	2330.54	0.80	0.33
上海	4814.78	427.64	4387.13	9.75	3.28
四川	2040.87	-282.97	2323.84	-12.18	-5.30
浙江	3279.36	-129.21	3408.57	-3.79	-1.36
重庆	2425.52	-80.27	2505.79	-3.20	-1.48

（3）农村收入不平等对贫困变动的影响。

根据第二章第三节的思路框架，我们对 12 个省份农村收入不平等对农村贫困变动的影响进行考察，结果如表 3-31~表 3-33 所示。以贫困缺口为例，2008~2012 年，12 个省份农村的贫困缺口都减少了，这主要得益于经济增长。但是对于部分省份农村而言，农村收入分配的恶化也带来贫困程度的上升，如四川、江苏等。

表 3-31　2008~2012 年 12 个省份农村贫困水平的变动分解（alpha=0）

省份	ΔP	增长效应	分配效应
北京	-0.0030	-0.0090	0.0060
福建	-0.0703	-0.0571	-0.0132
甘肃	-0.2592	-0.3033	0.0441
广东	-0.0468	-0.0486	0.0018
广西	-0.1738	-0.1908	0.0170
黑龙江	-0.1125	-0.1133	0.0008
江苏	-0.0300	-0.0486	0.0186
江西	-0.1271	-0.1055	-0.0216
上海	-0.0130	-0.0069	-0.0061
四川	-0.0821	-0.1273	0.0452
浙江	-0.0382	-0.0373	-0.0009
重庆	-0.1590	-0.1574	-0.0017

表 3-32　2008~2012 年 12 个省份农村贫困水平的变动分解（alpha=1）

省份	ΔP	增长效应	分配效应
北京	-0.0001	-0.0023	0.0023
福建	-0.0248	-0.0183	-0.0066
甘肃	-0.0939	-0.1202	0.0264
广东	-0.0106	-0.0105	-0.0001
广西	-0.0495	-0.0596	0.0102
黑龙江	-0.0469	-0.0467	-0.0002
江苏	-0.0063	-0.0114	0.0051
江西	-0.0530	-0.0364	-0.0166
上海	-0.0038	-0.0018	-0.0020
四川	-0.0149	-0.0294	0.0145
浙江	-0.0164	-0.0137	-0.0027
重庆	-0.0524	-0.0477	-0.0047

表 3-33　2008~2012 年 12 个省份农村贫困水平的变动分解（alpha=2）

省份	ΔP	增长效应	分配效应
北京	0.0002	-0.0010	0.0012
福建	-0.0129	-0.0088	-0.0041
甘肃	-0.0438	-0.0598	0.0161
广东	-0.0038	-0.0035	-0.0003
广西	-0.0199	-0.0261	0.0062
黑龙江	-0.0276	-0.0272	-0.0003
江苏	-0.0020	-0.0041	0.0021
江西	-0.0308	-0.0187	-0.0122
上海	-0.0017	-0.0007	-0.0009
四川	-0.0042	-0.0104	0.0062
浙江	-0.0098	-0.0073	-0.0025
重庆	-0.0252	-0.0214	-0.0038

3. 省级农村极化程度的估计

根据第二章第三节的思路框架，笔者对 12 个省份农村收入分布的极化程度进行考察。如表 3-34~表 3-37 所示。

表 3-34　2008~2012 年 12 个省份农村收入分布的极化程度 DER 指标（alpha=0.25）

省份＼年份	2008	2009	2010	2011	2012	均值
北京	0.4812	0.4729	0.4793	0.4485	0.4348	0.4633
福建	0.5118	0.5117	0.5019	0.4971	0.4934	0.5032
甘肃	0.5045	0.5172	0.5213	0.5517	0.5480	0.5285
广东	0.5001	0.5083	0.5035	0.5269	0.5006	0.5079
广西	0.4990	0.4736	0.4840	0.5229	0.5129	0.4985
黑龙江	0.5477	0.5580	0.5427	0.6046	0.5467	0.5599
江苏	0.5203	0.5384	0.5481	0.5614	0.5623	0.5461
江西	0.5062	0.5025	0.4942	0.5020	0.5038	0.5017
上海	0.4447	0.4396	0.4270	0.4136	0.4154	0.4281
四川	0.4173	0.4509	0.4811	0.4428	0.4753	0.4535
浙江	0.5302	0.5317	0.5414	0.5422	0.5545	0.5400
重庆	0.4841	0.4917	0.4645	0.4655	0.4967	0.4805

表 3-35　2008~2012 年 12 个省份农村收入分布的极化程度 DER 指标（alpha=0. 5）

省份＼年份	2008	2009	2010	2011	2012	均值
北京	0.4056	0.3983	0.4023	0.3803	0.3698	0.3913
福建	0.4211	0.4208	0.4147	0.4115	0.4089	0.4154
甘肃	0.4239	0.4286	0.4322	0.4544	0.4506	0.4385
广东	0.4216	0.4267	0.4211	0.4373	0.4197	0.4253
广西	0.4181	0.4020	0.4079	0.4281	0.4247	0.4162
黑龙江	0.4428	0.4476	0.4396	0.4806	0.4404	0.4502
江苏	0.4328	0.4432	0.4510	0.4609	0.4614	0.4499
江西	0.4141	0.4138	0.4095	0.4171	0.4167	0.4142
上海	0.3773	0.3753	0.3654	0.3570	0.3595	0.3669
四川	0.3651	0.3860	0.4058	0.3810	0.4011	0.3878
浙江	0.4306	0.4314	0.4389	0.4385	0.4469	0.4373
重庆	0.4020	0.4068	0.3896	0.3940	0.4146	0.4014

表 3–36　2008~2012 年 12 个省份农村收入分布的极化程度 DER 指标（alpha=0.75）

年份 省份	2008	2009	2010	2011	2012	均值
北京	0.3560	0.3491	0.3505	0.3314	0.3243	0.3423
福建	0.3614	0.3598	0.3551	0.3533	0.3516	0.3562
甘肃	0.3721	0.3693	0.3735	0.3920	0.3874	0.3789
广东	0.3728	0.3746	0.3667	0.3792	0.3666	0.3720
广西	0.3646	0.3546	0.3572	0.3635	0.3652	0.3610
黑龙江	0.3725	0.3711	0.3698	0.3951	0.3674	0.3752
江苏	0.3758	0.3811	0.3882	0.3966	0.3968	0.3877
江西	0.3503	0.3539	0.3527	0.3605	0.3586	0.3552
上海	0.3312	0.3329	0.3234	0.3184	0.3189	0.3250
四川	0.3304	0.3426	0.3559	0.3395	0.3510	0.3439
浙江	0.3631	0.3632	0.3702	0.3682	0.3724	0.3674
重庆	0.3448	0.3484	0.3378	0.3470	0.3605	0.3477

表 3–37　2008~2012 年 12 个省份农村收入分布的极化程度 DER 指标（alpha=1）

年份 省份	2008	2009	2010	2011	2012	均值
北京	0.3204	0.3135	0.3127	0.2941	0.2902	0.3062
福建	0.3177	0.3150	0.3111	0.3104	0.3093	0.3127
甘肃	0.3355	0.3262	0.3311	0.3479	0.3423	0.3366
广东	0.3391	0.3380	0.3276	0.3378	0.3285	0.3342
广西	0.3261	0.3206	0.3204	0.3158	0.3218	0.3209
黑龙江	0.3202	0.3134	0.3182	0.3307	0.3127	0.3190
江苏	0.3351	0.3365	0.3435	0.3513	0.3513	0.3435
江西	0.3024	0.3097	0.3110	0.3193	0.3162	0.3117
上海	0.2972	0.3022	0.2925	0.2899	0.2878	0.2939
四川	0.3057	0.3110	0.3200	0.3094	0.3143	0.3121
浙江	0.3129	0.3125	0.3196	0.3160	0.3170	0.3156
重庆	0.3019	0.3050	0.2991	0.3132	0.3214	0.3081

以 alpha=0.5 为例，从这 5 年各省农村极化 DER 指标的均值可以看到，黑龙江省是农村 DER 值最大的省份，而上海市是农村 DER 值最小的省份。

第三节　我国居民收入的地区不平等及其来源分解
——基于 31 省市人均收入的分析

本节使用了 2005~2015 年各省居民的人均收入数据，考察居民人均收入的地区差距，并基于 Lerman 和 Yitzhaki（1985）的基尼系数分解框架，将居民收入的地区差距按收入来源进行分解。

1. 基尼系数的收入来源分解

Lerman 和 Yitzhaki（1985）提出了一个按收入来源分解的基尼系数分解公式，并能够考察某分项收入对不平等的边际影响。

假设收入变量为 y，F(y)是其累积密度函数，其数学期望是 m，那么基尼系数的一个计算公式可以表示为式（3-1）：

$$G=\frac{2\,\mathrm{cov}(y,\ F(y))}{m} \tag{3-1}$$

假设收入 y 由 K 项收入源构成，即 $y=\sum_{k=1}^{K}y_k$，那么就有式（3-2）：

$$G=\sum_{k=1}^{K}\frac{2\,\mathrm{cov}(y_k,\ F(y))}{m} \tag{3-2}$$

进一步假设第 k 项收入源的累积密度函数为 $F_k(y_k)$，数学期望为 m_k，那么基尼系数可以分解为式（3-3）：

$$G=\sum_{k=1}^{K}\frac{\mathrm{cov}(y_k,\ F)}{\mathrm{cov}(y_k,\ F_k)}\frac{2\,\mathrm{cov}(y_k,\ F_k)}{m_k}\frac{m_k}{m}=\sum_{k=1}^{K}R_kG_kS_k \tag{3-3}$$

其中，$R_k=\frac{\mathrm{cov}(y_k,\ F)}{\mathrm{cov}(y_k,\ F_k)}$表示第 k 项收入源与总收入之间的基尼相关关系，$G_k=\frac{2\,\mathrm{cov}(y_k,\ F_k)}{m_k}$表示第 k 项收入源的相对基尼系数，$S_k=\frac{m_k}{m}$表示第 k 项收

入源的收入份额。

该基尼系数的按收入来源分解框架有一个优势，就是可以考察第 k 项收入源的一个边际增加对总收入基尼系数的影响。假设每一个个体的第 k 项收入源由 y_k 变化到 $e\times y_k$，那么有式（3-4）：

$$\eta_k=\frac{\partial G}{\partial e_k}=S_k(R_kG_k-G) \tag{3-4}$$

2. 居民收入地区不平等的估计与来源分解

（1）数据说明。

以 2005~2015 年我国 31 省份城镇的家庭人均可支配收入、农村家庭人均纯收入为样本，考察城镇收入、农村收入的地区差距。总收入按其来源可以分解为工资性收入、经营性收入、财产性收入和转移性收入四项分项收入源。该数据来自历年的《中国统计年鉴》。为节省篇幅，表 3-38 和表 3-39 列出了 2005 和 2015 年各省城镇及农村的人均总收入及其分项收入。

表 3-38　2005 年各省份人均收入及其分项收入源

单位：元

	城镇					农村				
省份	总收入	工资性	经营性	财产性	转移性	总收入	工资性	经营性	财产性	转移性
北京	19533.3	13666.3	213.7	190.4	5462.9	7346.3	4524.3	1778.3	588.0	455.6
天津	13563.3	8174.6	665.5	148.2	4575.0	5579.9	2720.9	2626.5	152.9	79.7
河北	9616.8	6346.5	643.8	117.5	2509.0	3481.6	1293.5	1988.6	93.7	105.8
山西	9538.6	7103.5	351.0	136.4	1947.8	2890.7	1177.9	1563.5	62.7	86.5
内蒙古	9565.1	6669.5	857.6	161.3	1876.8	2988.9	504.5	2223.3	73.1	188.1
辽宁	9837.2	6103.4	486.0	95.6	3152.2	3690.2	1212.2	2163.5	113.2	201.3
吉林	9123.0	5905.9	712.9	80.7	2423.6	3264.0	511.0	2395.5	148.4	209.2
黑龙江	8722.5	5478.0	858.7	73.0	2312.8	3221.3	464.3	2363.9	230.6	162.4
上海	20602.9	14280.7	798.1	292.2	5232.0	8247.8	6159.7	774.6	457.5	856.0
江苏	13330.0	8397.2	1028.7	240.4	3663.7	5276.3	2786.1	2125.0	150.4	214.8
浙江	17877.4	11941.1	1921.8	552.9	3461.6	6660.0	3238.8	2789.4	278.9	352.9
安徽	9184.6	6425.5	620.7	124.6	2013.7	2641.0	1010.0	1499.3	44.9	86.8
福建	13407.6	8791.6	839.4	448.0	3328.7	4450.4	1650.6	2365.0	98.7	336.0

续表

省份	城镇					农村				
	总收入	工资性	经营性	财产性	转移性	总收入	工资性	经营性	财产性	转移性
江西	9042.5	6222.6	532.6	81.2	2206.2	3128.9	1227.9	1786.4	25.8	88.8
山东	11607.8	9026.6	492.1	151.9	1937.3	3930.5	1437.6	2258.0	102.8	132.1
河南	9146.0	6095.5	660.9	95.8	2293.8	2870.6	853.9	1913.7	35.8	67.1
湖北	9395.1	6576.9	419.7	112.3	2286.1	3099.2	941.6	2049.0	16.8	91.7
湖南	10106.1	6805.3	872.3	195.6	2232.9	3117.7	1228.8	1713.4	42.1	133.6
广东	16249.9	12265.0	1043.5	417.3	2524.1	4690.5	2562.4	1732.0	167.3	228.9
广西	10022.4	6975.4	519.9	176.1	2351.0	2494.7	907.4	1516.4	18.3	52.7
海南	8670.2	6071.2	661.6	198.2	1739.2	3004.0	473.1	2345.6	55.6	129.8
重庆	11079.2	7848.5	492.4	188.2	2550.0	2809.3	1088.8	1541.5	30.7	148.4
四川	9003.6	5838.3	515.5	211.4	2438.4	2802.8	954.9	1681.6	41.6	124.7
贵州	8385.1	5516.2	790.8	90.3	1987.8	1877.0	583.3	1153.4	35.5	104.8
云南	9994.7	6170.9	595.5	428.1	2800.2	2041.8	348.3	1530.1	75.5	87.8
西藏	10659.3	10401.7	43.2	10.4	204.0	2077.9	565.2	1187.1	217.2	108.4
陕西	8902.3	6347.8	179.3	135.2	2240.0	2052.6	756.7	1118.9	56.9	120.1
甘肃	8738.1	6486.8	373.8	39.6	1837.8	1979.9	586.7	1263.4	20.6	109.2
青海	8766.7	5613.8	513.4	62.1	2577.4	2151.5	560.5	1359.6	62.0	169.4
宁夏	8744.9	5771.6	956.7	64.4	1952.2	2508.9	702.1	1561.9	48.6	196.2
新疆	8693.7	6553.5	522.1	54.5	1563.5	2482.2	195.5	2140.8	33.9	112.0

表 3–39　2015 年各省份人均收入及其分项收入源

省份	城镇					农村				
	总收入	工资性	经营性	财产性	转移性	总收入	工资性	经营性	财产性	转移性
北京	52859.2	32568.0	1336.5	8492.3	10462.4	20568.7	15491.1	1958.5	1203.8	1915.3
天津	34101.3	21060.4	2457.9	3400.3	7182.8	18481.6	11031.4	4949.4	775.0	1725.8
河北	26152.2	16705.3	1828.6	2322.6	5295.6	11050.5	5811.9	3682.7	235.9	1320.0
山西	25827.7	16561.8	2789.8	1788.6	4687.5	9453.9	4921.8	2624.4	141.8	1766.0
内蒙古	30594.1	18989.3	4801.1	1869.7	4934.0	10775.9	2249.7	6185.4	425.3	1915.5
辽宁	31125.7	17126.7	3611.9	2149.3	8237.8	12056.9	4730.1	5573.7	231.7	1521.3
吉林	24900.9	14791.8	2655.4	1368.5	6085.1	11326.2	2097.4	7878.1	198.6	1152.1

续表

	城镇					农村				
省份	总收入	工资性	经营性	财产性	转移性	总收入	工资性	经营性	财产性	转移性
黑龙江	24202.6	14371.8	2526.7	1340.8	5963.3	11095.2	2247.0	7049.8	524.9	1273.5
上海	52961.9	32010.0	1302.6	7915.4	11734.0	23205.2	17482.5	1462.3	775.2	3485.1
江苏	37173.5	22460.5	4133.7	3681.8	6897.5	16256.7	8014.9	5045.6	545.2	2651.0
浙江	43714.5	24947.7	6645.6	6048.3	6072.8	21125.0	13086.9	5364.3	607.9	2065.9
安徽	26935.8	16928.7	4172.2	1881.9	3952.9	10820.7	3983.1	4214.4	161.8	2461.4
福建	33275.3	20714.3	4571.5	3822.2	4167.4	13792.7	6187.0	5455.6	232.5	1917.7
江西	26500.1	16834.9	2108.1	2591.8	4965.4	11139.1	4393.0	4431.3	184.6	2130.2
山东	31545.3	20386.1	4375.2	2475.5	4308.5	12930.4	5139.5	5856.4	326.3	1608.1
河南	25575.6	15624.3	3539.4	1990.3	4421.5	10852.9	3728.4	4462.2	157.0	2505.3
湖北	27051.5	15571.6	3792.2	1985.3	5702.4	11843.9	3682.9	5281.4	160.8	2718.8
湖南	28838.1	15902.8	3993.6	2801.0	6140.8	10992.5	4515.2	3911.7	174.1	2391.5
广东	34757.2	26136.9	3823.2	3799.5	997.6	13360.4	6724.0	3590.1	337.0	2709.3
广西	26415.9	15163.1	3665.1	2307.9	5279.9	9466.6	2549.1	4359.4	116.0	2442.1
海南	26356.4	17214.9	2927.4	2198.7	4015.5	10857.6	4251.1	5013.2	194.8	1398.5
重庆	27238.8	15936.2	2974.1	2174.7	6153.9	10504.7	3583.4	3774.7	278.1	2868.6
四川	26205.3	15242.3	3054.4	2169.0	5739.7	10247.4	3463.5	4197.3	223.6	2363.0
贵州	24579.6	14166.2	3729.8	1868.1	4815.6	7386.9	2897.1	2878.7	83.7	1527.3
云南	26373.2	14659.0	3173.8	4036.1	4504.3	8242.1	2315.5	4600.8	147.9	1177.9
西藏	25456.6	20560.5	728.1	1657.3	2510.8	8243.7	1872.9	4937.7	146.9	1286.3
陕西	26420.2	15742.5	2139.6	2273.9	6264.3	8688.9	3548.3	2908.6	152.4	2079.5
甘肃	23767.1	15189.3	1805.1	2294.5	4478.1	6936.2	1974.9	3025.2	128.0	1808.1
青海	24542.3	16899.2	1765.3	1330.8	4547.1	7933.4	2234.7	3058.5	325.7	2314.6
宁夏	25186.0	16884.7	2699.6	1081.5	4520.3	9118.7	3614.3	3837.0	189.9	1477.5
新疆	26274.7	17943.3	2693.2	1267.8	4370.4	9425.1	2131.4	5397.5	209.5	1686.7

（2）地区差距及其分解结果。

按照 Lerman 和 Yitzhaki（1985）的框架，我们对居民收入的地区差距进行了收入来源的分解。

2005~2015 年的城镇、农村收入的地区差距基尼系数如表 3-40 所示。不管是城镇还是农村，地区收入差距都在缩小。

表 3-40 城镇、农村收入的地区差距基尼系数

年份	城镇					农村				
	G	G_1	G_2	G_3	G_4	G	G_1	G_2	G_3	G_4
2005	0.1406	0.1544	0.2565	0.3781	0.2016	0.2261	0.4300	0.1487	0.4995	0.3566
2006	0.1419	0.1499	0.2387	0.3683	0.1859	0.2284	0.4162	0.1566	0.4839	0.3557
2007	0.1338	0.1372	0.2515	0.3646	0.1803	0.2204	0.4006	0.1555	0.4768	0.3350
2008	0.1351	0.1430	0.2392	0.3953	0.1728	0.2144	0.3901	0.1583	0.5081	0.3068
2009	0.1342	0.1411	0.2267	0.4064	0.1666	0.2147	0.3859	0.1719	0.4948	0.3112
2010	0.1342	0.1439	0.2315	0.3961	0.1618	0.2101	0.3720	0.1708	0.4597	0.3137
2011	0.1317	0.1423	0.2245	0.3776	0.1609	0.2059	0.3551	0.1807	0.4940	0.3102
2012	0.1286	0.1386	0.2136	0.3429	0.1577	0.1998	0.3448	0.1852	0.4954	0.3118
2013	0.1274	0.1383	0.2022	0.3264	0.1751	0.1951	0.3316	0.1998	0.5038	0.3280
2014	0.1163	0.1204	0.2086	0.2860	0.1824	0.1717	0.3631	0.1769	0.3695	0.1470
2015	0.1141	0.1225	0.2150	0.2920	0.1837	0.1701	0.3587	0.1744	0.3710	0.1603

表 3-41 是各项收入来源的收入份额。可以发现，对于城镇而言，工资性收入是其大部分收入来源，其次是转移性收入，财产性收入来源份额最小；但是，2005~2015 年，城镇的财产性收入份额呈现上升趋势。对于农村而言，工资性收入和经营性收入是其重要的收入来源，财产性收入也是其最少的收入来源，而且，农村的财产性收入份额比较稳定，城镇、农村第 k 项收入的基尼相关系数如表 3-42 所示。

表 3-41 城镇、农村收入的第 k 项收入份额

年份	城镇				农村			
	S_1	S_2	S_3	S_4	S_1	S_2	S_3	S_4
2005	0.6915	0.0592	0.0158	0.2336	0.3971	0.5191	0.0329	0.0509
2006	0.6861	0.0626	0.0182	0.2331	0.4136	0.4943	0.0333	0.0588
2007	0.6930	0.0587	0.0211	0.2273	0.4113	0.4889	0.0368	0.0630
2008	0.6688	0.0776	0.0204	0.2332	0.4127	0.4709	0.0393	0.0771
2009	0.6631	0.0750	0.0211	0.2407	0.4216	0.4499	0.0391	0.0894
2010	0.6580	0.0747	0.0224	0.2449	0.4296	0.4407	0.0400	0.0897

续表

年份	城镇				农村			
	S_1	S_2	S_3	S_4	S_1	S_2	S_3	S_4
2011	0.6495	0.0837	0.0245	0.2423	0.4430	0.4227	0.0403	0.0940
2012	0.6501	0.0862	0.0233	0.2404	0.4515	0.4086	0.0392	0.1007
2013	0.6459	0.0897	0.0260	0.2384	0.4659	0.3893	0.0404	0.1045
2014	0.6205	0.1062	0.0942	0.1791	0.4287	0.3814	0.0249	0.1650
2015	0.6207	0.1034	0.0932	0.1828	0.4344	0.3720	0.0261	0.1675

表 3-42　城镇、农村第 k 项收入的基尼相关系数

年份	城镇				农村			
	R_1	R_2	R_3	R_4	R_1	R_2	R_3	R_4
2005	0.9377	0.2606	0.6818	0.6906	0.9160	0.5508	0.7792	0.7898
2006	0.9216	0.4233	0.7293	0.8284	0.9184	0.5326	0.8417	0.7420
2007	0.9195	0.5460	0.8036	0.7852	0.9091	0.5151	0.8404	0.7898
2008	0.9112	0.5971	0.6934	0.7769	0.9025	0.4539	0.8718	0.7573
2009	0.9053	0.6065	0.7233	0.8220	0.9017	0.3798	0.8911	0.7690
2010	0.9039	0.6448	0.6919	0.7903	0.9028	0.3427	0.9009	0.8343
2011	0.9183	0.5497	0.7190	0.7650	0.8906	0.3119	0.9084	0.8184
2012	0.9230	0.5610	0.7349	0.7723	0.8846	0.2789	0.9090	0.7443
2013	0.9103	0.4422	0.5771	0.7954	0.8590	0.2194	0.9041	0.7854
2014	0.8686	0.4842	0.8782	0.5203	0.9039	0.2496	0.8070	0.2786
2015	0.8526	0.4016	0.8766	0.4908	0.9047	0.2093	0.8027	0.2907

表 3-43 是各项收入源对地区基尼系数的边际影响，我们可以发现：对城镇而言，工资性收入、经营性收入和转移性收入都会降低地区收入差距，而财产性收入是加剧地区收入差距的；对农村而言，经营性收入会降低地区收入差距，而工资性收入和财产性收入都会加剧地区间的收入差距。

表 3-43 城镇、农村第 k 项收入对基尼系数的边际影响

年份	城镇				农村			
	η_1	η_2	η_3	η_4	η_1	η_2	η_3	η_4
2005	0.0203	–0.0310	0.0131	–0.0024	0.2948	–0.3311	0.0237	0.0125
2006	–0.0182	–0.0180	0.0162	0.0200	0.2785	–0.3138	0.0261	0.0092
2007	–0.0396	0.0015	0.0251	0.0131	0.2684	–0.3112	0.0301	0.0127
2008	–0.0238	0.0044	0.0210	–0.0015	0.2649	–0.3132	0.0419	0.0065
2009	–0.0319	0.0018	0.0251	0.0050	0.2617	–0.3131	0.0412	0.0102
2010	–0.0202	0.0084	0.0233	–0.0115	0.2571	–0.3179	0.0388	0.0220
2011	–0.0051	–0.0052	0.0260	–0.0157	0.2375	–0.3070	0.0476	0.0219
2012	–0.0036	–0.0059	0.0223	–0.0128	0.2376	–0.3030	0.0492	0.0162
2013	–0.0078	–0.0267	0.0124	0.0221	0.2144	–0.3018	0.0539	0.0335
2014	–0.0625	–0.0139	0.1093	–0.0329	0.3907	–0.2834	0.0183	–0.1256
2015	–0.0524	–0.0251	0.1159	–0.0383	0.3942	–0.2922	0.0196	–0.1216

第四节 省际间价格调整下的城镇居民收入不平等估计

基于国家统计局对外公布的总体城镇居民收入 7 组数据，使用第二章中的方法估计城镇居民收入基尼系数时，有一个不足之处。具体来说，他们抽样将各省份的城镇居民可支配收入调查数据进行混合，得到不同省份混合的城镇居民样本，然后将样本按收入高低依次分为最低收入组（10%人口份额）、低收入组（10%人口份额）、中等偏下收入组（20%人口份额）、中等收入组（20%人口份额）、中等偏上收入组（20%人口份额）、高收入组（10%人口份额）和最高收入组（10%人口份额），对外公布的收入 7 组数据分别是这 7 组的平均收入数据；事实上，各抽样省份之间，由于生活成本存在差异，同样的 100 元可支配收入在不同省份之间是不一样的，如果考虑不同省份之间的物价水平，那么收入 7 组中的样本可能会有很大不同。例如，一个来自

生活成本比较低省份的居民原来是处在总体中的中等偏下收入组，考虑物价水平后，他就处在总体中的中等收入组了。基于总体的收入分组数据计算基尼系数时，不可避免地会忽略不同省份之间生活成本差异，导致错误估计真实的城镇居民收入差距。本节的出发点就是试图克服这个缺陷。

江小涓和李辉（2005）基于购买力平价的思想，使用国家发展和改革委员会价格监测中心网站提供的36个大中城市的数据，编制了一组这些城市之间的价格指数，研究了国内地区间生活水平的真实差距；北京大学中国经济研究中心宏观组（2006）也是基于购买力平价的思想，测算了36个大中城市居民的名义收入基尼系数和实际收入基尼系数值，以及25个省市农村居民的名义收入基尼系数和实际收入基尼系数值，但是他们在计算基尼系数时忽略了内部差距；李实和罗楚亮（2011）利用住户调查数据，非常详细地讨论了在估计收入差距时可能出现的各种偏差问题。

本节也是考察剔除地区间价格差异影响后的我国城镇居民实际收入差距。基于扩展的线性支出系统（ELES），测算各省城镇居民的基本生活需要，在此基础上我们构造了不同地区间的城镇价格指数；然后基于各省的城镇居民收入分组数据，拟合各省城镇居民的收入分布，然后根据各省城镇的人口权重进行加总，可以得到总体城镇居民的名义收入分布和名义收入基尼系数值。剔除不同地区之间的价格影响后，就可以加总得到总体城镇居民的实际收入分布，从而得到经过省际间横截面价格指数调整的城镇居民实际收入基尼系数值。基于分组数据使用分布函数方法计算总体收入差距不会忽略各组内差距。

1. 基于ELES的省际横截面价格指数构建

衡量横截面省际价格指数的方法之一就是基于购买力平价的思想，构造省际价格指数（江小涓和李辉，2005；Brandt and Holz，2006），该方法需要大量商品的价格数据。本书编制省际价格指数的思路与购买力平价思想类似，根据各省城镇居民的基本生活需要可以度量100元可支配收入在各省之间的满足基本生活需要程度，在此基础上可以编制出省际价格指数。我们利用扩展线性支出系统（ELES）测度出各省的居民基本生活需要。

扩展线性支出系统（ELES）是在线性支出系统上加以改进得到的。线性支出系统是 Stone（1954）在直接效用函数 $U=\sum_{i=1}^{n}u_i(q_i)=\sum_{i=1}^{n}b_i\ln(q_i-r_i)$（Klein and Rubin，1947）的基础上，在预算约束 $\sum_{i=1}^{n}q_ip_i=V$ 的条件下得到的。其中，p_i 为第 i 种商品的价格，q_i、r_i 分别为第 i 种商品实际需求与基本需求，n 为商品种类，p_ir_i 为第 i 种商品的基本需求，b_i 为超过基本需求的支出中用于购买第 i 种商品比例，即边际预算份额，b_i 满足 $0<b_i<1$，V 是总预算。

该系统假设某一时期消费者对各种商品（或服务）的需求量，仅取决于他们的收入和各种商品的价格，消费者对各种商品的需求分为基本需求和超出基本需求之外的需求两部分，基本需求与收入水平无关。由此可求得线性支出系统的需求函数如式（3-5）所示：

$$q_i=r_i+\frac{b_i}{p_i}\left(V-\sum_{j=1}^{n}p_jr_j\right),\ i=1,\ \cdots,\ n \tag{3-5}$$

由于线性支出系统在考虑居民消费支出时未考虑到其储蓄因素以及模型在估计时有困难（总支出 V 为内生变量，无法外生给出），针对这些缺陷，Liuch（1973）对线性支出系统作了两点改进：一是以边际消费倾向代替边际预算份额；二是以收入代替预算，这样形成扩展线性支出系统，其需求函数如式（3-6）所示：

$$q_i=r_i+\frac{b_i}{p_i}\left(I-\sum_{j=1}^{n}p_jr_j\right),\ i=1,\ \cdots,\ n \tag{3-6}$$

其中，I 为收入，b_i 为第 i 种商品的边际消费倾向。扩展线性支出模型也对某类商品的消费需求分为基本需求和超过基本需求之外的需求两部分，在既定收入和价格条件下，消费者先满足基本消费需求，然后对剩下的收入按不同的比例在各种商品、劳务和储蓄之间分配。较之线性支出系统，扩展线性支出系统的优点是使储蓄内生化，而且它在对截面资料进行分析时，不需要借助于额外信息，可以保证原始数据的客观性和可靠性。

对扩展线性支出系统估计的最完善方法是完全信息最大似然法，但采用截面数据（k=1，…，m）做样本时，假定在同一截面上相对于不同收入商品的价格是相同的，模型可直接使用普通最小二乘法估计，但也有缺点，即不能用于价格弹性的分析。

令 $y_i = p_i q_i$，则 $y_i = p_i r_i + b_i (I - \sum_{j=1}^{n} p_j r_j)$，$i = 1, \cdots, n$，写成计量形式是：

$y_{ik} = a_i + b_i I_k + \varepsilon_{ik}$，$i = 1, 2, \cdots, n$，$k = 1, \cdots, m$

其中，$a_i = p_i r_i - b_i \sum_j p_j r_j$，从而 $p_i r_i = a_i + b_i \sum_i a_i / (I - \sum_i b_i)$，故 $\sum_{i=1}^{n} a_i = (1 - \sum_i b_i) \sum_{i=1}^{n} p_i r_i$，即基本生活需要 $\sum_i p_i r_i = \sum_i a_i / (1 - \sum_i b_i)$。

基于各省城镇居民的基本生活需要，我们可以构建省际价格指数。以上海、江西、湖北三个省市为例说明，假设上海城镇居民的基本生活需要为10000元，江西需5000元，湖北需7000元，那么以江西为基准，令江西价格指数为1，那么上海和湖北的价格指数分别为2和1.4。

2008~2012年，各省的城镇居民收入分组数据（最低收入组，10%人口份额；低收入组，10%中等偏下收入组，20%；中等收入组，20%；中等偏上收入组，20%；高收入组，10%；和最高收入组，10%）、各省各收入分组群体的消费支出结构数据（食品支出、衣着支出、家庭设备及服务支出、医疗保健支出、教育文化娱乐支出、交通与通信支出、居住支出和杂项支出）均来自各省历年的统计年鉴，各省城镇居民的人口数据来自历年的《中国统计年鉴》。

由于有些省份的城镇居民收入分组数据缺失或收入分组群体的消费支出结构数据缺失，所以本节只搜集了20个省份的城镇居民收入分组数据及相应的消费支出结构数据，分别是安徽、北京、重庆、福建、广东、广西、海南、河南、湖北、江苏、江西、辽宁、青海、山西、上海、四川、天津、新疆、西藏和浙江。所以本节估计的是我国20个省份城镇居民的实际收入基尼系数。

每个省城镇居民基本生活需要的计算过程如下：

根据ELES，对于每一项消费支出i，有回归方程（省略了下标i）：$y_k = a + bI_k + \varepsilon_k$，$k = 1, \cdots, m$，其中k表示收入组，$y_k$ 表示第k个收入组中居民在消费项i的支出，I_k 表示第k个收入组中居民的平均可支配收入。一般地，m取值为5或者7，考虑到样本数量问题，我们对2008~2012年的样本进行混合

OLS 估计，得到 a_i 和 b_i 的参数估计值，从而得到该省的基本生活需要 $\sum_i p_i r_i = \sum_i a_i / (1 - \sum_i b_i)$①。

各省的基本生活需要如图 3-1 上半部分所示。可以发现，在这 20 个省份中，上海市的基本生活需要最高，江西省的基本生活需要最低。

以安徽省作为基准，即安徽省的价格为 1，得到各省的价格指数，如图 3-1 下半部分所示，各省之间价格指数存在较大差异。

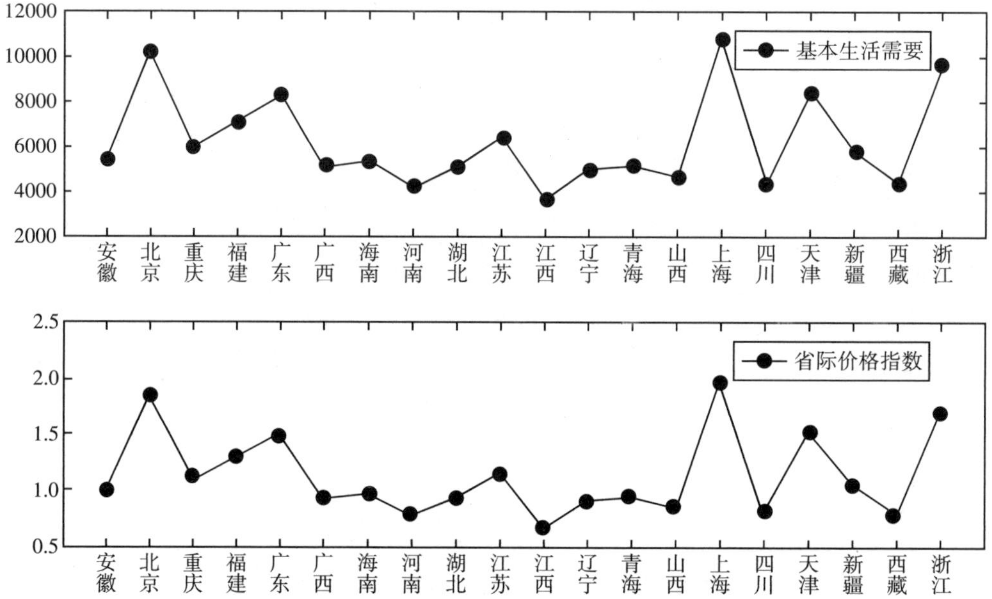

图 3-1 各省份城镇居民基本生活需要和各省城镇价格指数

2. 城镇居民的真实收入基尼系数估计

在假设真实收入分布为 GB2 分布的前提下，根据第二章第一节的方法，我们计算了 20 个省份 2008~2012 年的基尼系数，结果如表 3-44 所示。

---

① 使用 2008~2012 年的样本进行混合 OLS 估计，意味着假定居民的基本生活需要在这 5 年间是稳定的。

表 3-44　2008~2012 年 20 个省份城镇基尼系数估计

年份	安徽	北京	重庆	福建	广东	广西	海南
2008	0.2985	0.2905	0.2577	0.3089	0.3599	0.2961	0.3332
2009	0.2908	0.2875	0.2468	0.3089	0.3519	0.2946	0.3362
2010	0.2946	0.2699	0.2401	0.3047	0.3467	0.2807	0.3186
2011	0.2853	0.2840	0.2523	0.3227	0.3403	0.2985	0.3422
2012	0.2574	0.2722	0.2413	0.3039	0.3178	0.2873	0.3286
年份	河南	湖北	江苏	江西	辽宁	青海	山西
2008	0.2901	0.3071	0.3377	0.2629	0.3413	0.3787	0.3015
2009	0.2909	0.3188	0.3450	0.2719	0.3236	0.3647	0.2996
2010	0.2835	0.3298	0.3407	0.2615	0.3214	0.3542	0.2907
2011	0.2871	0.2931	0.3216	0.2840	0.3249	0.3913	0.3005
2012	0.2789	0.2820	0.3106	0.2703	0.2997	0.3498	0.2972
年份	上海	四川	天津	新疆	西藏	浙江	
2008	0.3077	0.3098	0.3084	0.3053	0.3305	0.3314	
2009	0.2994	0.3133	0.2923	0.3030	0.3128	0.3292	
2010	0.2898	0.2874	0.2843	0.3033	0.3146	0.3229	
2011	0.2844	0.2945	0.2795	0.2979	0.3512	0.3202	
2012	0.2882	0.2923	0.2720	0.2677	0.3464	0.3110	

基于 20 个省份的拟合收入分布，我们计算了这 20 个省份混合的城镇基尼系数，如表 3-45 所示。结果表明，我国城镇基尼系数已经呈现出下降趋势。

表 3-45　20 个省份总体城镇基尼系数

年份	2008	2009	2010	2011	2012
城镇名义收入基尼系数	0.3412	0.3377	0.3319	0.3294	0.3149

图 3-2 是 2012 年各省居民的平均可支配收入，可以发现，经过横截面价格指数调整后，省际之间的收入差别明显减小。

如表 3-46 所示，经过省际横截面价格指数调整的 20 省份混合城镇基尼系数估计结果可以看到，剔除省际价格因素后，我国城镇基尼系数仍然呈现出下降趋势。如果不考虑省际间价格调整的话，会高估城镇基尼系数大约为 5%。

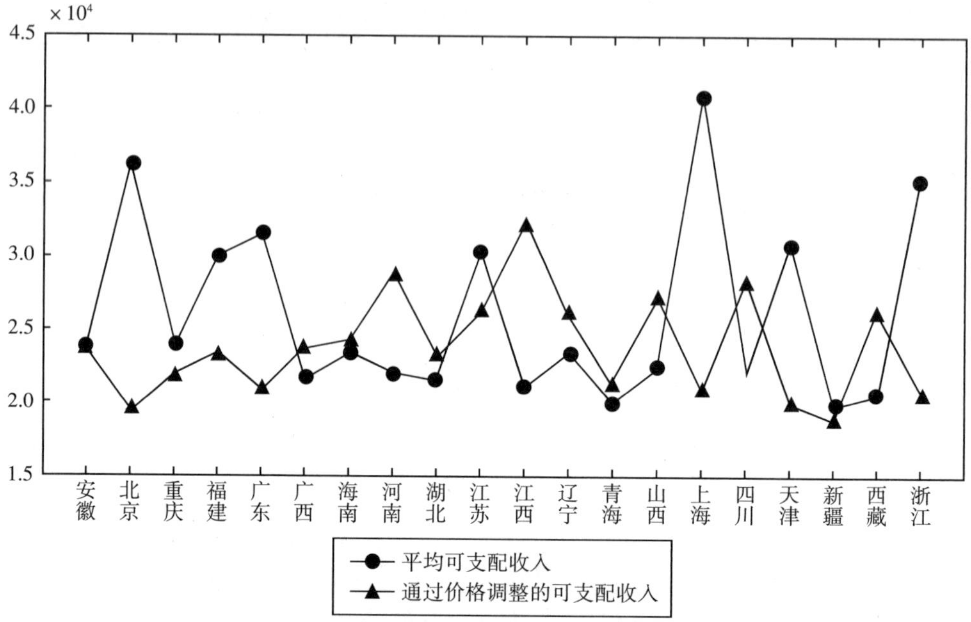

图 3-2　各省份城镇居民平均可支配收入

表 3-46　经过省际横截面价格指数调整的 20 个省份总体城镇基尼系数

年份	2008	2009	2010	2011	2012
城镇实际收入基尼系数	0.3245	0.3229	0.3171	0.3156	0.3029

表 3-47~表 3-49 是基尼系数的地区分解，我们可以发现，考虑省际间价格指数后，组内差距对总体差距的贡献率变化不大，但组间差距对总体差距的贡献率变化较大。没有考虑省际间的价格指数，导致高估约 15 个百分点的组间差距对总体差距贡献率。

表 3-47　总体基尼系数按省份 20 个组的分解结果

年份	G_W	$\frac{G_W}{G}$	G_B	$\frac{G_B}{G}$	R	G_W^*	$\frac{G_W^*}{G^*}$	G_B^*	$\frac{G_B^*}{G^*}$	R^*
2008	0.0250	7.33	0.1278	37.46	0.1884	0.0236	7.27	0.0731	22.53	0.2446
2009	0.0247	7.31	0.1246	36.90	0.1885	0.0234	7.25	0.0752	23.29	0.2391
2010	0.0247	7.44	0.1238	37.30	0.1834	0.0233	7.35	0.0741	23.37	0.2345
2011	0.0239	7.26	0.1209	36.70	0.1846	0.0227	7.19	0.0778	24.65	0.2290
2012	0.0226	7.18	0.1161	36.87	0.1762	0.0215	7.10	0.0804	26.54	0.2130

注：带 * 号的表示经过省际间横截面价格指数调整的估计结果（表 3-48 和表 3-49 类似）。

表 3-48　总体基尼系数按东中西三组的分解结果

年份	G_W	$\frac{G_W}{G}$	G_B	$\frac{G_B}{G}$	R	G_W^*	$\frac{G_W^*}{G^*}$	G_B^*	$\frac{G_B^*}{G^*}$	R^*
2008	0.1448	42.44	0.0951	27.87	0.1014	0.1298	40.00	0.0331	10.20	0.1784
2009	0.1424	42.17	0.0917	27.15	0.1036	0.1279	39.61	0.0364	11.27	0.1735
2010	0.1425	42.93	0.0919	27.69	0.0975	0.1280	40.37	0.0355	11.20	0.1684
2011	0.1393	42.29	0.0902	27.38	0.0999	0.1258	39.86	0.0372	11.79	0.1664
2012	0.1315	41.76	0.0875	27.79	0.0959	0.1194	39.42	0.0400	13.21	0.1555

表 3-49　总体基尼系数按 8 大经济区域的分解结果

年份	G_W	$\frac{G_W}{G}$	G_B	$\frac{G_B}{G}$	R	G_W^*	$\frac{G_W^*}{G^*}$	G_B^*	$\frac{G_B^*}{G^*}$	R^*
2008	0.0544	15.94	0.1144	33.53	0.1724	0.0515	15.87	0.0484	14.92	0.2413
2009	0.0538	15.93	0.1129	33.43	0.1710	0.0513	15.89	0.0517	16.01	0.2348
2010	0.0536	16.15	0.1116	33.62	0.1667	0.0507	15.99	0.0511	16.11	0.2301
2011	0.0524	15.91	0.1091	33.12	0.1679	0.0499	15.81	0.0544	17.24	0.2252
2012	0.0498	15.81	0.1052	33.41	0.1599	0.0477	15.75	0.0576	19.02	0.2096

第四章
我国普惠金融发展状况的评估

本章对我国普惠金融发展的状况进行统计分析，主要是从两个层面展开。一是省级层面，基于 31 个省份 2005~2015 年的面板数据分析；二是总体层面，对我国总体层面的数据进行分析。此外，笔者还构建了一个普惠金融发展指数。

第一节　新世纪我国资本市场的发展

进入 21 世纪以后，我国金融业的步伐呈现了跨越式的发展。

2001 年 12 月，我国正式加入世界贸易组织，这表明我国的金融业开始有计划地进行对外开放；2002 年 12 月，证监会和中国人民银行联合发布了《合格境外机构投资者境内证券投资管理暂行办法》并正式实施，这一重大举措表明了我国资本市场已经开始向全球资本市场靠拢；2003 年 3 月，国务院成立了中国银行业监督管理委员会，表明我国金融监管形成了“一行三会”的格局；同年 12 月，成立了中央汇金公司以及推行了一系列的改革措施，各项政策的推进迅速使得我国新的国有银行运行机制工作起来。2004 年 2 月，政府正式颁布了《中华人民共和国银行业监督管理法》，同年 6 月又正式颁布实施《证券投资基金法》。

2005年，汇率制度也进行了改革，规定自7月21日起，我国开始实行以“市场供求为基础、参考一篮子货币、有效调节管理”的浮动汇率制度。2008年12月，国家开发银行股份有限公司开始正式挂牌，表明政策性银行改革向前迈出了重要步伐；2009年11月，银行间市场清算所股份有限公司相继在上海正式挂牌成立。

2009年5月，我国政府对创业板正式启动；2010年4月，我国的资本市场正式启动融资融券交易，同年6月，政府又开始重启人民币汇率形成机制的改革措施，再次推动形成坚持“以市场供求为基础、参考一篮子货币进行调节”的人民币汇率形成机制。

2011年4月，中国人民银行首次对外公布我国社会融资规模；2013年7月，全面放开金融机构贷款利率管制；2013年8月，国务院正式批准设立中国（上海）自由贸易试验区等。这些政策措施都表明了我国的金融业发展保持着有计划、有节奏的对外开放的特点。

2013年是我国互联网金融发展的元年，在这一年里，我国的互联网金融取得了迅猛的发展。2014年3月，中国银监会正式确定了首批民营银行试点方案，同年4月，沪港股票市场交易互联互通机制试点正式开启。这些重大举措表明了21世纪以来我国的金融业正在积极努力地主动谋求转型创新发展路径。

第二节　我国普惠金融发展的现状分析

1. 普惠金融发展的度量指标介绍

首先，对传统的金融发展指标进行简单介绍，有如下一些特点：

Goldsmith（1969）提出的金融相关比例（Financial Interrelations Ratio，FIR），是指某一时点上金融资产总额与国民财富之比，即FIR=金融资产总量/GDP，金融资产总量包括现金、存款、股票市场、债券市值和保费收入；

McKinnon（1973）提出的货币化率，衡量一国经济货币化程度，即 M2/GDP。在实证研究领域，King 和 Levine（1992，1993）提出一些金融发展指标：非货币金融深度指标，即（M3-M1）/GDP，定义为准流动性负债与 GDP 之比；国内金融机构的相对地位指标，例如，中央银行国内资产/GDP、存款银行国内资产/GDP、存款银行国内资产/(存款银行国内资产+中央银行国内资产)；金融资产配置状况指标，即 PRIVATE 和 PRIVY 指标，其中前者是指金融机构对私人部门的信贷/全部信贷，后者是指金融机构对私人部门的信贷/GDP。金融中介的效率指标，以银行资产收益率、净资产收益率、不良贷款率、净利息差等衡量，股票市场发展指标，以资本化率表示，衡量股票市场的发展规模，等于总市值/GDP；流动性指标，以换手率和交易比率衡量，换手率等于交易额/市值，交易比率等于交易额/GDP。债券市场发展指标，以规模指标表示，等于债券余额/GDP，以效率指标表示，等于交易额/GDP。保险市场发展指标，有保险深度=保费收入/GDP，保险密度=保费收入/人口等。Khan 和 Snhadji（2000）、Beck 和 Levine（2000）以及 Levine（2002）对这些金融发展的指标进行了简要归纳总结。

普惠金融（Inclusive Finance）这一概念首先是由联合国在 2005 年的“小额信贷年”宣传时广泛运用并正式提出来的。在国际上，小额信贷是指专为穷人、低收入者和个体家庭企业（微型企业家）提供的小额信用贷款。而当代正规化的小额信贷的发展兴起于 19 世纪 70 年代，其发展兴起的目的是改善社会上低收入者的金融服务，一种形式是从消除贫困社会的目的出发，由社会发展机构创立和推动的“福利主义”小额信贷；另一种形式是从拓展金融市场的目的出发，由金融机构和投资机构推动的“制度主义”小额信贷。到 19 世纪 90 年代，这两种小额信贷都发展成熟，形成了成功的商业模式。孟加拉格莱珉银行是福利主义的代表，墨西哥银行是制度主义的代表。20 世纪 90 年代，因小额信贷在扶贫和商业领域的成功，联合国开发计划署和世界银行等国际组织及一些国家政府开始大力提倡和推广小额信贷，推动了小额信贷在全球的发展壮大。2005 年，联合国推出普惠金融体系的概念，用“普惠金融体系”的概念取代“微型金融”，意味着微型金融不再被边缘化，而是成为一个国家金融体制的一部分。

对于普惠金融的度量指标，Beck 等（2007）提出了测度金融部门覆盖面的 8 个指标：每百平方公里金融机构网点数、每百平方公里 ATM 数、每万人 ATM 数、每万人金融机构网点数、人均贷款/人均 GDP、人均储蓄/人均 GDP、每千人储蓄账户数以及每千人贷款账户数。Sarma 和 Pais（2011）从地理渗透性（Accessibility）、产品接触性（Availability）和使用效用性（Usage）三个维度构建普惠金融综合指数。Arora（2012）使用了银行覆盖面（Outreach）、交易便捷性（Ease）及交易成本（Cost）三个指标比较了普惠金融发展差异；Gupte 等（2012）从覆盖面、使用效用性、交易便利性和交易成本四个维度度量普惠金融发展。

2. 我国传统金融发展的统计分析

本节分析我国传统金融 2005~2015 年的发展状况，首先对各省传统金融发展状况进行统计分析，然后对各省进行加总，对我国总体的传统金融发展的状况进行统计分析。原始数据来自各省历年的区域金融运行报告。

（1）各省状况。

首先，分析银行业的发展状况，主要考察各省的银行业资产、银行业网点数、银行业从业人数、银行存贷款状况；其次，分析证券业的发展状况，主要考察各省的股票市场状况，例如，各省的股票总市值、流通市值和交易额等；最后，分析保险市场的发展状况，主要考察各省的保费收入状况。具体情况如下：

A. 银行业

图 4-1~图 4-5 分别是各省的银行业资产、银行业分支机构数、银行业从业人数、银行存贷款的状况，我们可以看到，各省的银行业资产、银行业分支机构数、银行业从业人数、银行存贷款在 2005~2015 年一直在增长。

图 4-6~图 4-8 分别是各省的银行业资产/GDP、银行业贷款/GDP、银行业贷款/银行业存款的状况。可以看到，各省的每单位 GDP 的银行业资产和贷款、存款转化为贷款的效率也呈现上升趋势。

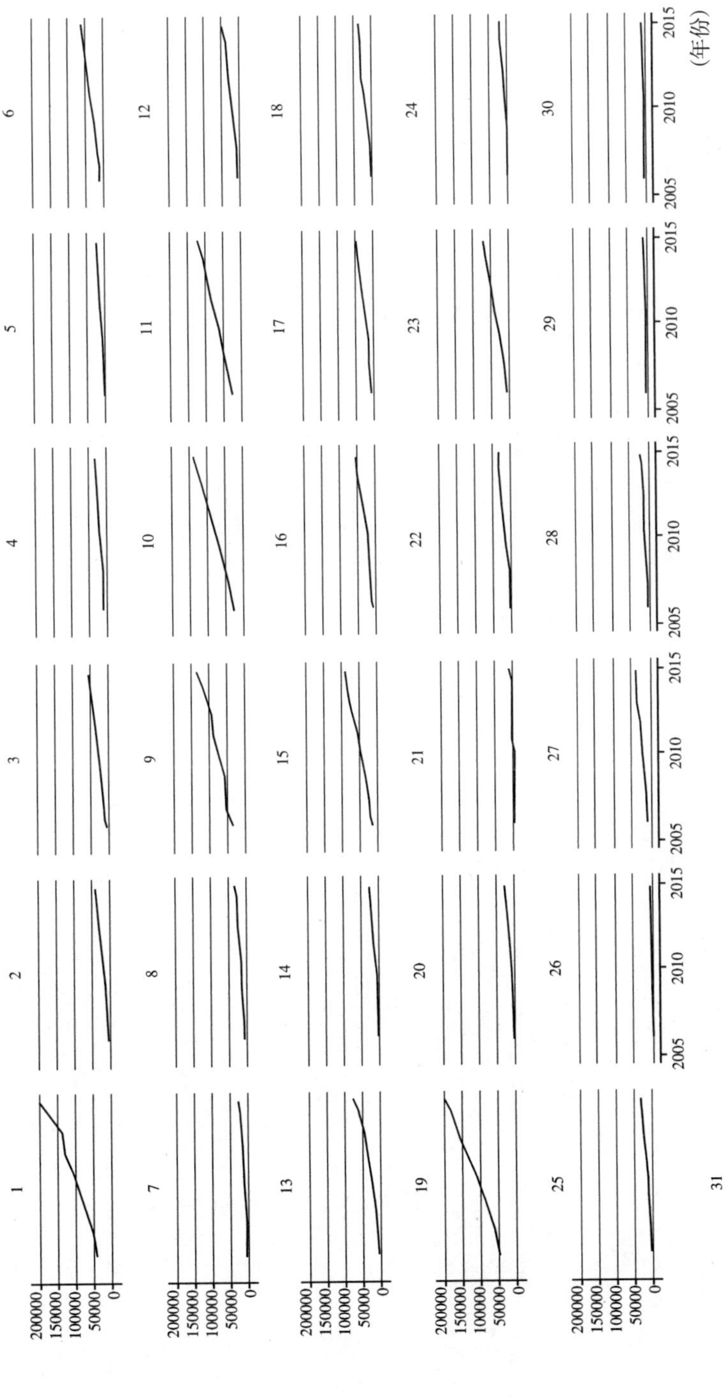

图 4-1 各省份的银行业资产

注：1~31 分别表示北京（1）、天津（2）、河北（3）、山西（4）、内蒙古（5）、辽宁（6）、吉林（7）、黑龙江（8）、上海（9）、江苏（10）、浙江（11）、安徽（12）、福建（13）、江西（14）、山东（15）、河南（16）、湖北（17）、湖南（18）、广东（19）、广西（20）、海南（21）、重庆（22）、四川（23）、贵州（24）、云南（25）、西藏（26）、陕西（27）、甘肃（28）、青海（29）、宁夏（30）、新疆（31）。下同。

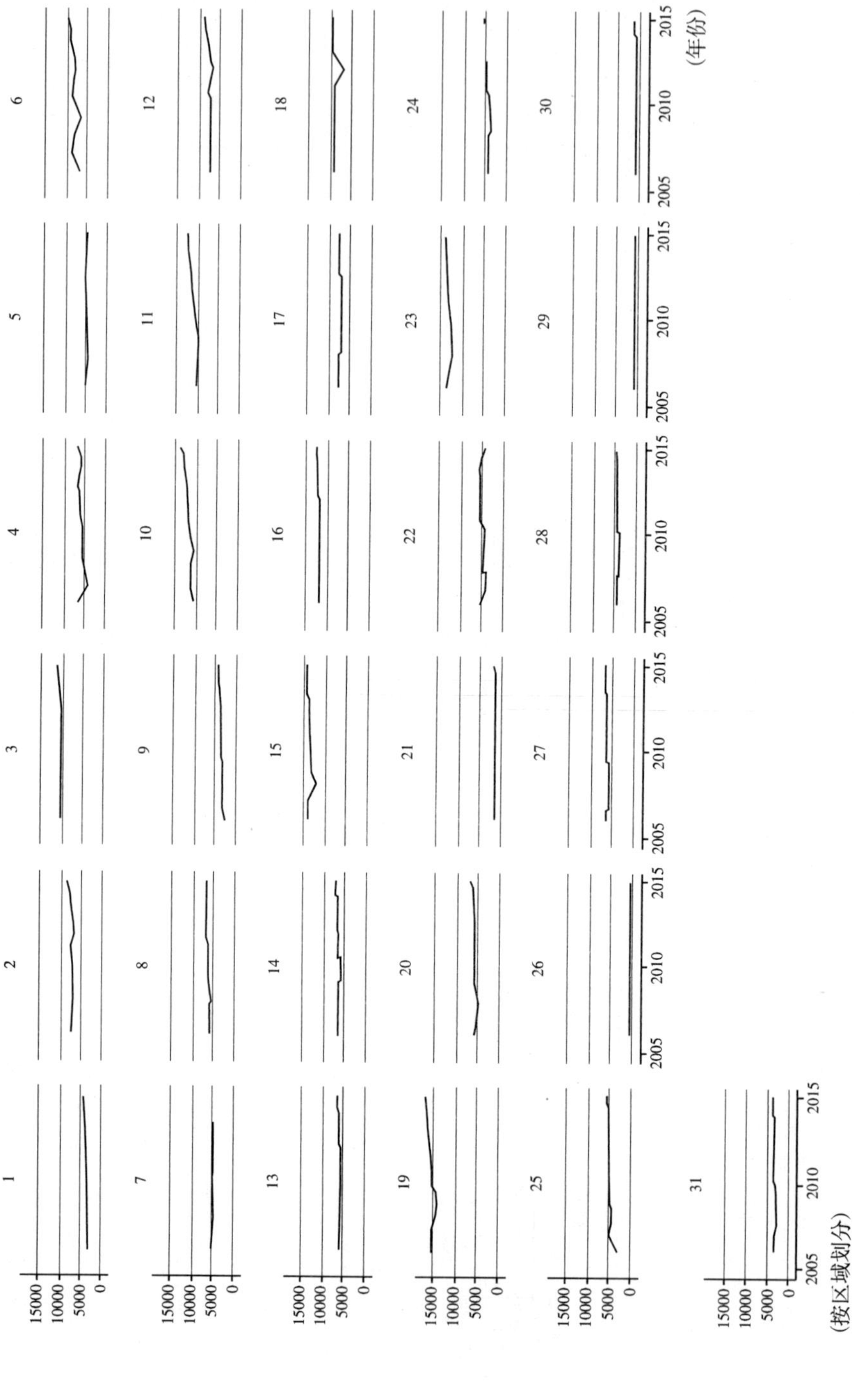

图 4-2 各省份的银行分支机构数

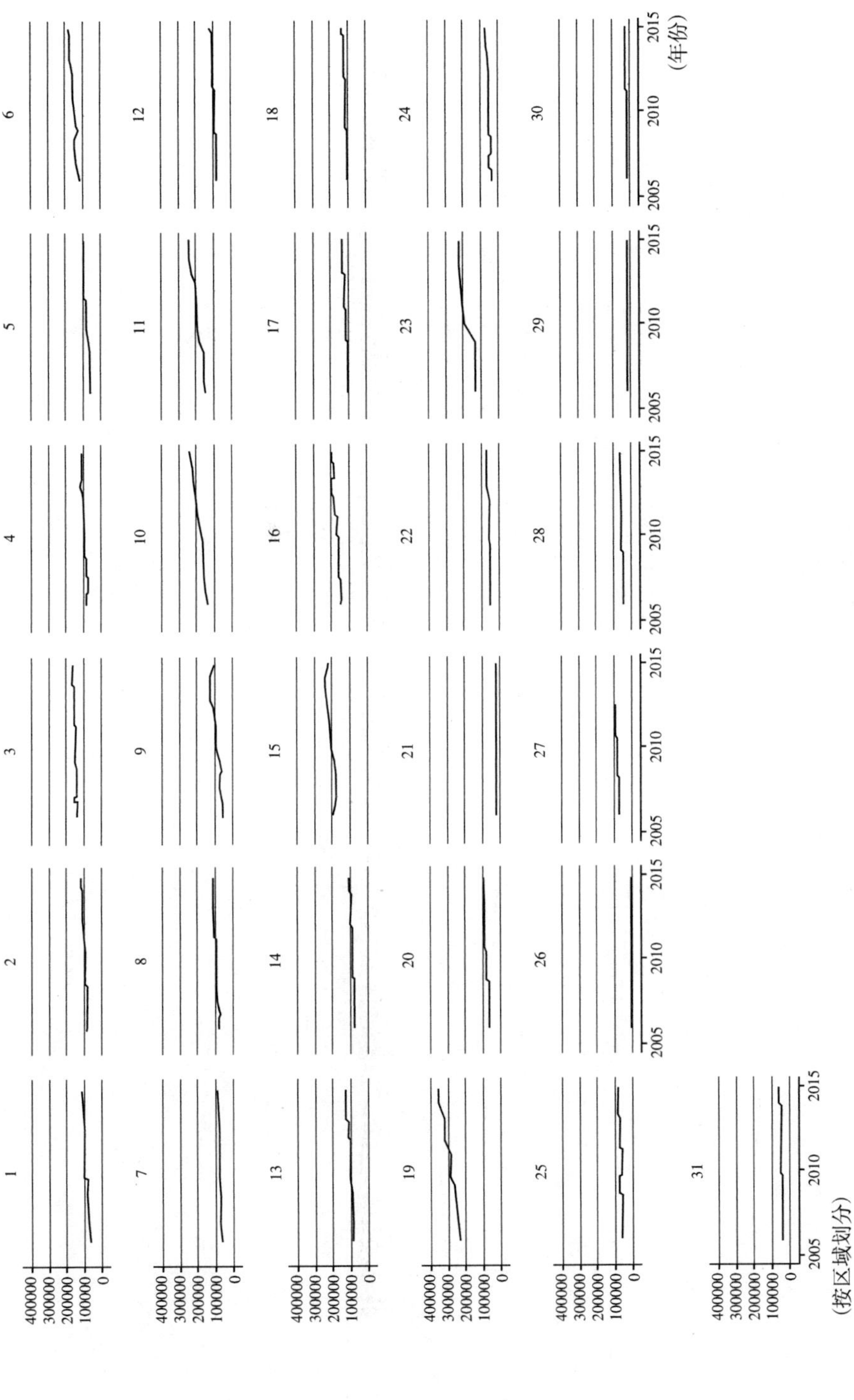

图 4-3　各省份的银行业从业人数

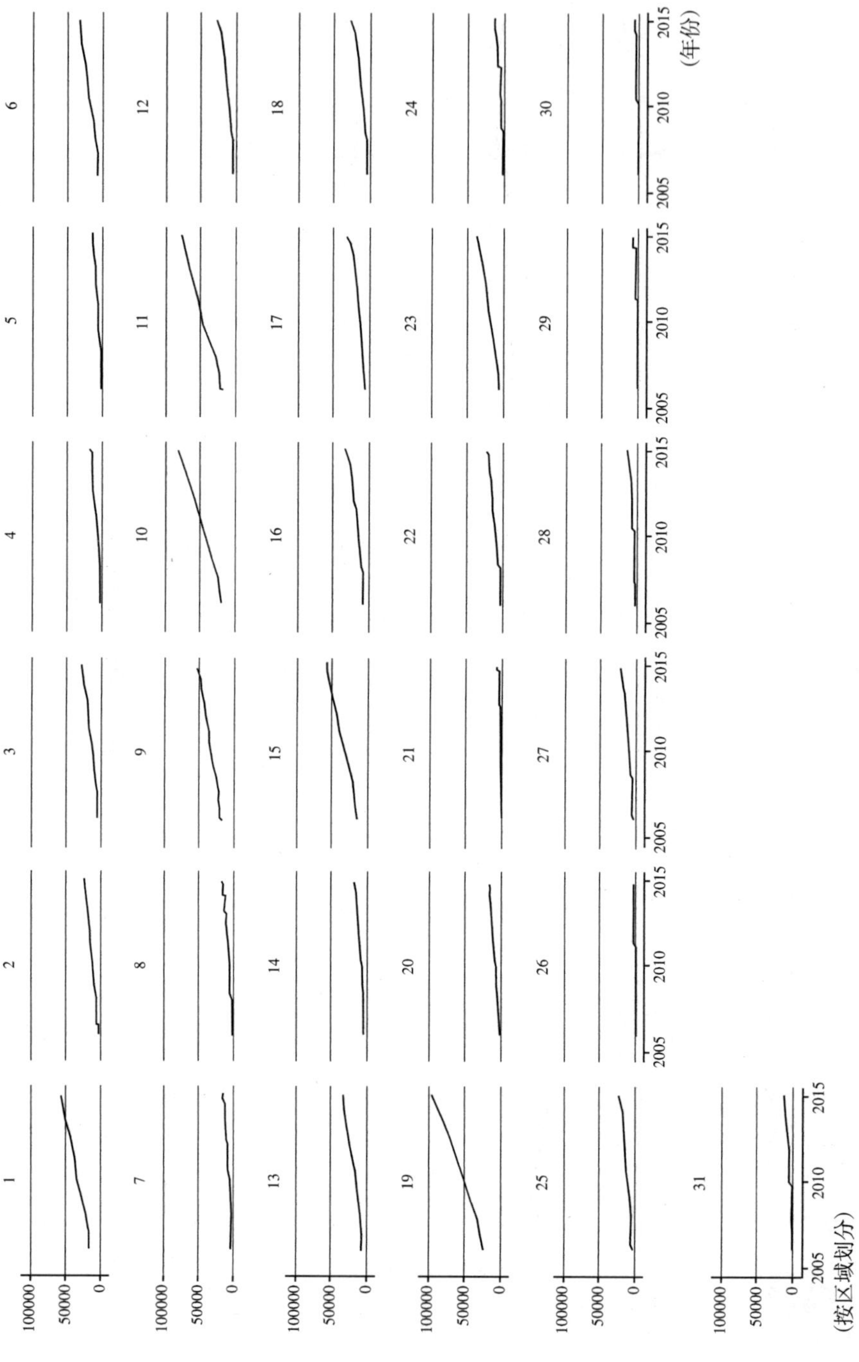

图 4-4 各省份的银行业贷款

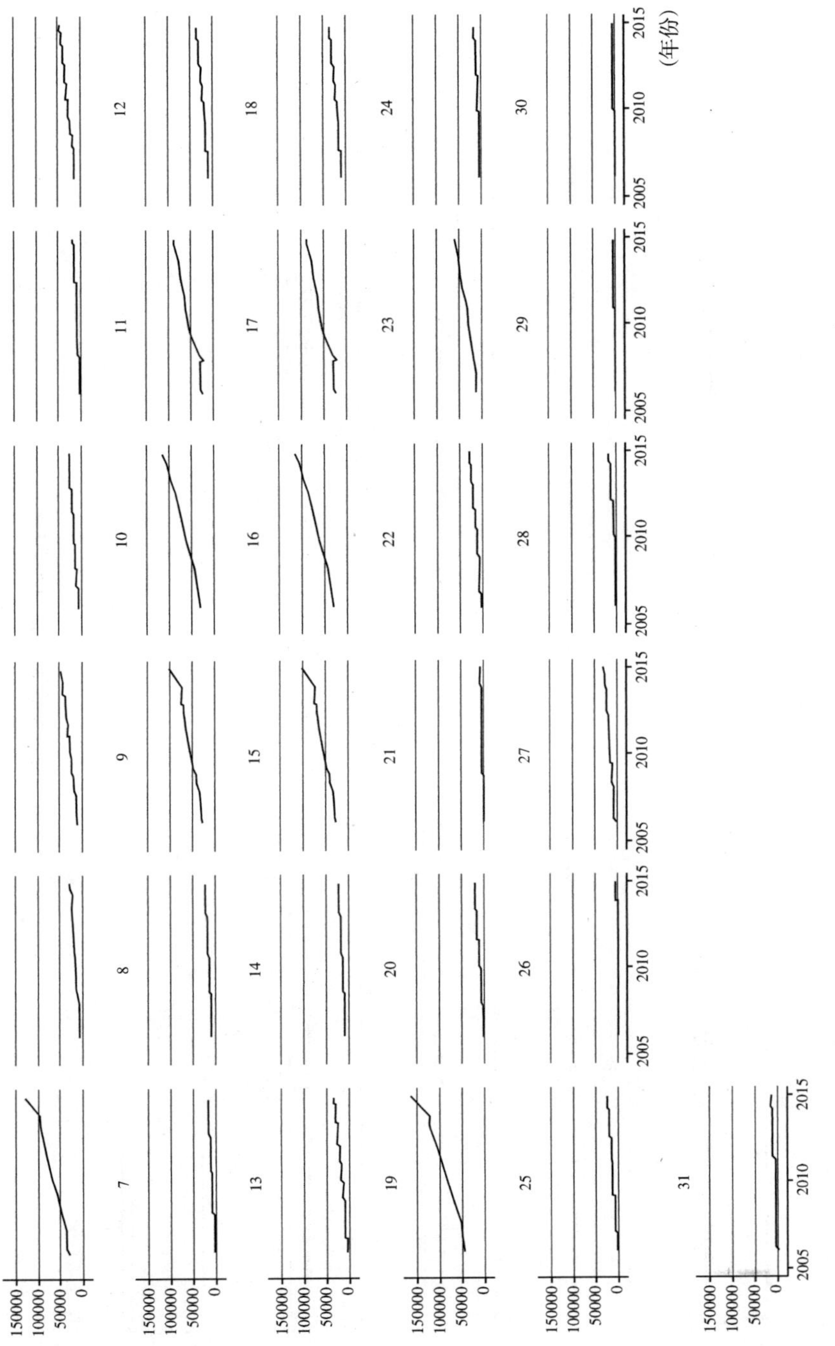

(按区域划分)

图 4-5　各省份的银行业存款

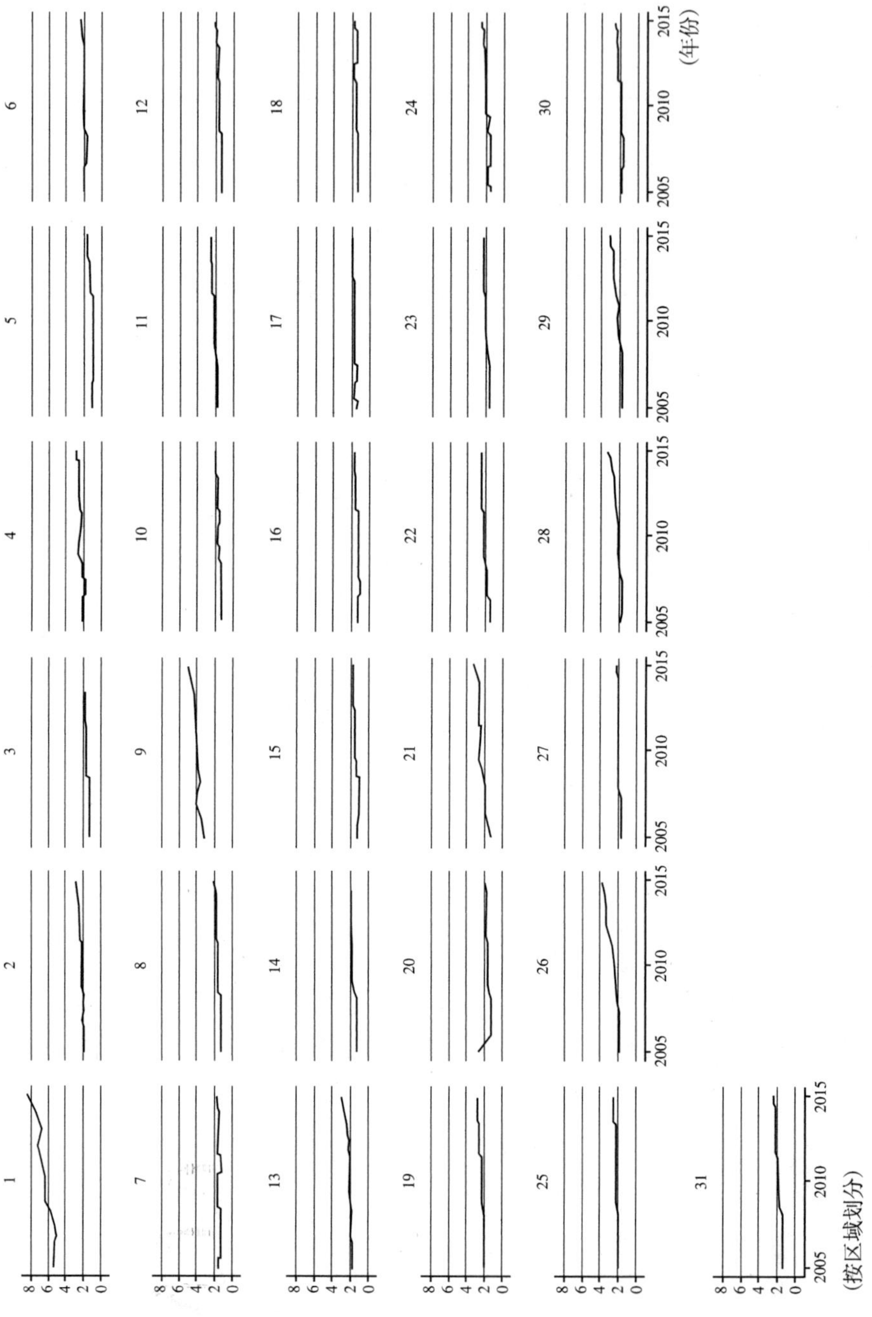

图 4-6 各省份的银行业资产/GDP

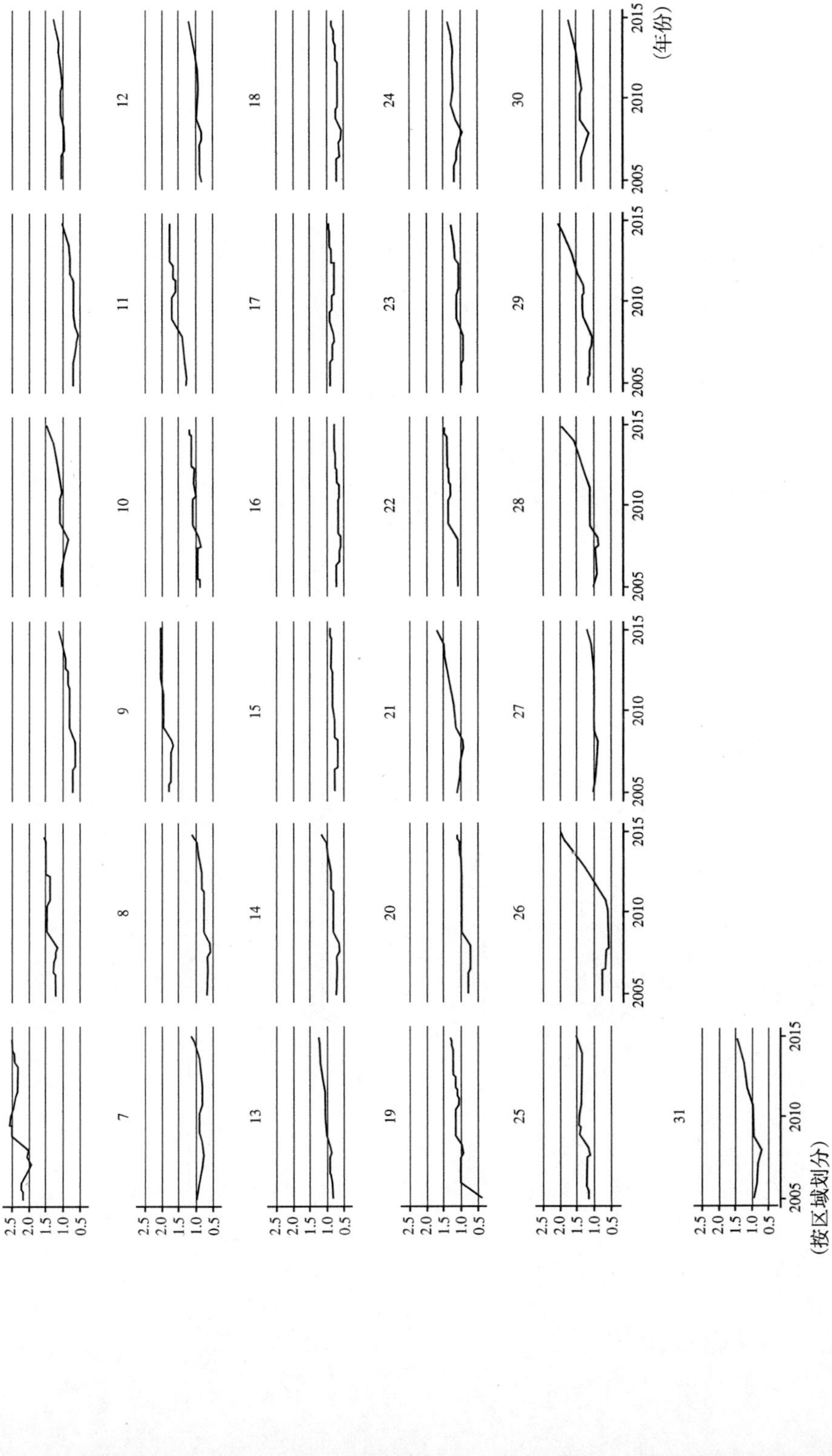

图 4-7　各省份的银行业贷款/GDP

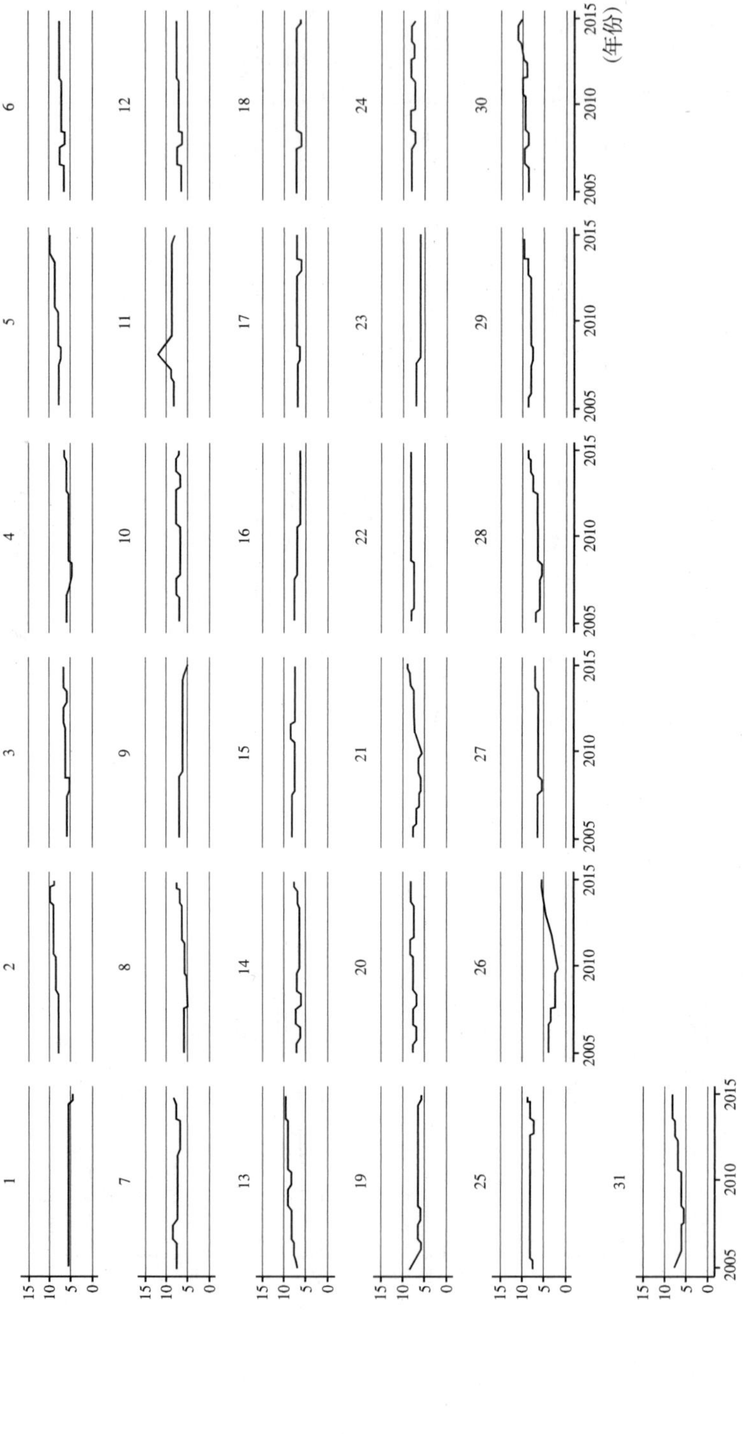

(按区域划分)

图 4-8　各省份的银行业贷款/银行业存款

2005~2015 年银行业各项指标的增长倍数如表 4-1 所示。可以看到，银行业的总资产、贷款和存款都有很高的增长倍数；相比较而言，银行业分支机构数和从业人员增长比较缓慢。

表 4-1　2005~2015 年银行业各项指标的增长倍数

省份	资产	分支机构数	从业人员	贷款	存款	资产/GDP	贷款/GDP
北京	5.21	1.37	1.89	3.82	4.44	1.58	1.16
天津	6.37	1.52	1.47	5.50	4.63	1.51	1.30
河北	4.76	1.07	1.26	5.03	4.49	1.60	1.69
山西	4.29	1.01	1.49	4.29	4.01	1.42	1.42
内蒙古	6.84	0.86	1.58	6.59	5.45	1.50	1.44
辽宁	4.53	1.13	1.46	4.37	3.83	1.27	1.23
吉林	4.89	0.92	1.14	4.50	4.27	1.26	1.16
黑龙江	4.49	1.09	1.39	4.47	3.43	1.64	1.63
上海	4.46	1.60	1.96	3.15	4.33	1.64	1.16
江苏	5.24	1.12	1.60	4.99	4.88	1.39	1.32
浙江	4.97	1.24	1.66	4.47	4.28	1.56	1.40
安徽	6.37	1.52	1.47	5.94	5.74	1.55	1.44
福建	7.70	1.12	1.46	6.22	4.81	1.94	1.57
江西	6.36	1.09	1.56	6.06	5.55	1.54	1.47
山东	4.78	0.98	1.15	4.26	4.39	1.39	1.24
河南	4.86	1.00	1.28	4.21	4.77	1.39	1.21
湖北	5.48	0.94	1.23	5.03	4.96	1.22	1.12
湖南	5.66	0.96	1.24	5.28	5.50	1.29	1.20
广东	4.61	1.11	1.59	12.59	16.91	1.43	3.90
广西	2.93	1.12	1.38	5.84	5.35	0.70	1.38
海南	9.63	1.13	1.35	6.68	5.86	2.39	1.66
重庆	7.53	0.85	1.45	6.07	6.01	1.66	1.34
四川	6.47	1.03	1.74	5.61	5.98	1.59	1.38
贵州	7.83	1.23	1.65	6.52	7.00	1.49	1.25
云南	5.13	1.36	1.23	5.27	4.85	1.31	1.34
西藏	8.68	1.00	1.61	11.85	8.05	2.10	2.87

省份	资产	分支机构数	从业人员	贷款	存款	资产/GDP	贷款/GDP
陕西	6.02	1.05	1.36	5.47	4.99	1.31	1.19
甘肃	6.53	1.02	1.53	7.07	5.56	1.86	2.01
青海	8.63	1.09	1.47	7.99	7.09	1.94	1.80
宁夏	6.61	1.32	1.60	6.12	4.85	1.39	1.29
新疆	5.70	1.06	1.35	5.84	5.27	1.59	1.63

B. 股票市场

图 4–9~图 4–11 分别是各省份 2005~2015 年的股票总市值、流通市值和交易额的状况[①]。可以发现，北京（1）、上海 （9）、江苏（10）、浙江（11）和广东（19）五个省市的股票总市值、流通市值和交易额发展较快。

图 4~12–图 4~14 分别是各省的股票总市值/GDP、流通市值/GDP 和交易额/GDP 的状况，可以发现，各省的股票市场发展程度还是不足，与经济发展总量不匹配。

① 根据上市公司的注册地将该公司归为注册地所在省份的上市公司，然后加总每个省的股票总市值、总流通数值和交易额。

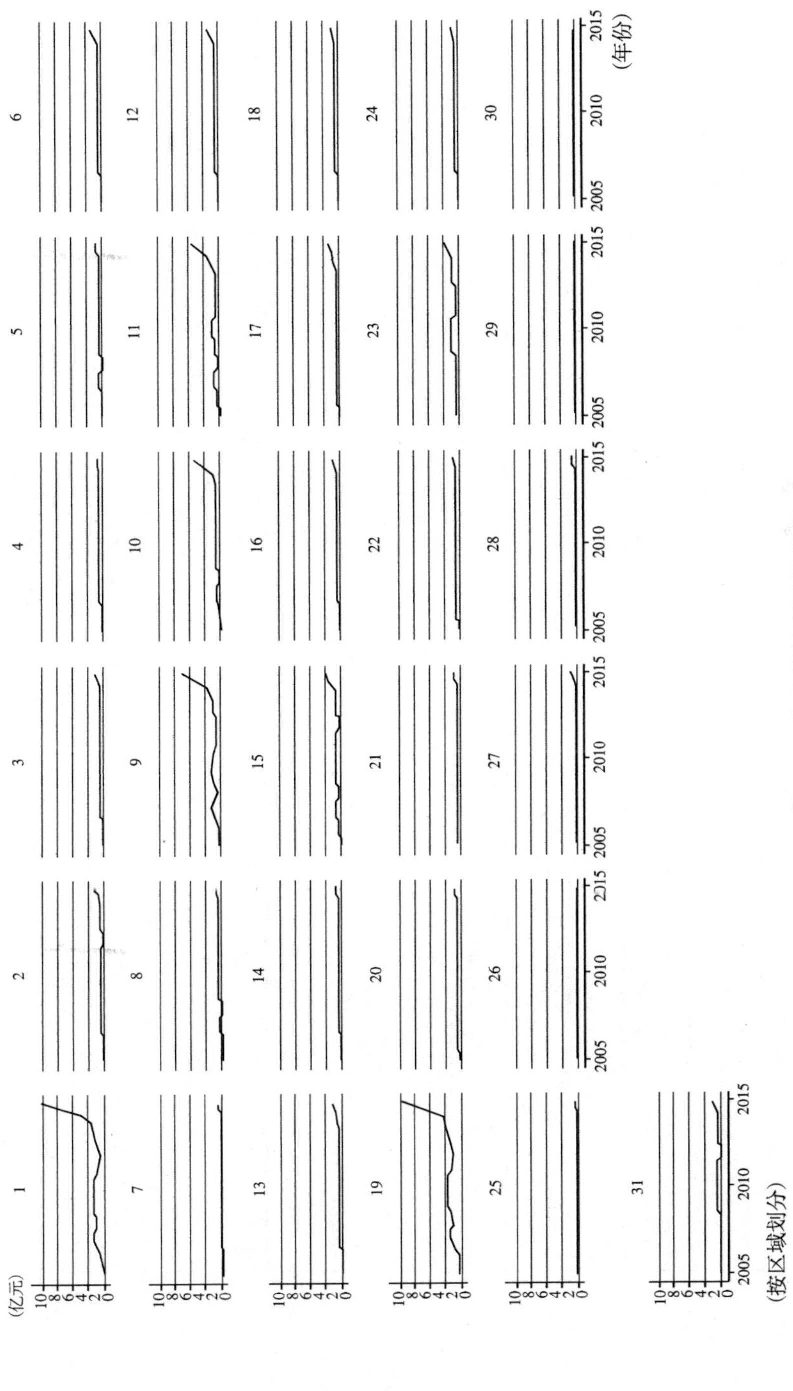

图 4-9　各省份的股票总市值

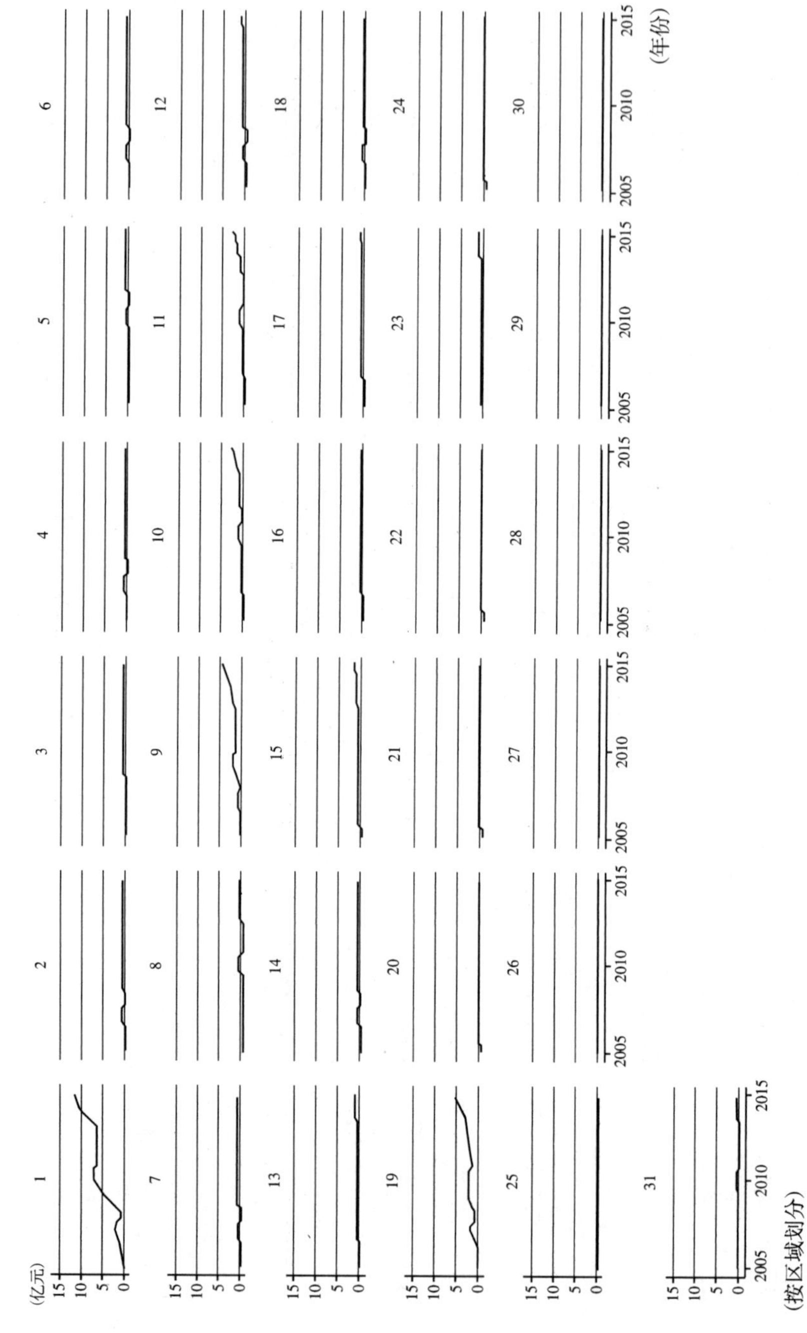

图 4-10　各省份的流通市值

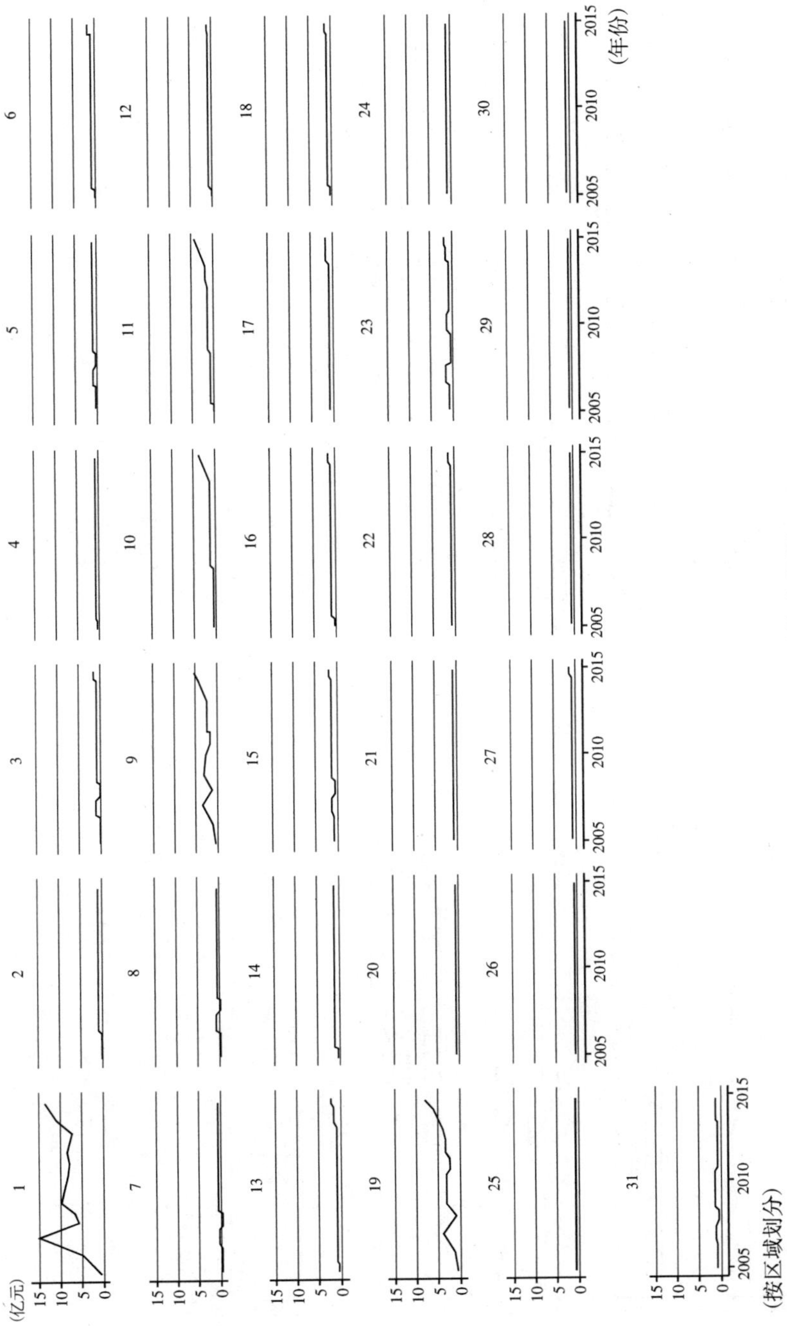

图 4-11　各省份的交易额

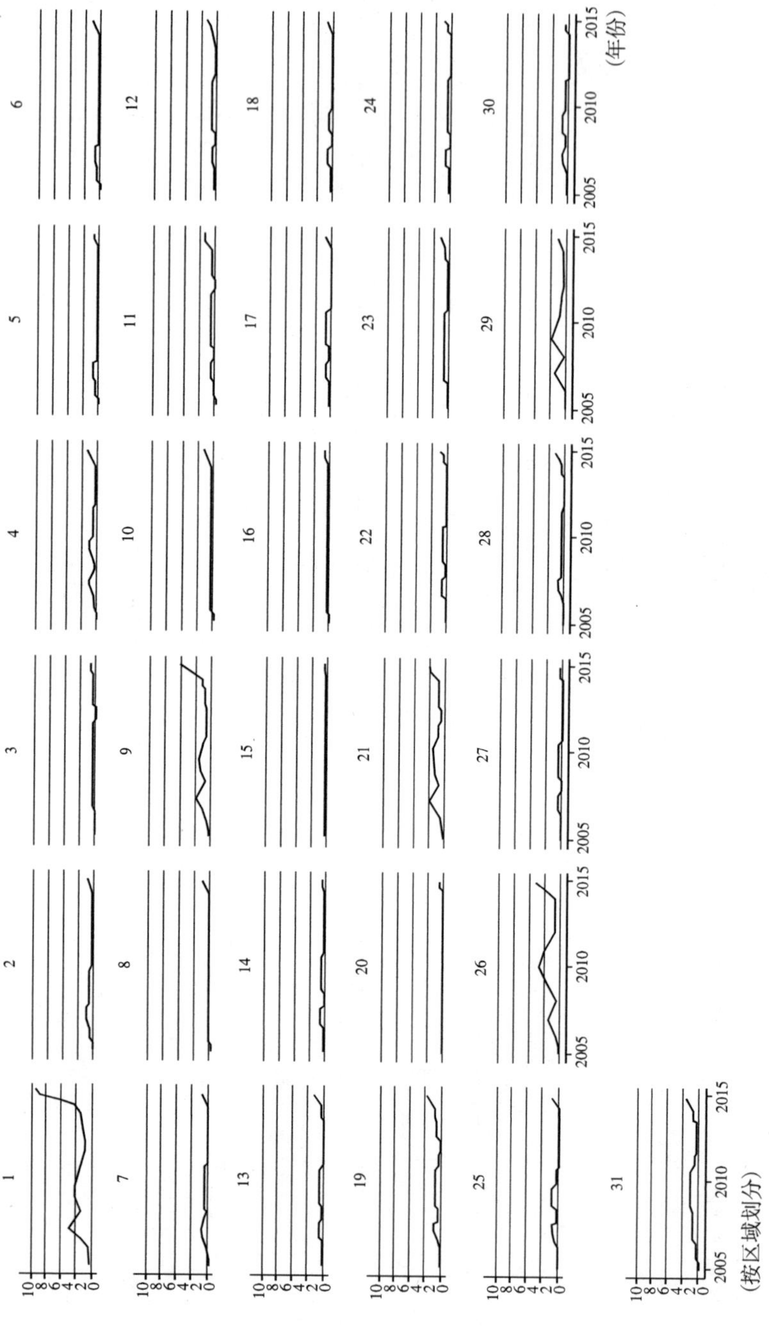

图 4-12 各省份的股票总市值/GDP

图 4-13　各省份的流通市值/GDP

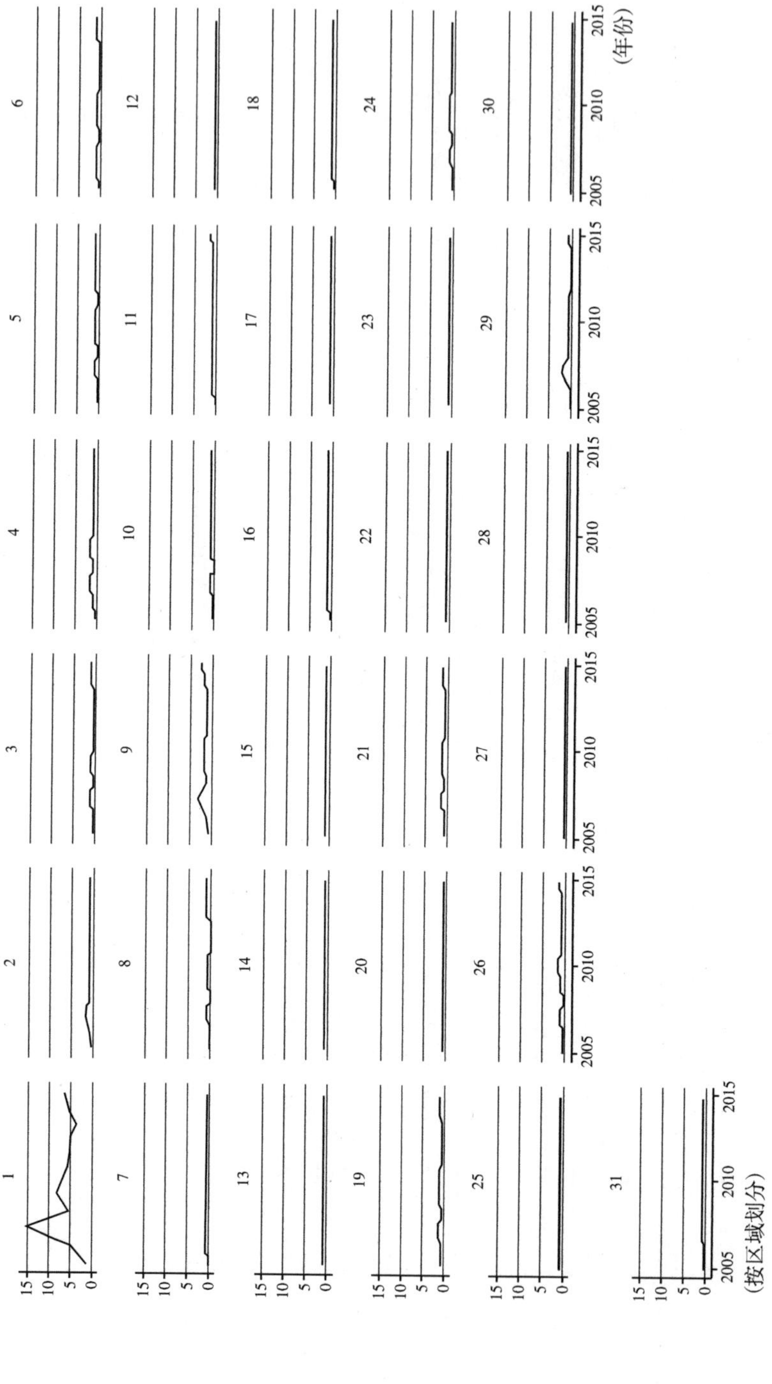

图 4-14 各省份的交易额/GDP

表 4-2 是股票市场各项指标从 2005~2015 年的增长情况，可以看到，股票市场各项指标都取得了长足的发展。各省总市值发展速度很快，例如，江苏、浙江、福建、西藏和陕西超过 100 倍；各省流通市值发展倍数大多为三四十倍，其中北京流通市值增长倍数为 100 倍；各省总市值/GDP、流通市值/GDP 和交易额/GDP 增长倍数较总市值、流通市值和交易额放缓，但仍然可以认为其增速很快。

表 4-2　2005~2015 年股票市场各项指标的增长倍数

省份	总市值	流通市值	交易额	总市值/GDP	流通市值/GDP	交易额/GDP
北京	143.33	100.00	19.12	43.64	29.58	5.99
天津	78.00	29.44	11.92	18.39	7.05	2.85
河北	61.20	38.24	18.18	20.54	12.95	6.03
山西	51.43	24.00	12.29	16.87	8.01	4.09
内蒙古	72.50	30.00	14.32	16.17	6.37	3.13
辽宁	69.51	22.67	12.08	19.49	6.41	3.41
吉林	64.00	25.33	15.81	16.61	6.74	3.99
黑龙江	94.74	23.53	11.95	33.98	8.72	4.41
上海	64.29	27.50	11.18	24.05	10.20	4.09
江苏	128.57	57.78	26.92	38.96	15.10	7.00
浙江	123.53	69.77	37.27	38.96	21.55	11.68
安徽	71.58	32.80	15.49	17.37	7.96	3.71
福建	139.34	57.14	28.07	34.90	14.20	6.88
江西	55.56	30.91	11.43	13.42	7.28	2.77
山东	61.11	30.61	12.00	17.59	8.90	3.66
河南	65.71	33.00	16.42	18.73	9.33	4.72
湖北	75.61	33.46	16.42	16.69	7.44	3.53
湖南	88.33	38.82	22.05	20.29	8.88	5.08
广东	93.02	40.00	20.75	29.13	12.22	6.32
广西	67.74	26.00	15.19	16.56	6.11	3.64
海南	46.00	25.83	13.85	11.51	6.59	3.37
重庆	73.81	52.87	25.60	16.37	11.72	5.61
四川	74.55	28.53	15.38	18.67	7.04	3.67

续表

省份	总市值	流通市值	交易额	总市值/GDP	流通市值/GDP	交易额/GDP
贵州	47.73	36.92	13.25	9.21	6.82	2.54
云南	66.67	29.09	12.58	16.45	7.45	3.17
西藏	107.96	52.63	27.45	26.31	13.12	6.68
陕西	102.50	54.64	28.33	22.35	11.94	6.26
甘肃	90.48	38.60	20.71	26.18	10.89	5.71
青海	45.00	22.64	10.00	9.96	5.22	2.21
宁夏	31.43	17.50	9.61	6.84	3.67	2.03
新疆	77.36	31.54	19.06	21.82	9.13	5.27

C. 保险市场

图 4–15 是各省的保费收入状况，可以看出，各省的保费收入呈上升趋势。①

图 4–16 是各省的保费收入/GDP 状况，各省的保费收入/GDP 呈上升趋势。

表 4–3 是保险市场各项指标在 2005~2015 年的增长倍数情况。可以发现，各省保费收入增速较快，其中西藏、内蒙古和海南等省份增速超过 7 倍；相比较而言，各省保费收入/GDP 增速较缓。

① 由于吉林、重庆和四川缺失 2005 年的保费收入数据，所以这三个省保险市场的描述分析是从 2006 年开始的。

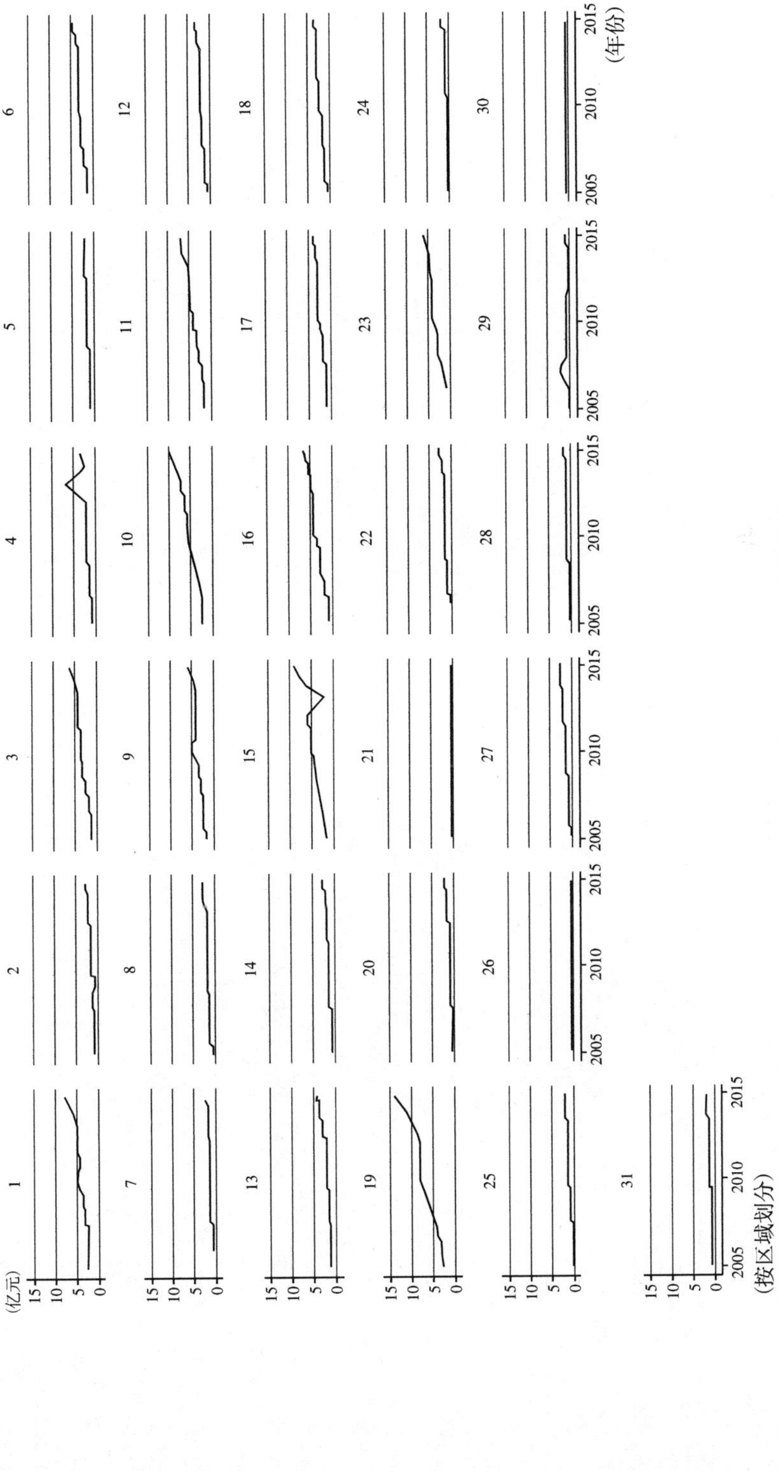

图 4-15　各省份的保费收入状况

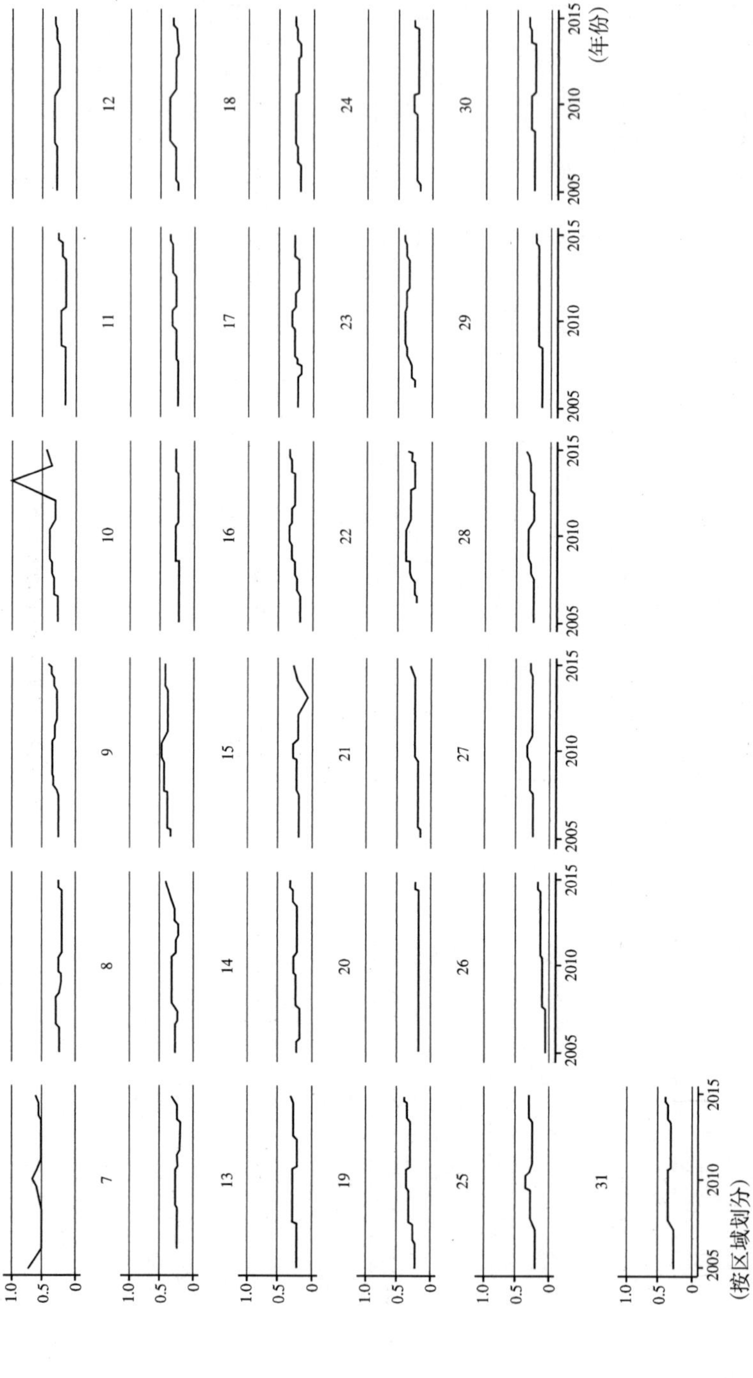

图 4-16 各省份的保费收入/GDP

表 4-3　2005~2015 年保险市场各项指标的增长倍数

省份	保费收入	保费收入/GDP
北京	2.82	0.85
天津	4.40	1.04
河北	5.35	1.80
山西	4.82	1.60
内蒙古	6.49	1.42
辽宁	4.19	1.18
吉林	4.76	1.23
黑龙江	4.24	1.55
上海	3.37	1.24
江苏	4.55	1.21
浙江	4.58	1.43
安徽	5.25	1.28
福建	5.22	1.32
江西	5.66	1.37
山东	5.25	1.53
河南	5.85	1.67
湖北	5.81	1.30
湖南	5.73	1.31
广东	5.65	1.75
广西	5.27	1.25
海南	7.62	1.89
重庆	5.52	1.22
四川	5.27	1.30
贵州	6.37	1.22
云南	5.37	1.36
西藏	10.88	2.64
陕西	5.88	1.28
甘肃	5.35	1.52
青海	7.13	1.60
宁夏	6.56	1.38
新疆	5.06	1.41

（2）总体状况。

对 31 个省市的数据进行加总，我们接下来考察总体的传统金融发展状况。

A. 银行业

图 4-17 是全国银行业总资产在 2005~2015 年的动态发展状况。可以看到，我国银行业总资产呈不断上升的趋势，银行业总资产 2005~2015 年增长了 5.21 倍，发展较为迅速。

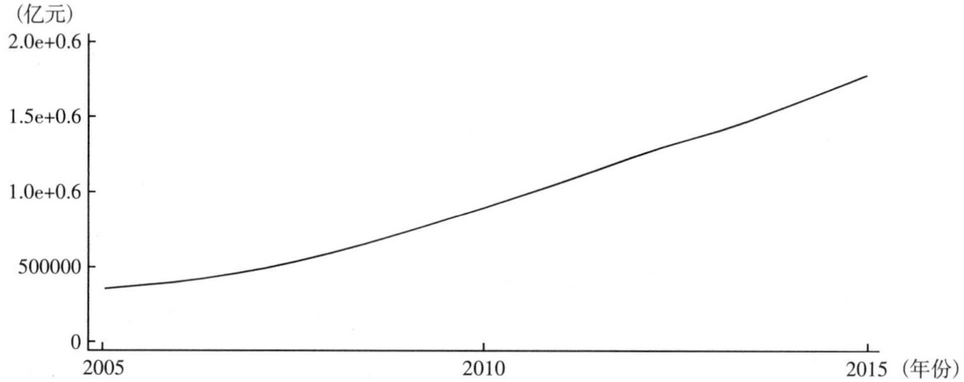

图 4-17　全国银行业总资产

图 4-18 是全国银行分支机构个数的动态发展情况。可以看出，全国银行分支机构数呈现先下降后上升的趋势，从 2005~2008 年呈下跌趋势，从 2009 年至 2015 年呈现飞速发展趋势。总体来看，全国银行的分支机构数呈现上涨趋势，2005~2015 年增长了 1.09 倍，发展较为缓慢。

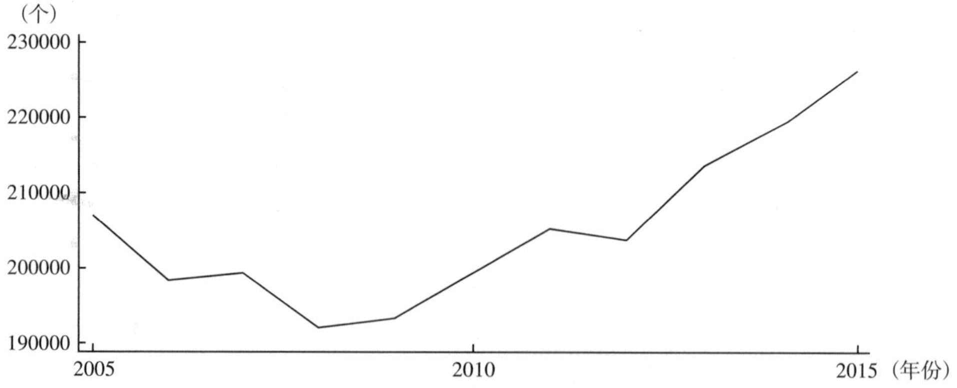

图 4-18　全国银行分支机构数

图 4-19 是全国银行业从业人数动态发展情况。可以看出，全国银行业从业人数呈现明显上升趋势，我国银行业从业人数在 2005~2015 年增长了 1.45 倍。

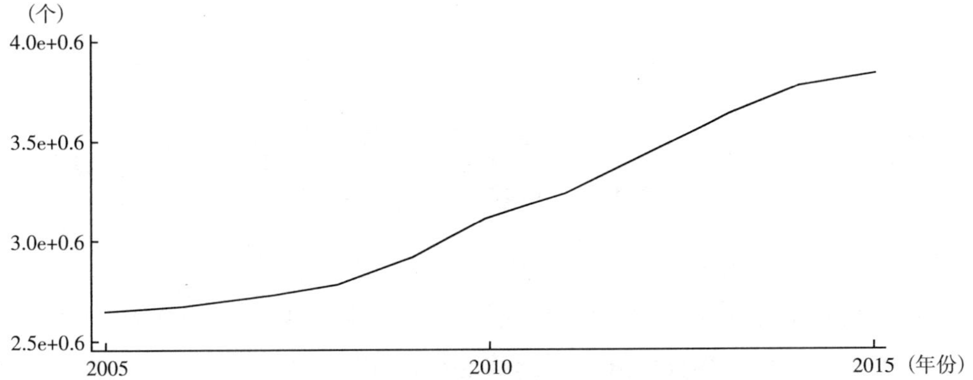

图 4-19　全国银行业从业人数

图 4-20 是全国银行业贷款和存款总额的动态发展状况。可以看出，全国银行业贷款和存款均呈上升趋势，表明全国银行业业务规模总体上升。其中，我国银行业贷款 2005~2015 年增长了 5.12 倍，我国银行业存款 2005~2015 年增长了 5.17 倍，发展较为迅速。

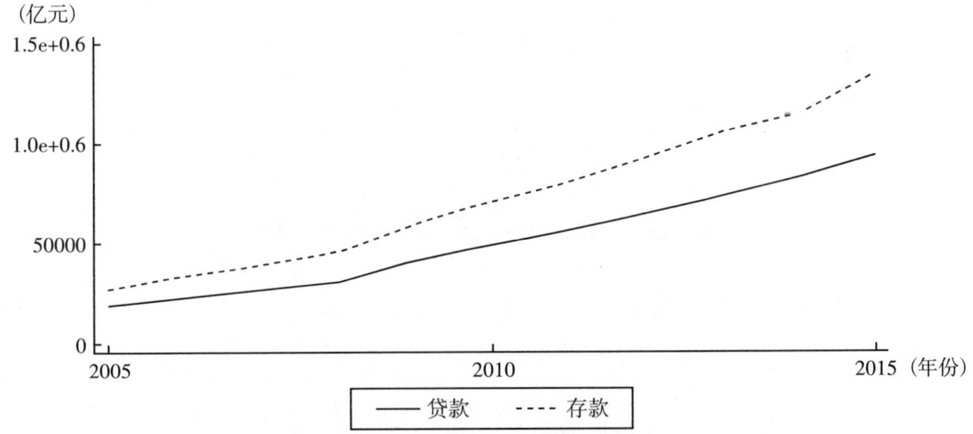

图 4-20　全国银行业贷款和存款

图 4-21 是全国银行业资产/GDP 的动态时序图。可以看出，全国银行业资产/GDP 呈现上升的趋势，全国银行业资产在 2005~2015 年增速为 1.44 倍。

图 4-21　全国银行业资产/GDP

图 4-22 是全国银行业贷款/GDP 和存款/GDP 的动态发展状况。可以看出，全国银行业贷款/GDP 和存款/GDP 均呈现上升趋势，且演变趋势大致相同。其中全国银行业贷款/GDP 从 2005~2015 年增长倍数为 1.41 倍，全国银行业存款/GDP 在 2005~2015 年增长倍数为 1.43 倍。

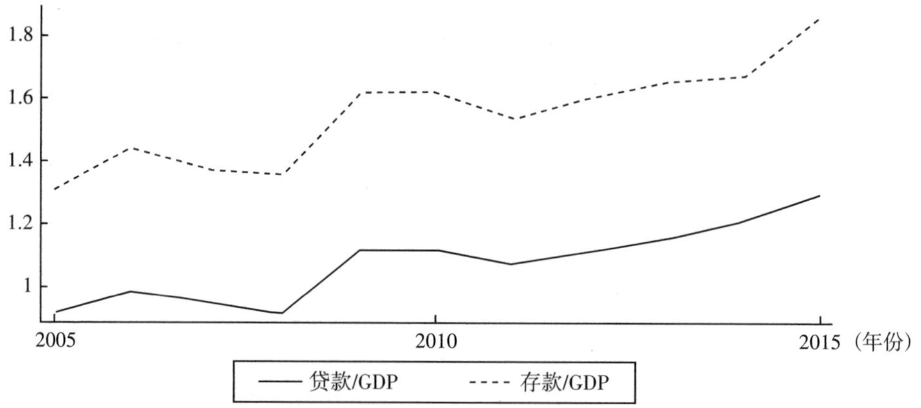

图 4-22　全国银行业贷款/GDP 和存款/GDP

图 4-23 是全国银行业（存款＋贷款）/GDP 的动态发展情况。可以看出，全国银行业（存款＋贷款）/GDP 呈现曲折发展的趋势，总体上看，全国银行业（存款＋贷款）/GDP 呈现上升趋势。其中，全国银行业（存款＋贷款）/GDP 2005~2015 年增长倍数为 1.42 倍。

图 4-24 是全国银行业贷款/存款的动态发展情况。可以看出，全国银行业贷款/存款经历了一段复杂发展的历程，从 2005~2008 年的不断下跌到

2008~2014 年不断提升，2015 年又骤减。

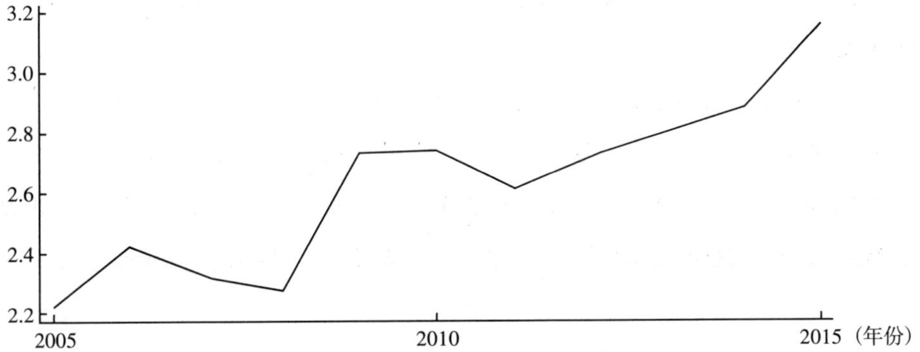

图 4-23　全国银行业（存款+贷款）/GDP

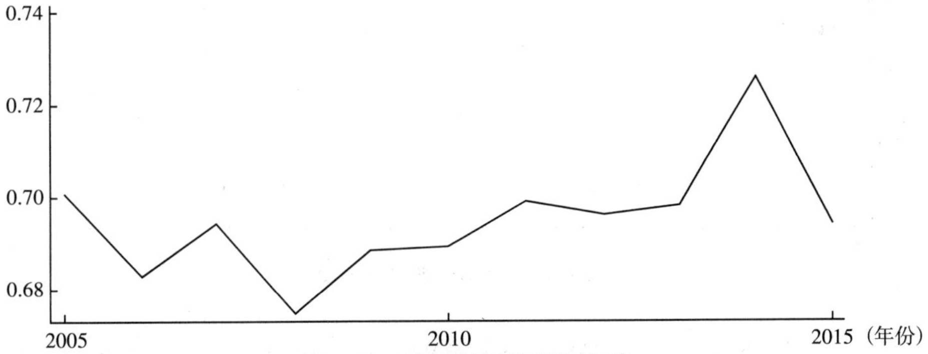

图 4-24　全国银行业贷款/存款

B. 股票市场

图 4-25 是全国股票市场总市值的动态发展情况。可以看出，我国股票总

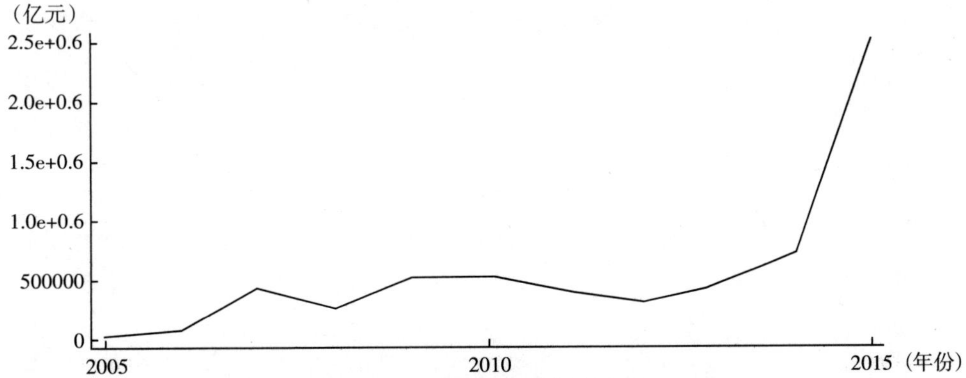

图 4-25　全国股票市场总市值

市值总体上呈现上升趋势，2005~2012 年的曲折发展，2012~2015 年的飞速发展。总体来讲，全国股票业市场总市值从 2005~2015 年增长倍数为 86.85 倍，发展速度迅速。

图 4-26 是全国股票流通市值的动态发展情况。可以发现，我国股票业流通市值呈现曲折上升态势，2008 年金融危机造成全国股票流通市值的一个下降，然后流通市值一直上升，2013~2015 年飞速发展。总体来看，全国股票业市场流通市值 2005~2015 年增长倍数为 44.23 倍，发展速度迅速。

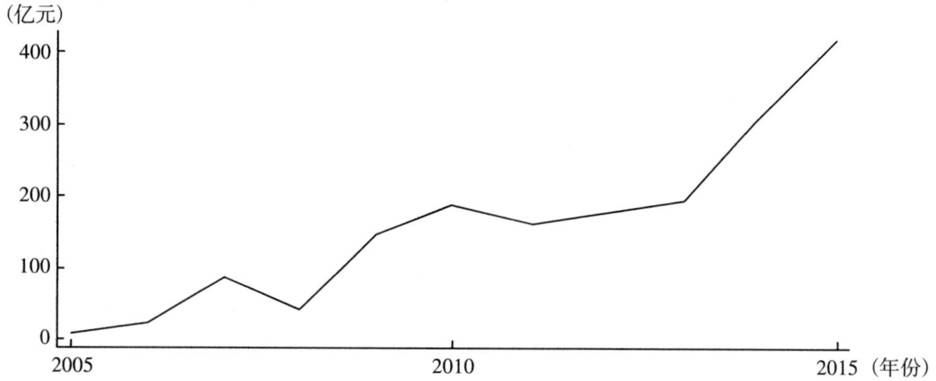

图 4-26　全国股票流通市值

图 4-27 是全国股票交易额的动态发展情况。可以看见，全国股票交易额呈现总体上升趋势，同时可以看出从 2005~2007 年全国股票交易额呈现上升趋势，从 2007~2008 年全国股票交易额不断下跌，这主要是受全球金融危机

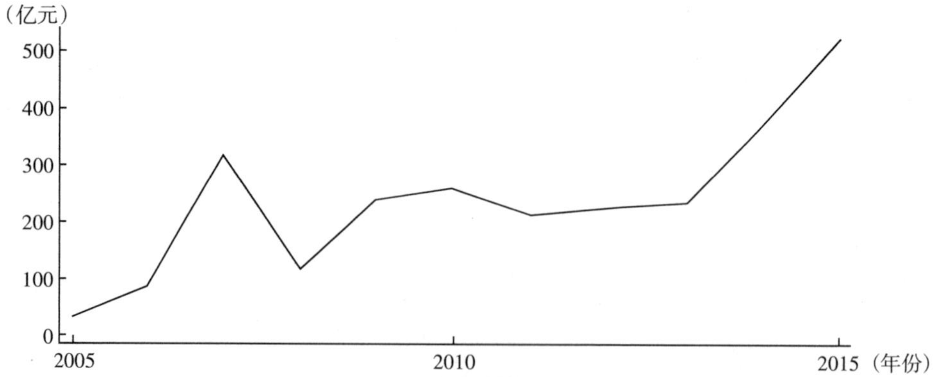

图 4-27　全国股票交易额

的影响，2008 年后全国股票交易额平稳上升。其中全国股票业市场交易额 2005~2015 年增长倍数为 17.67 倍，发展较为迅速。

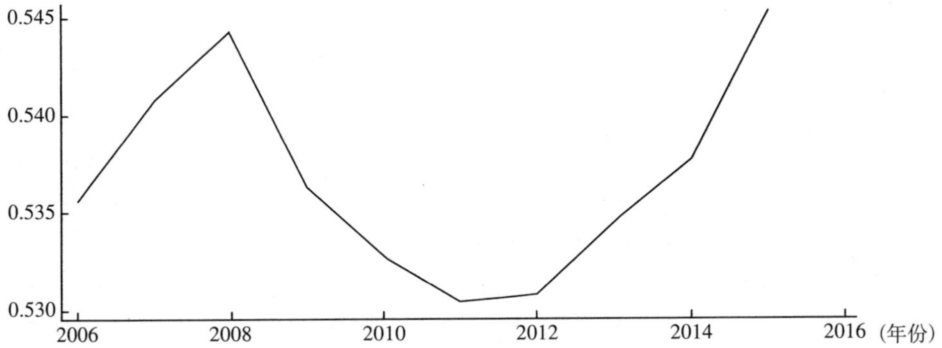

图 4-28　全国股票总市值/GDP

图 4-28 是全国股票总市值/GDP 的动态发展状况。全国股票总市值/GDP 呈现曲折上升的趋势，2006~2008 年初，全国股票总市值/GDP 不断上升，2008~2011 年呈现下跌趋势，2011~2015 年呈现不断上升趋势。其中，全国股票业市场总市值/GDP 2005~2015 年增长倍数为 21 倍，发展较为迅速。

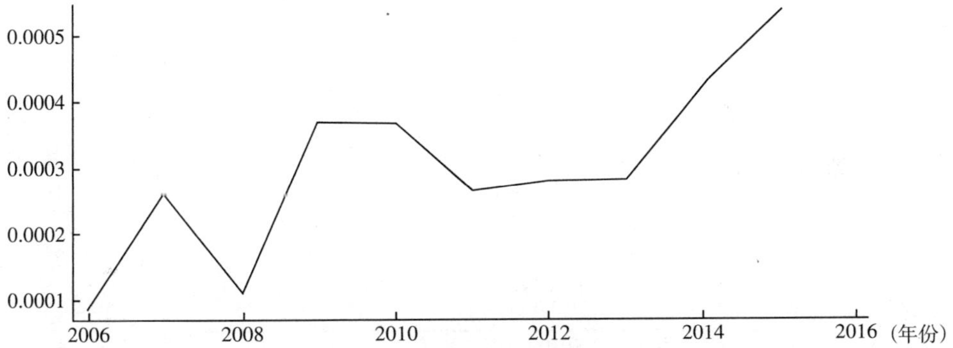

图 4-29　我国股票流通市值/GDP

图 4-29 是我国股票流通市值/GDP 的动态发展情况。可以看到，我国股票流通市值/GDP 呈现不断攀升的趋势，2006~2008 年初，全国股票流通市值/GDP 不断上升，2008~2011 年呈现下跌趋势，2011~2015 年呈现不断上升趋势。其中全国股票业市场总市值/GDP 2005~2015 年增长倍数为 11.05 倍，发展较为迅速。

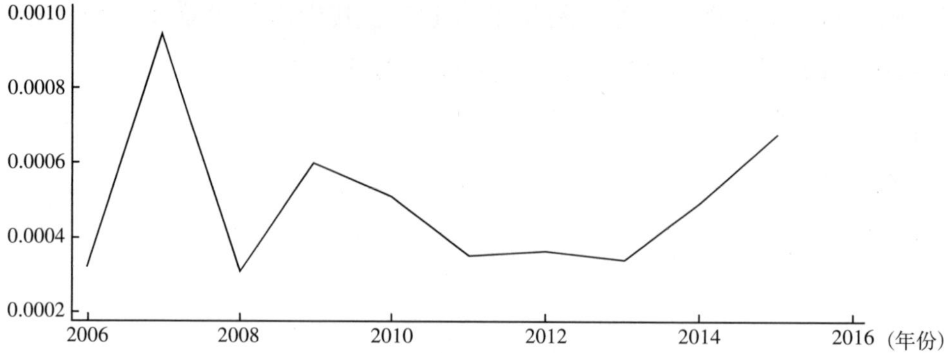

图 4-30　全国股票交易额/GDP

图 4-30 是全国股票交易额/GDP 的动态发展情况。可以发现，我国的股票交易额/GDP 呈现曲折的平稳发展趋势。

C. 保险市场

图 4-31 是全国保费收入的动态发展情况。可以看出，全国保费收入呈现不断上升趋势，表明全国保险市场总体规模在不断上升。其中全国保费收入 2005~2015 年增长倍数为 5.28 倍，发展较为迅速。

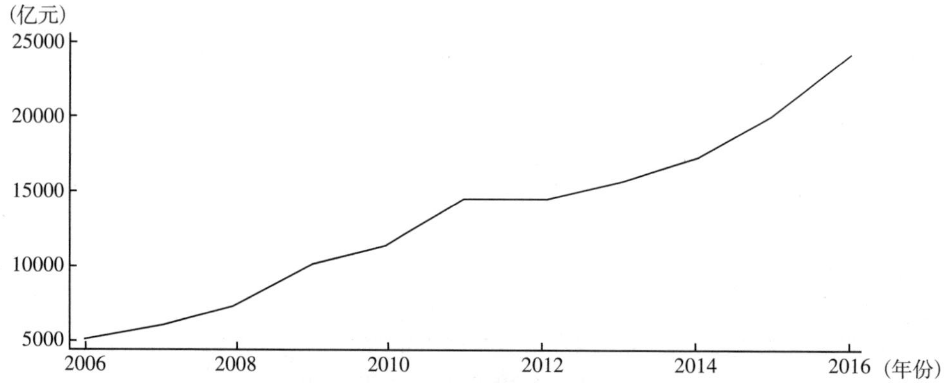

图 4-31　全国保费收入

图 4-32 是全国保费收入/GDP 的动态发展情况。可以看到，全国保费收入/GDP 2006~2010 年不断上升，2010~2012 年不断下降，2012~2015 年，全国保费收入/GDP 又呈现上升趋势。总体来讲，其中全国保费收入/GDP 2005~2015 年增长倍数为 1.52 倍。

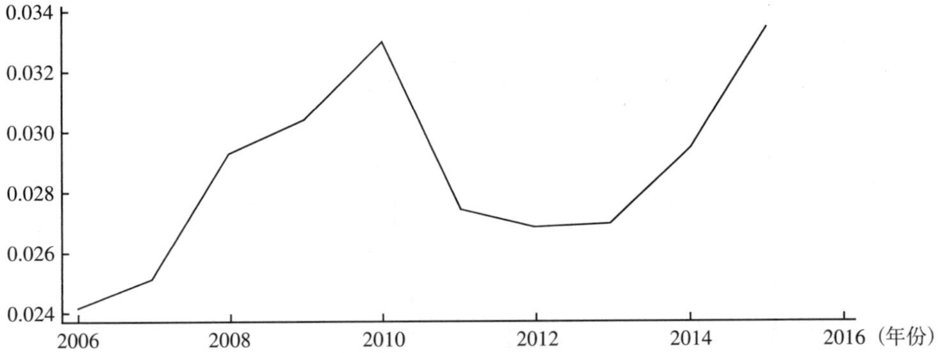

图 4-32　全国保费收入/GDP

3. 我国普惠金融发展的统计分析

本节分析我国普惠金融 2005~2015 年的发展状况，首先对各省普惠金融发展状况进行统计分析，然后对各省进行加总，对我国总体的普惠金融发展的状况进行统计分析。

（1）各省状况。

首先，分析银行业的普惠金融发展状况，主要考察各省的每万人拥有的贷款（ifbank1）、每万人拥有的存款（ifbank2）、每万人拥有的银行业资产（ifbank3）、每万人拥有的银行网点数（ifbank4）、每万人拥有的银行就业人员数（ifbank5）、每万平方公里拥有的银行业资产（ifbank6）、每万平方公里拥有的银行网点数（ifbank7）、每万平方公里拥有的银行就业人员数（ifbank8）状况；其次，分析证券业的普惠金融发展状况，主要考察各省的股票市场的普惠状况，例如，各省的每万人拥有的总市值（ifstk1）、每万人拥有的流通市值（ifstk2）、每万人拥有的交易额（ifstk3）等；最后，分析保险市场的普惠发展状况，主要考察各省的每万人拥有的保费收入（ifinsur）。

A. 银行业

图 4-33~图 4-37 分别是各省的每万人拥有的贷款（ifbank1）、每万人拥有的存款（ifbank2）、每万人拥有的银行业资产（ifbank3）、每万人拥有的银行网点数（ifbank4）、每万人拥有的银行就业人员数（ifbank5）。

图 4-38~图 4-40 是各省的每万平方公里拥有的银行业资产（ifbank6）、每万平方公里拥有的银行网点数（ifbank7）、每万平方公里拥有的银行就业人员数（ifbank8）。

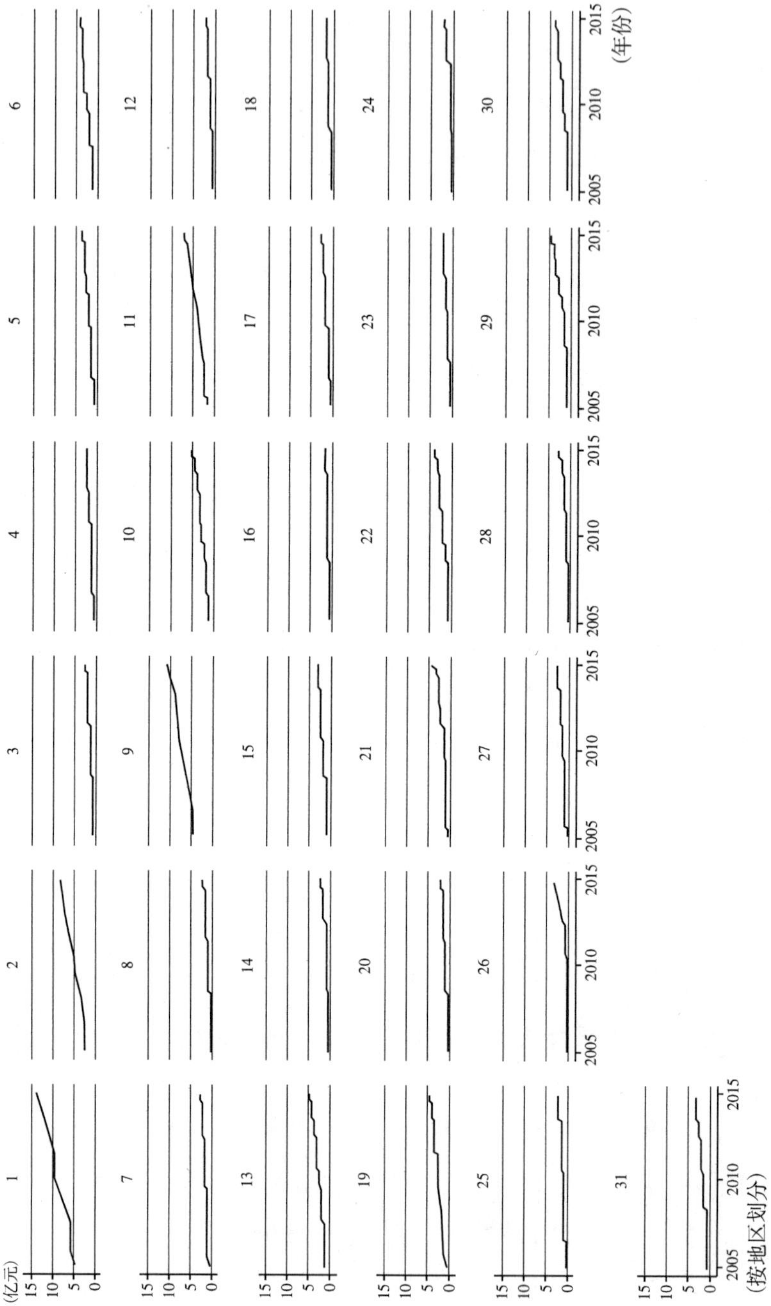

图 4-33　各省份每万人拥有的贷款

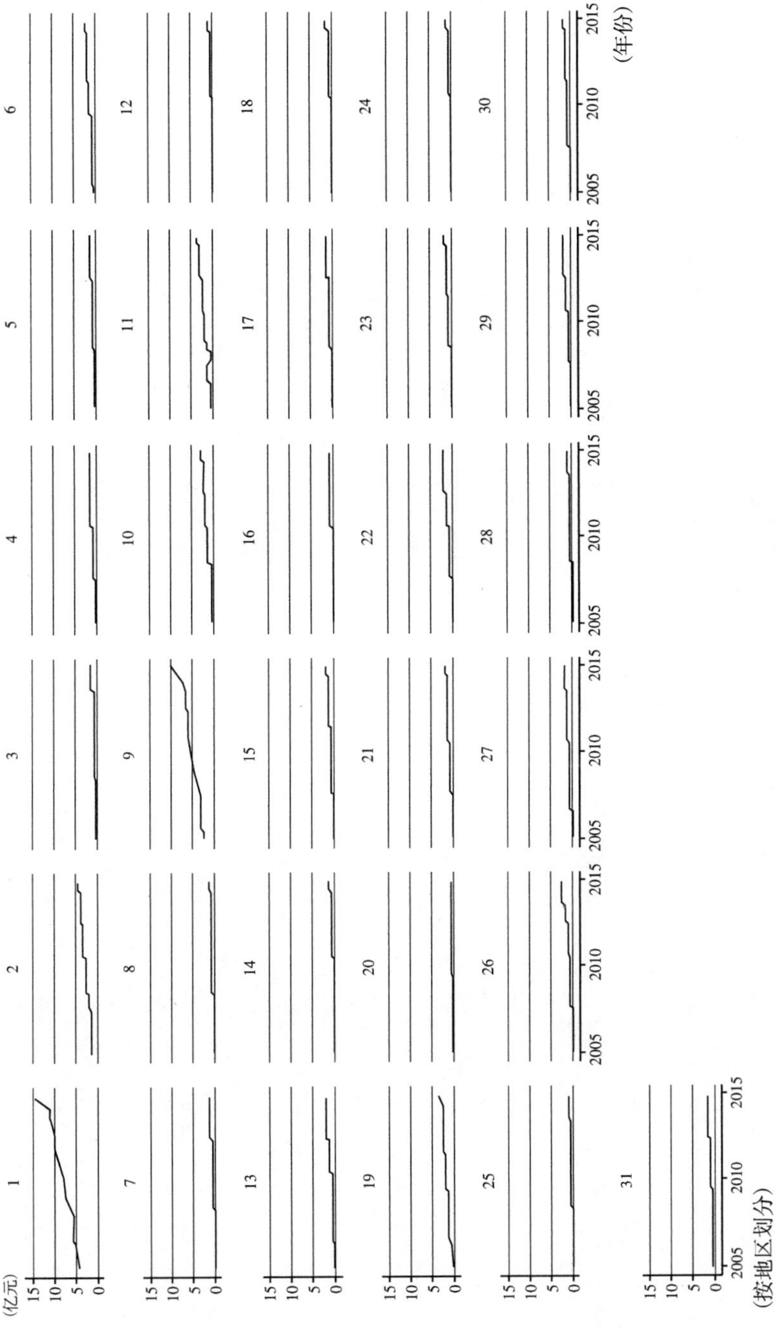

图 4-34　各省份每万人拥有的存款

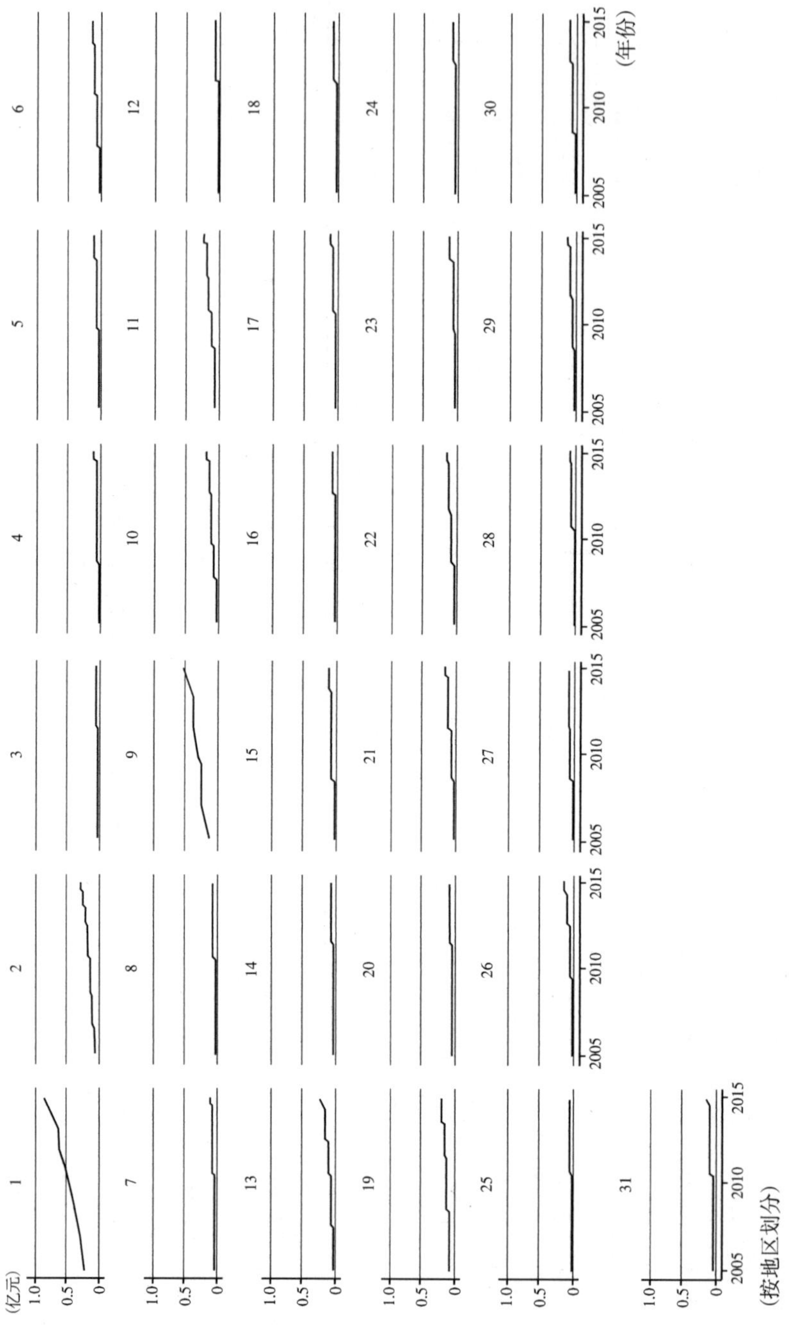

图 4-35 各省份每万人拥有的银行业资产

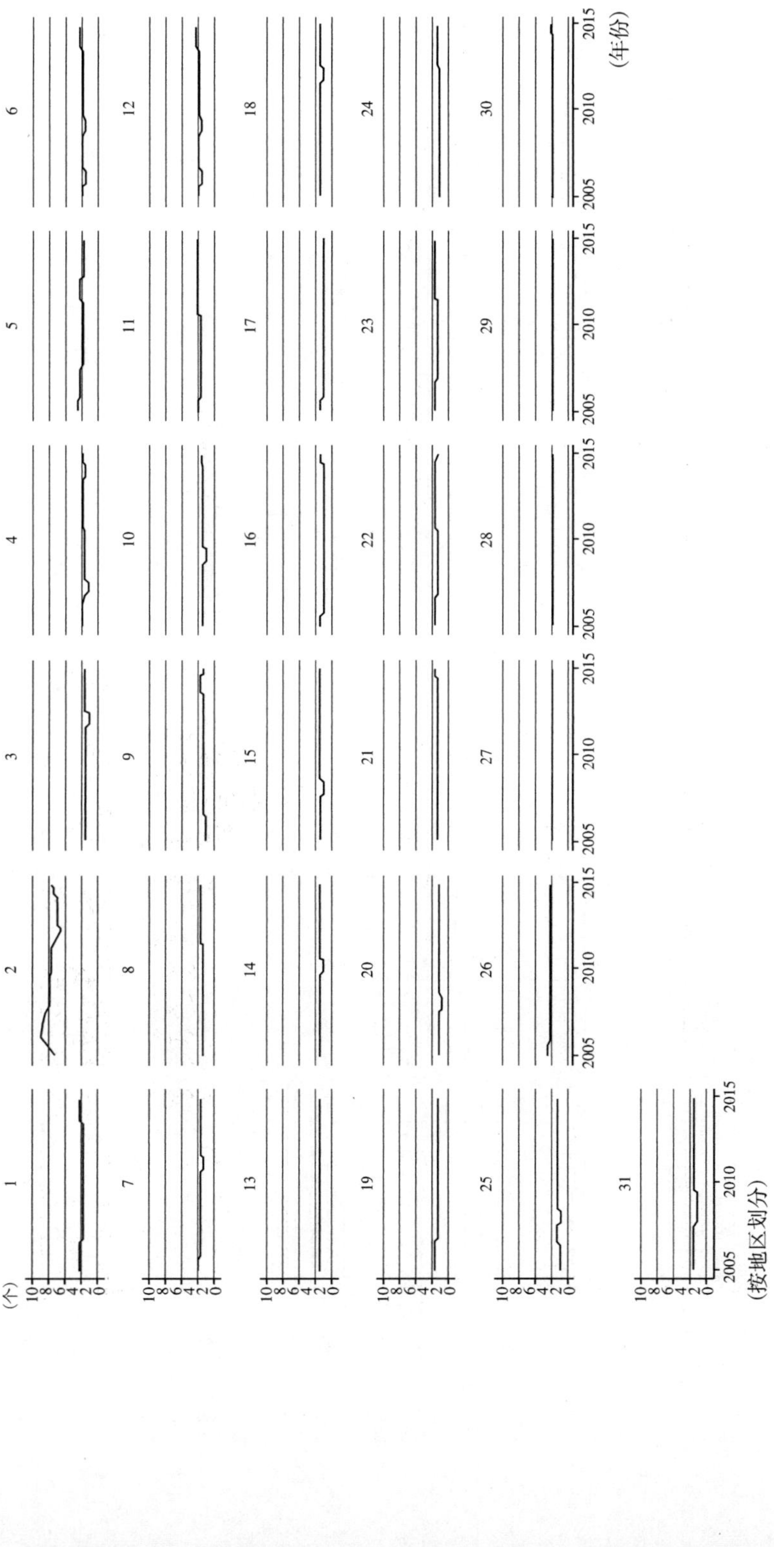

图 4-36 各省份每万人拥有的银行业网点数

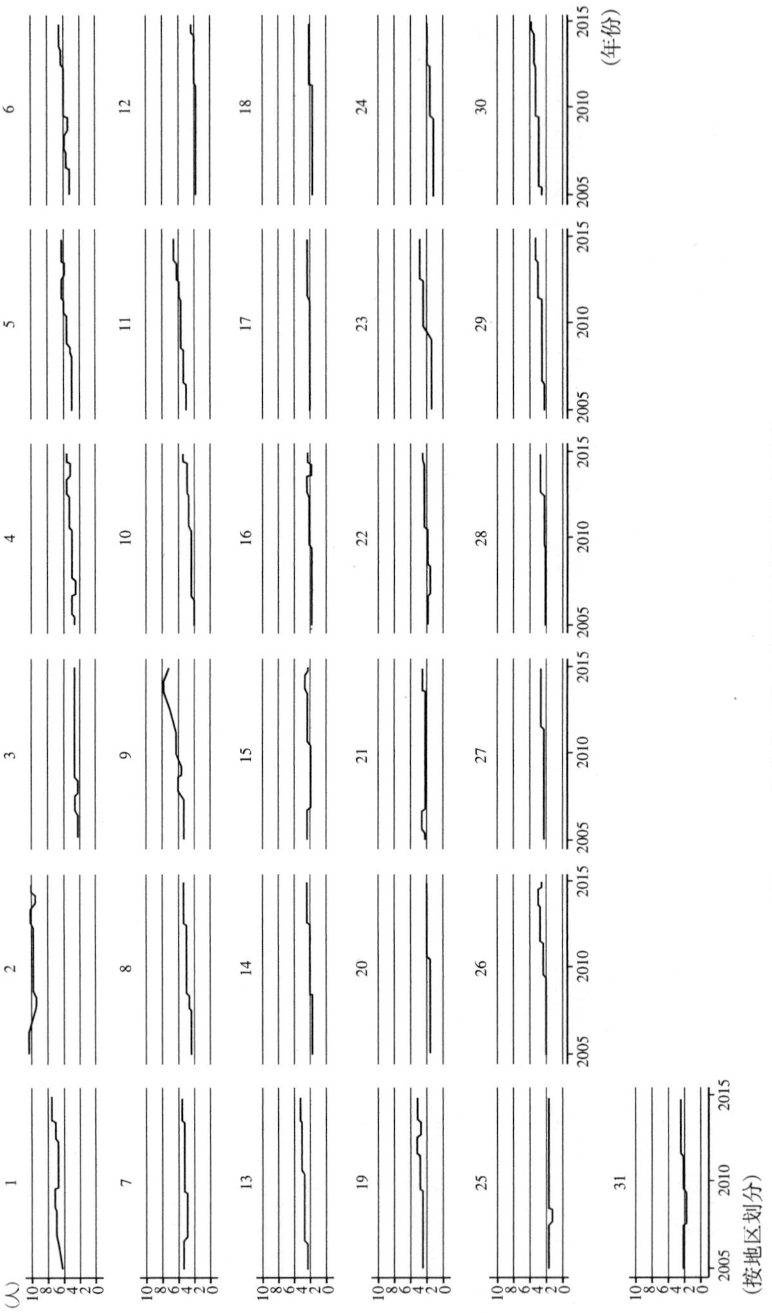

图 4-37　各省份每万人拥有的银行就业人员数

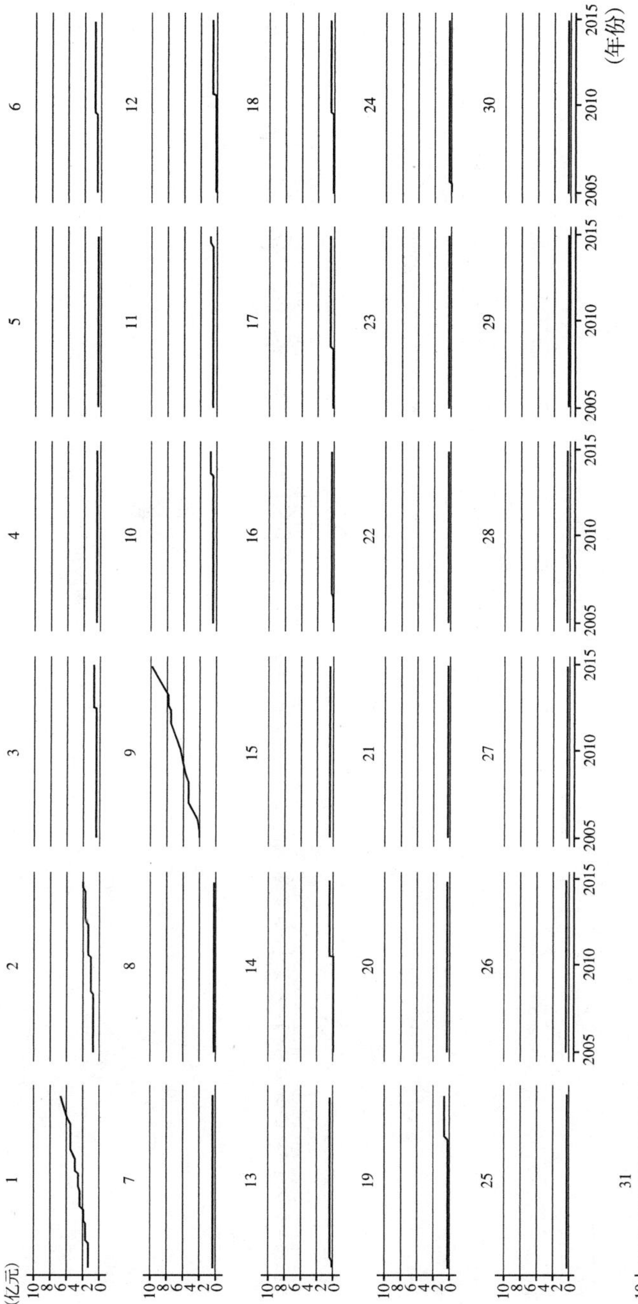

图 4-38　各省份每万平方公里拥有的银行业资产

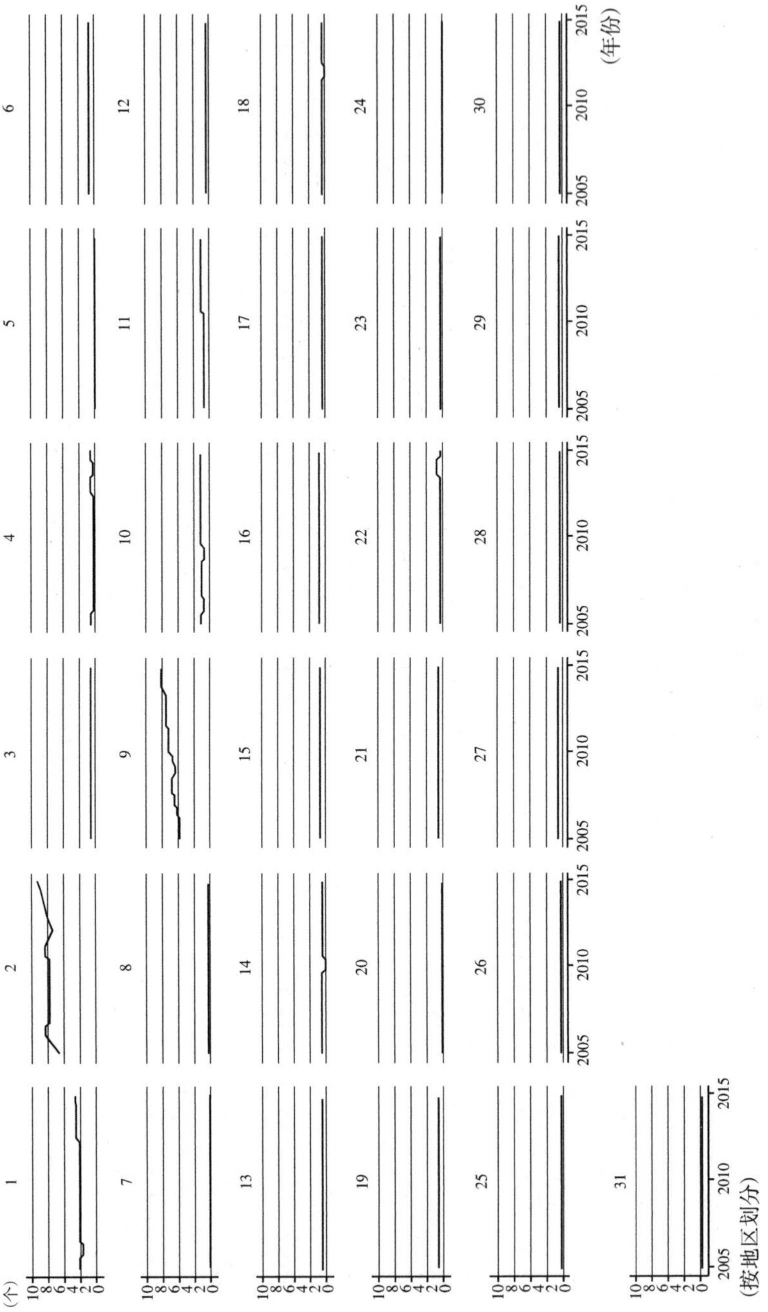

图 4-39　各省份每万平方公里拥有的银行网点数

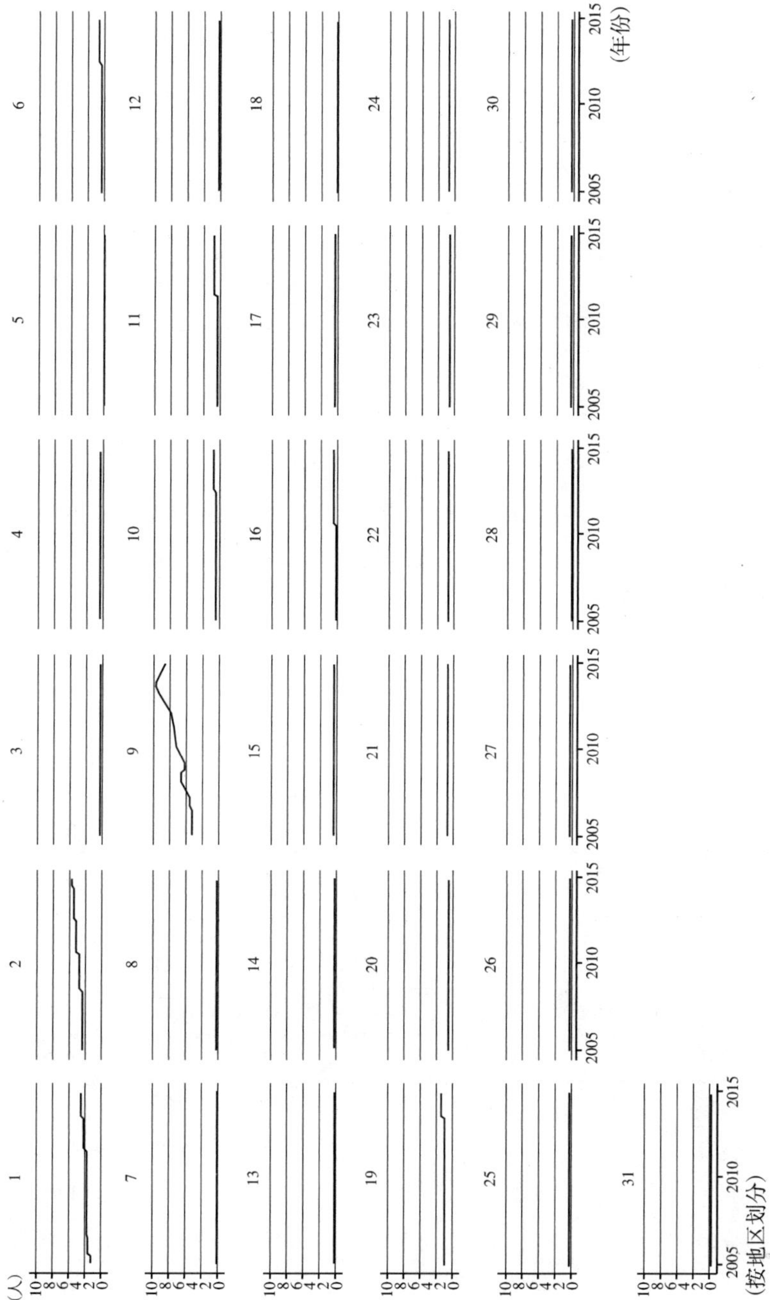

图 4-40　各省份每万平方公里拥有的银行就业人员数

表 4-4　银行业市场各项指标 2005~2015 年的增长倍数

省份	每万人拥有的贷款	每万人拥有的存款	每万人拥有的银行业资产	每万人拥有的银行网点数	每万人拥有的银行就业人员数	每万平方公里拥有的银行业资产	每万平方公里拥有的银行网点数	每万平方公里拥有的银行就业人员数
北京	2.71	3.14	3.69	0.97	1.34	5.21	1.37	1.89
天津	3.71	3.12	4.30	1.03	0.99	6.37	1.52	1.47
河北	4.64	4.15	4.39	0.99	1.17	4.76	1.07	1.26
山西	3.93	3.67	3.93	0.92	1.37	4.29	1.01	1.49
内蒙古	6.31	5.22	6.54	0.82	1.52	6.84	0.86	1.58
辽宁	4.21	3.69	4.36	1.09	1.40	4.53	1.13	1.46
吉林	4.44	4.21	4.82	0.91	1.12	4.89	0.92	1.14
黑龙江	4.48	3.43	4.50	1.10	1.39	4.49	1.09	1.39
上海	2.47	3.39	3.49	1.25	1.54	4.46	1.60	1.96
江苏	4.74	4.64	4.99	1.07	1.52	5.24	1.12	1.60
浙江	4.02	3.85	4.48	1.11	1.50	4.97	1.24	1.66
安徽	5.92	5.72	6.35	1.52	1.47	6.37	1.52	1.47
福建	5.77	4.46	7.14	1.03	1.35	7.71	1.12	1.46
江西	5.72	5.24	6.00	1.03	1.47	6.36	1.09	1.56
山东	4.00	4.13	4.49	0.92	1.08	4.78	0.98	1.15
河南	4.17	4.72	4.81	0.99	1.27	4.86	1.00	1.28
湖北	4.91	4.84	5.35	0.92	1.20	5.48	0.94	1.23
湖南	4.92	5.13	5.28	0.90	1.16	5.66	0.96	1.24
广东	10.67	14.33	3.90	0.94	1.35	4.61	1.11	1.59
广西	5.67	5.20	2.85	1.09	1.34	2.93	1.12	1.38
海南	6.07	5.33	8.75	1.03	1.22	9.63	1.13	1.35
重庆	5.63	5.58	6.99	0.79	1.34	7.53	0.85	1.45
四川	5.62	5.99	6.48	1.03	1.75	6.47	1.03	1.74
贵州	6.89	7.39	8.27	1.29	1.75	7.83	1.23	1.65
云南	4.95	4.55	4.82	1.27	1.16	5.13	1.36	1.23
西藏	10.24	6.95	7.50	0.86	1.39	8.68	1.00	1.61
陕西	5.32	4.86	5.86	1.02	1.32	6.02	1.05	1.36

续表

省份	每万人拥有的贷款	每万人拥有的存款	每万人拥有的银行业资产	每万人拥有的银行网点数	每万人拥有的银行就业人员数	每万平方公里拥有的银行业资产	每万平方公里拥有的银行网点数	每万平方公里拥有的银行就业人员数
甘肃	6.92	5.44	6.39	1.00	1.49	6.53	1.02	1.53
青海	7.38	6.54	7.97	1.01	1.36	8.63	1.09	1.47
宁夏	5.46	4.33	5.90	1.18	1.43	6.61	1.32	1.60
新疆	4.98	4.49	4.86	0.90	1.15	5.70	1.06	1.35

如表 4-4 所示，各省银行业市场各项指标 2005~2015 年的增长倍数大多超过 1，表明各省普惠金融银行业市场得到发展，其中每万人拥有的贷款的增长倍数在 5~6 倍，其中广东、西藏高于 10 倍，而也有北京、天津等为 2~3 倍；每万人拥有的存款与每万人拥有的贷款大致相同；而每万人拥有的银行业网点数、每万人拥有的银行就业人员数、每万平方公里拥有的银行网点数和每万平方公里拥有的银行就业人员数发展增速较为缓慢。

B. 股票市场

图 4-41~图 4-43 是各省的每万人拥有的总市值（ifstk1）、每万人拥有的流通市值（ifstk2）、每万人拥有的交易额（ifstk3）。

如表 4-5 所示，各省股票市场各项指标 2005~2015 年的增长倍数较大，表明各省股票市场各项指标 2005~2015 年的增长速度较快，其中每万人拥有的总市值方面，北京、江苏、浙江和福建的增长倍数超过 100 倍，发展迅猛；每万人拥有的流通市值方面，北京、浙江、江苏和福建的增长倍数也很高；每万人拥有的交易额在这些省份也很高。

C. 保险市场

图 4-44 为各省的每万人拥有的保费收入。可以发现，各省的每万人拥有的保费收入呈现上升趋势。

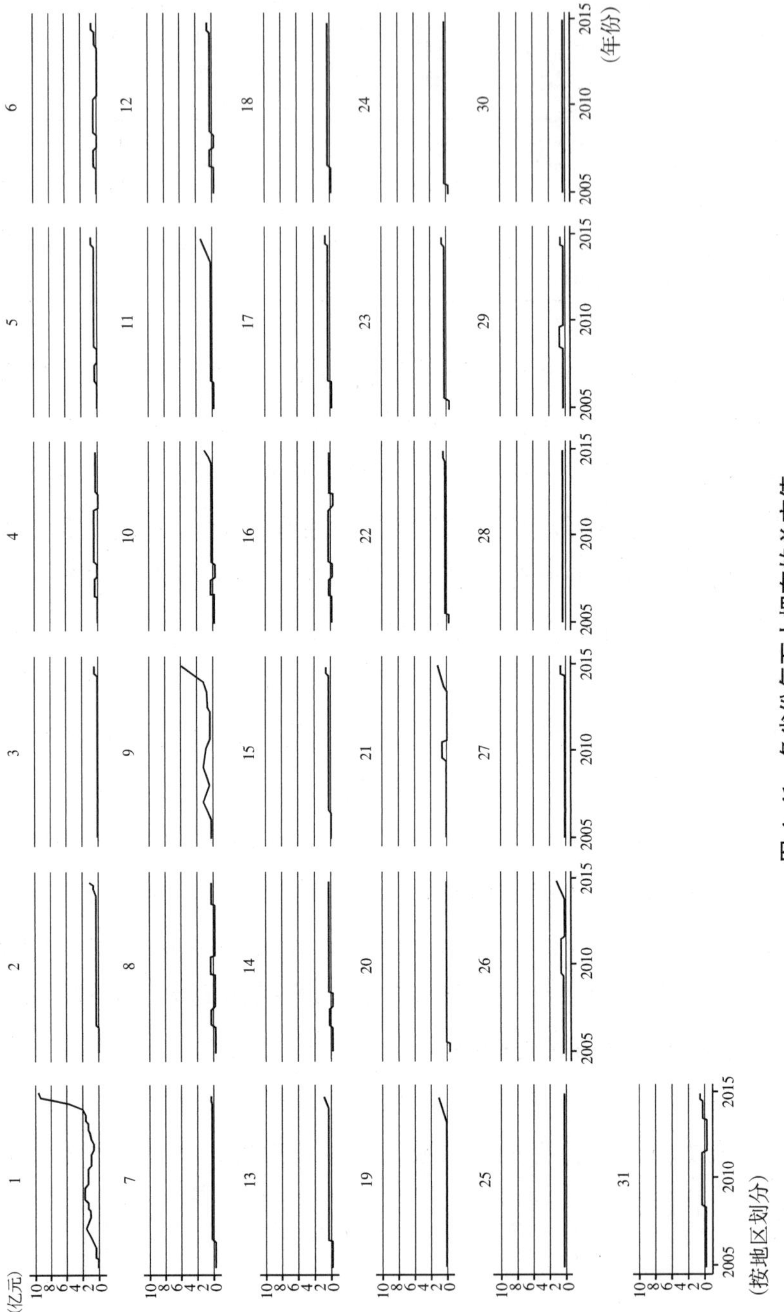

图 4-41 各省份每万人拥有的总市值

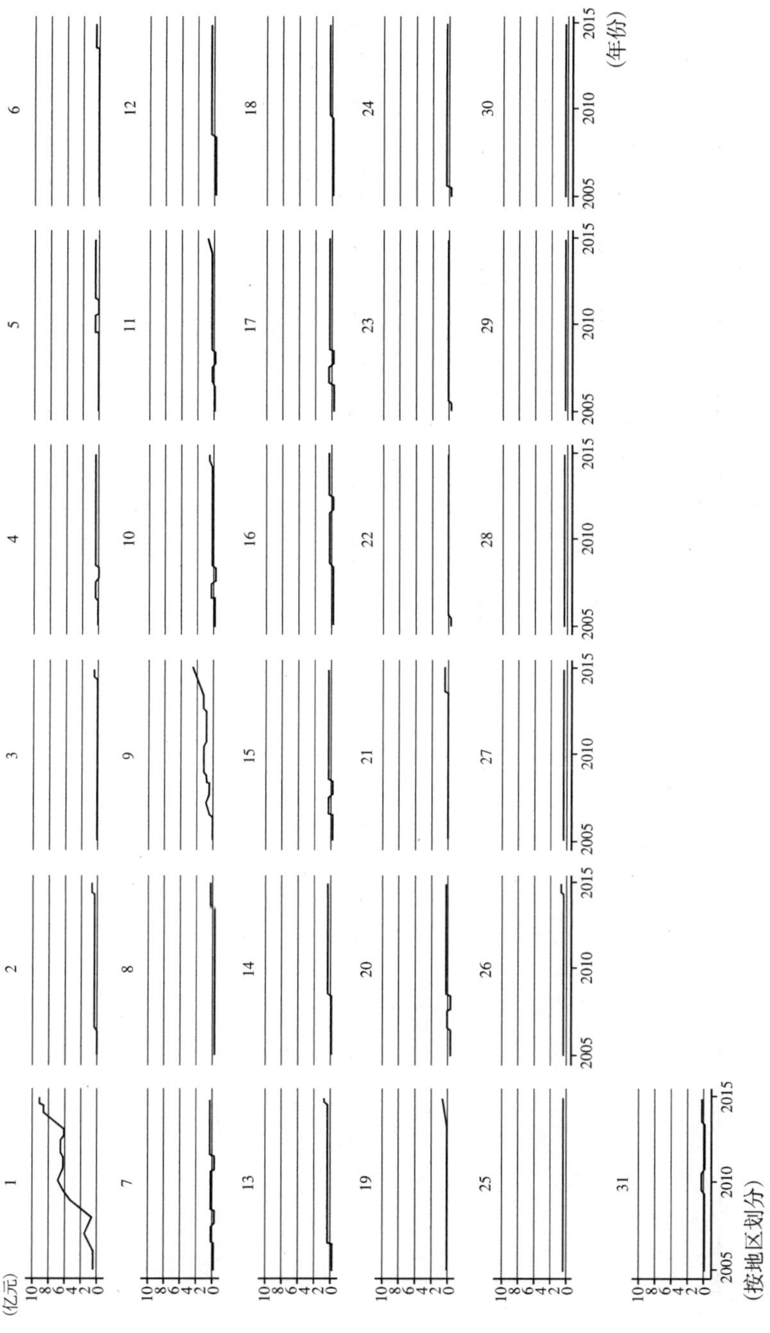

图 4–42　各省份每万人拥有的流通市值

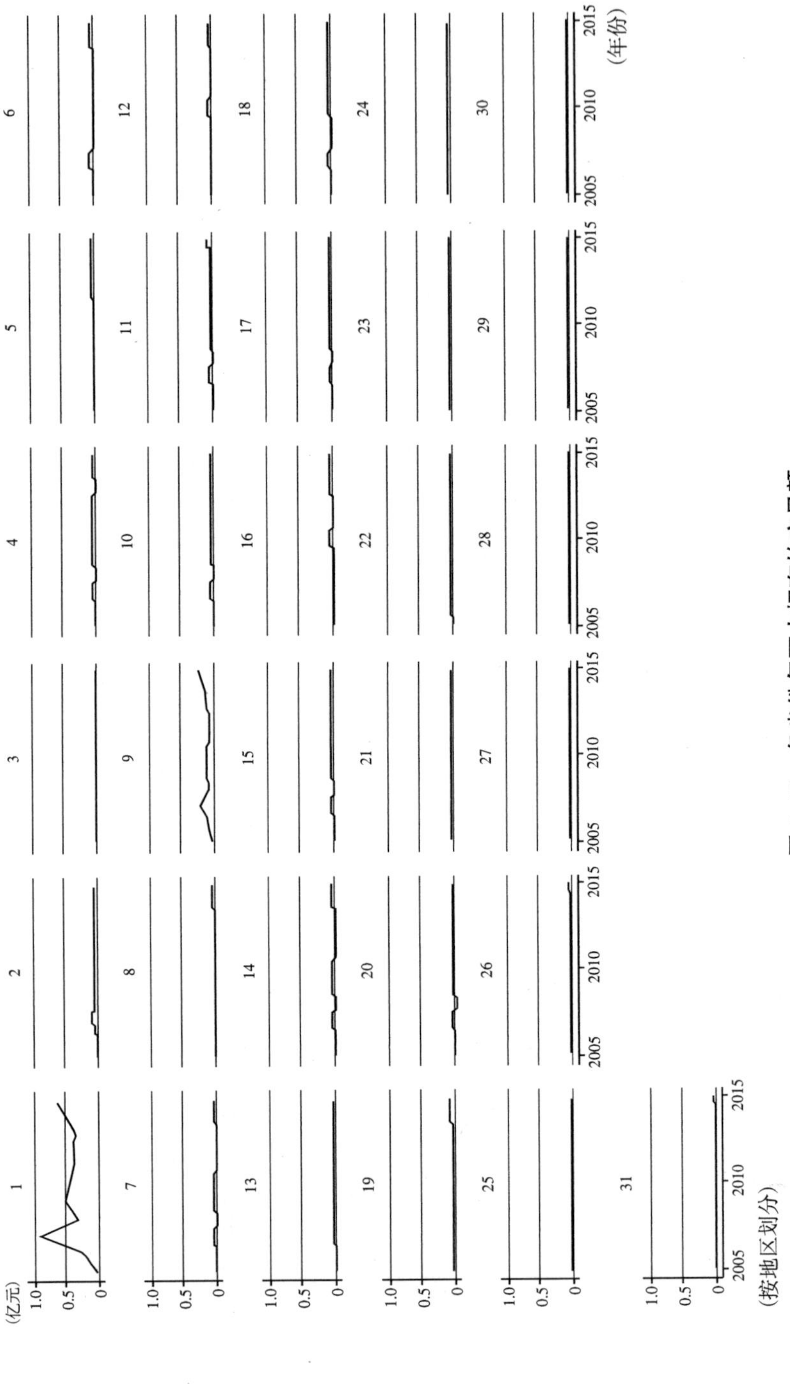

图 4-43 各省份每万人拥有的交易额

表 4–5　股票市场各项指标 2005~2015 年的增长倍数

省份	每万人拥有的总市值	每万人拥有的流通市值	每万人拥有的交易额
北京	102.10	69.17	14.02
天津	52.52	20.11	8.12
河北	56.43	35.64	16.56
山西	46.61	22.12	11.31
内蒙古	70.66	27.84	13.67
辽宁	66.87	22.02	11.70
吉林	63.65	25.80	15.29
黑龙江	93.16	23.90	12.08
上海	51.14	21.67	8.69
江苏	125.47	54.28	25.11
浙江	112.20	62.04	33.66
安徽	71.15	32.56	15.22
福建	128.17	52.11	25.29
江西	52.25	28.36	10.78
山东	56.66	28.69	11.78
河南	64.77	32.30	16.34
湖北	73.01	32.60	15.44
湖南	82.92	36.34	20.78
广东	79.69	33.43	17.29
广西	67.88	25.05	14.93
海南	42.14	24.13	12.35
重庆	68.80	49.22	23.56
四川	76.05	28.66	14.95
贵州	50.98	37.77	14.03
云南	60.73	27.52	11.70
西藏	93.78	46.76	23.81
陕西	99.62	53.29	27.91
甘肃	89.98	37.45	19.62
青海	40.93	21.44	9.09
宁夏	29.00	15.58	8.63
新疆	66.55	27.84	16.08

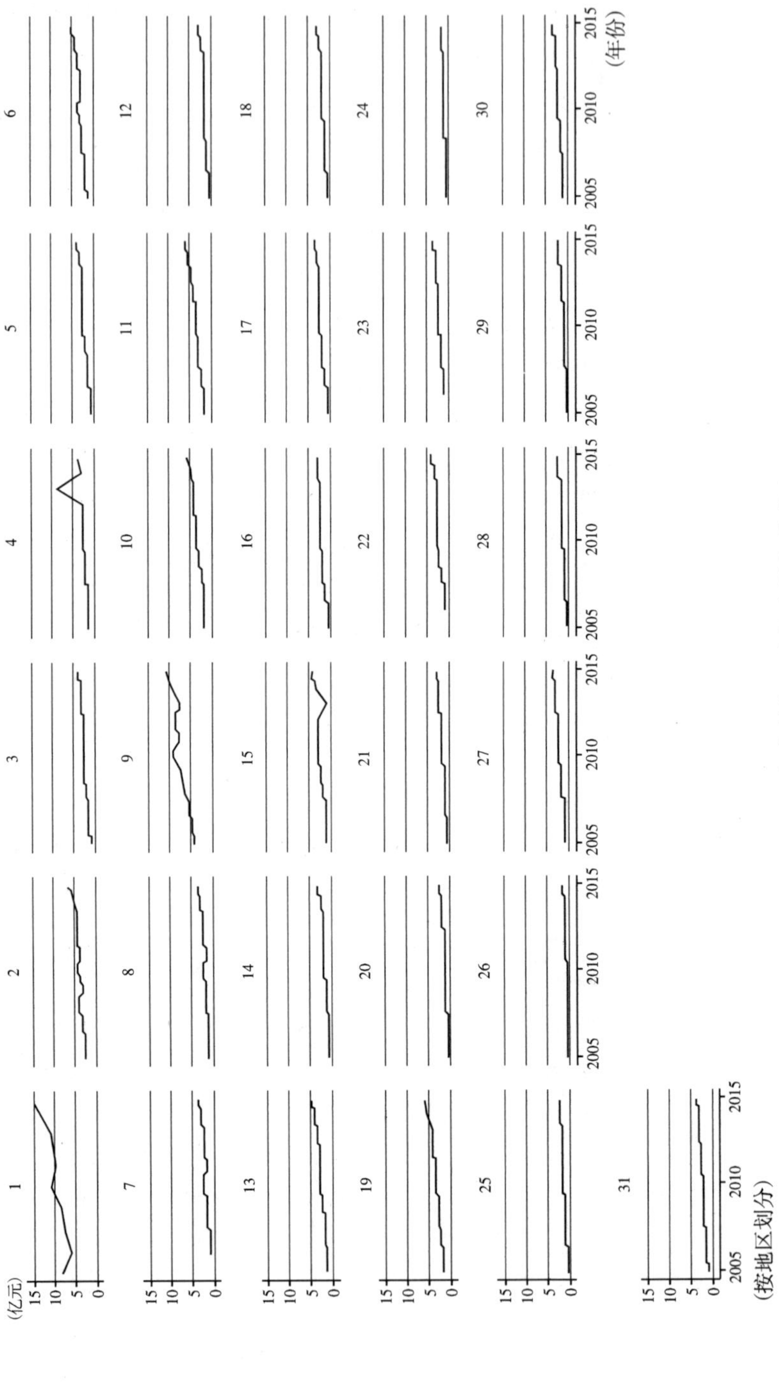

图 4-44 各省份每万人拥有的保费收入

表 4-6 保险业市场指标 2005~2015 年的增长倍数①

省份	每万人拥有的保费收入
北京	2.00
天津	2.96
河北	4.94
山西	4.41
内蒙古	6.21
辽宁	4.04
吉林	4.70
黑龙江	4.25
上海	2.64
江苏	4.33
浙江	4.13
安徽	5.23
福建	4.83
江西	5.35
山东	4.93
河南	5.78
湖北	5.67
湖南	5.35
广东	4.79
广西	5.12
海南	6.93
重庆	5.12
四川	5.28
贵州	6.73
云南	5.04
西藏	9.40
陕西	5.72
甘肃	5.24

① 由于吉林、重庆和四川缺失 2005 年的保费收入数据，所以这三个省保险市场方面的每万人拥有的保费收入描述是从 2006 年开始的。

续表

省份	每万人拥有的保费收入
青海	6.59
宁夏	5.85
新疆	4.31

如表 4-6 所示，各省保险业市场各项指标 2005~2015 年的增长倍数超过 1，表明 2005~2015 年保险业市场得到了发展，各省保险业业市场指标在 4~5 倍，其中西藏、内蒙古增长倍数较高。

（2）总体状况。

A. 银行业

图 4-45 是全国每万人拥有的贷款动态发展情况。可以看到，全国每万人

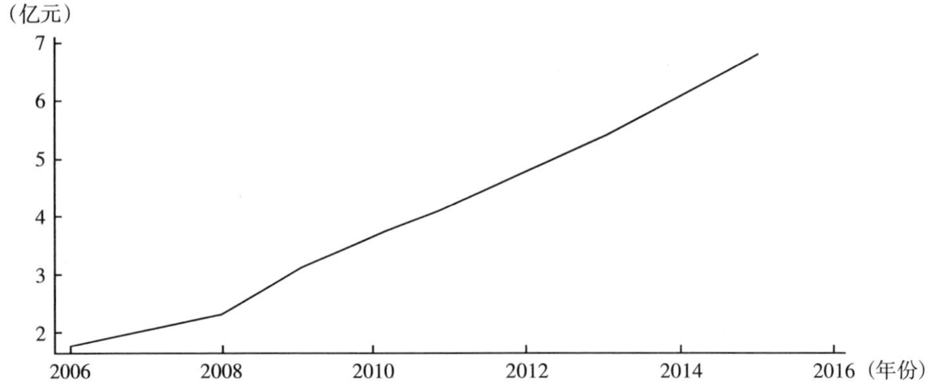

图 4-45　全国每万人拥有的贷款

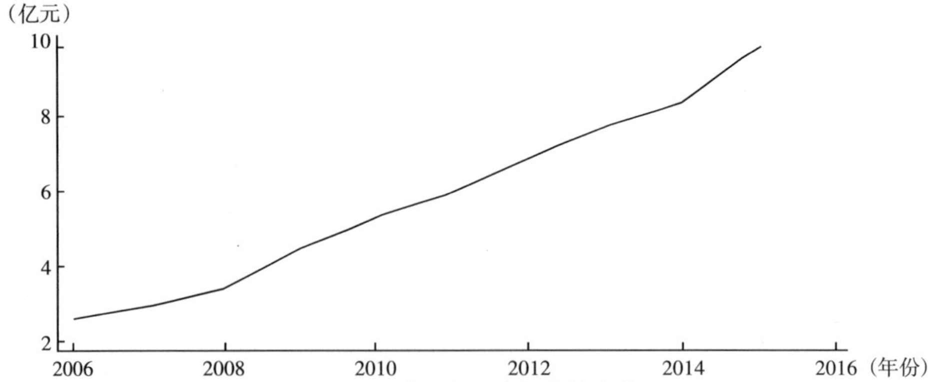

图 4-46　全国每万人拥有的存款

拥有的贷款呈现不断上升趋势，2005~2015 年增长倍数为 4.28 倍，增速较快。

如图 4-46 所示是全国每万人拥有的存款的动态发展情况。可以看出，全国每万人拥有的存款呈现不断上升趋势，2005~2015 年增长倍数为 4.18 倍，增速也较快。

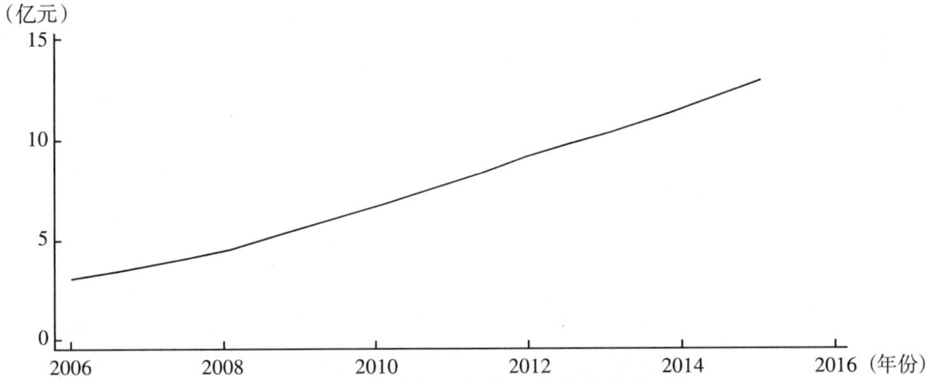

图 4-47　全国每万人拥有的银行业资产

如图 4-47 所示是全国每万人拥有的银行业资产情况。可以看到，全国每万人拥有的银行业资产呈现不断提升的趋势，2005~2015 年增长倍数为 4.60 倍，增速较快。

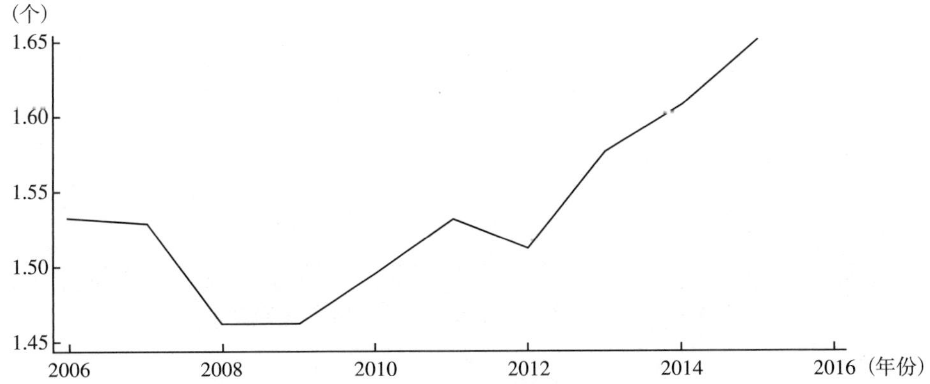

图 4-48　全国每万人拥有的银行网点数

如图 4-48 所示是全国每万人拥有的银行分支网点数情况。可以发现，从 2005~2008 年每万人拥有的银行分支网点数不断下跌，2008~2015 年，每万人拥有的银行分支网点数不断提升。总体上讲，全国每万人拥有的银行网点数是在不断增加的，2005~2015 年增长倍数为 1.01 倍。

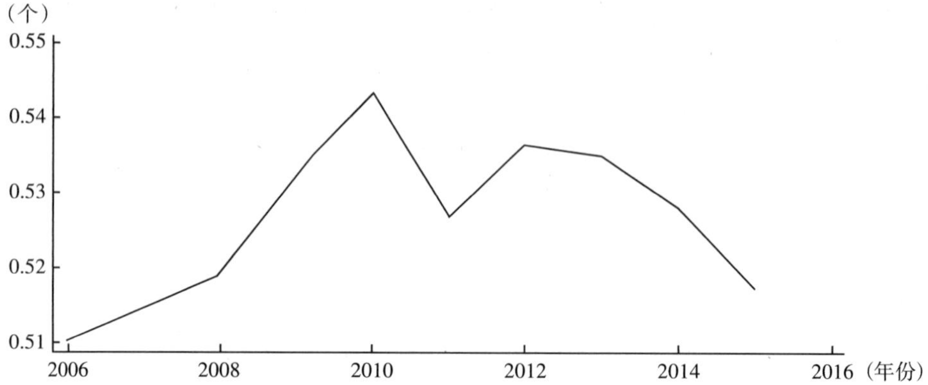

图 4-49　全国每万人拥有的银行就业人数

图 4-49 是全国每万人拥有的银行就业人数情况。可以看到，全国每万人拥有的银行网点数呈现曲折发展的态势，2006~2010 年不断上升，2010~2015 年不断下跌。其中全国每万人拥有的银行业就业人数 2005~2015 年增长倍数为 1.32 倍。

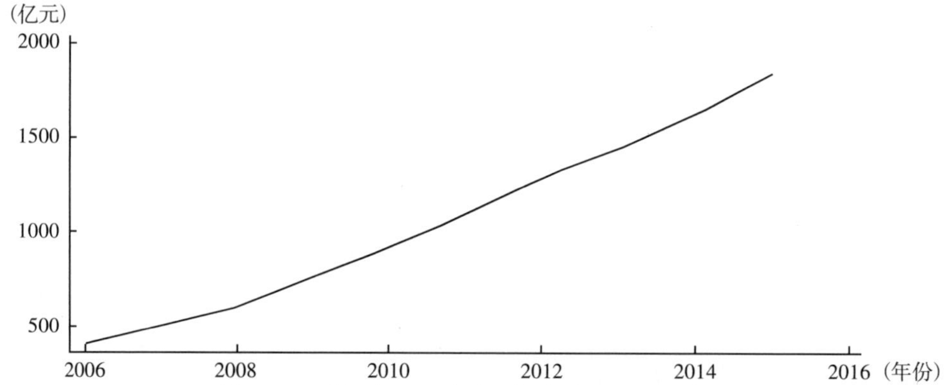

图 4-50　全国每万平方公里拥有的银行业资产

如图 4-50 所示，全国每万平方公里拥有的银行业资产呈现不断上升态势，表明全国每万平方公里拥有的银行业资产增多。其中，全国每万平方公里拥有的银行业资产 2005~2015 年增长倍数为 4.93 倍，增长速度较快。

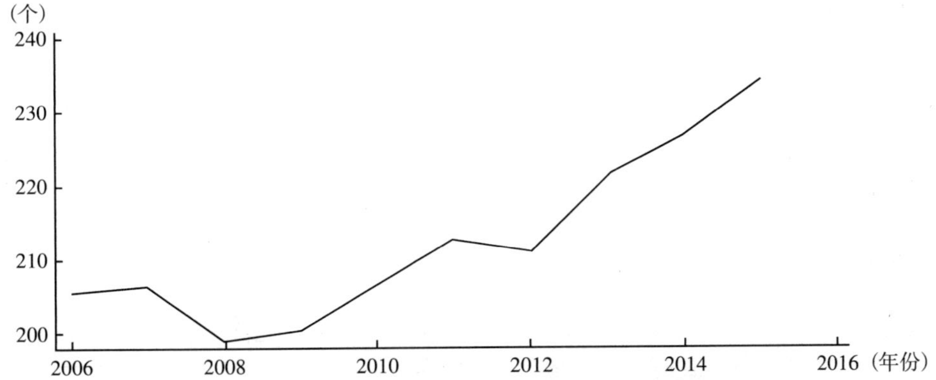

图 4-51　全国每万平方公里拥有的银行网点数

图 4-51 是全国每万平方公里拥有的银行网点数情况。全国每万平方公里拥有的银行网点数呈现两阶段发展态势，2006~2008 年呈下跌态势，2008~2015 年呈不断提升趋势，总体上来说，全国每万平方公里拥有的银行网点数增多。其中，全国每万平方公里拥有的银行网点数 2005~2015 年增长倍数为 1.30 倍。

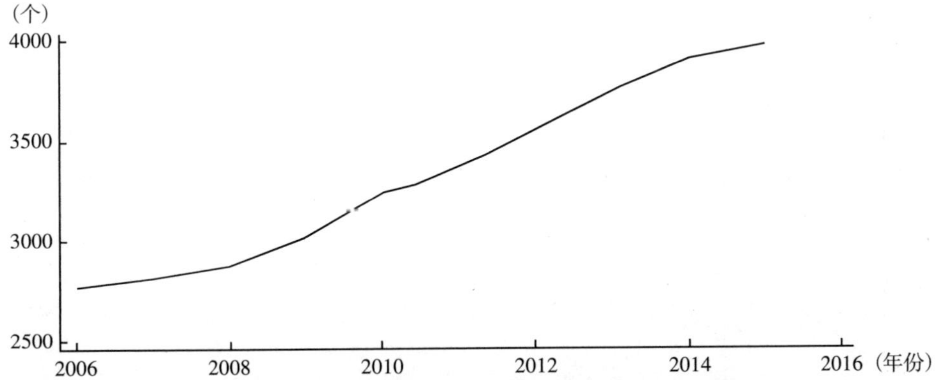

图 4-52　全国每万平方公里拥有的银行就业人员数

图 4-52 是每万平方公里拥有的银行就业人员数情况。全国每万平方公里拥有的银行就业人员数呈现不断提升的趋势，2005~2015 年增长倍数为 1.63 倍。

B. 股票市场

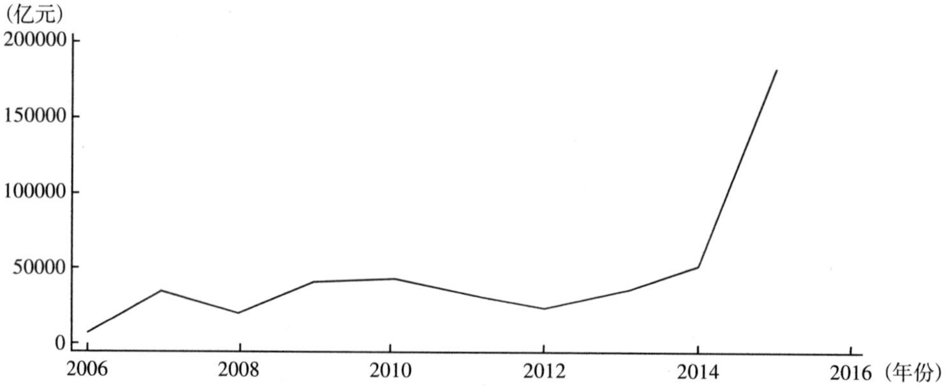

图 4-53　全国每万人拥有的总市值

图 4-53 是全国每万人拥有的总市值情况。可以发现，2006~2013 年，全国每万人拥有的总市值曲折平缓发展，2013~2016 年呈现飞速的发展趋势。总体上讲，全国每万人拥有的总市值 2005~2015 年增长倍数为 71.60 倍，发展非常迅速。

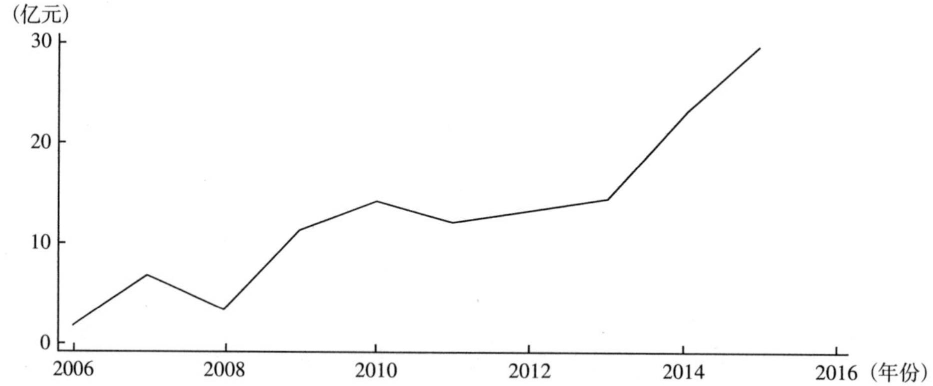

图 4-54　全国每万人拥有的流通市值

图 4-54 是全国每万人拥有的流通市值情况。全国每万人拥有的流通市值呈现不断提升的趋势，2005~2015 年增长倍数为 37.86 倍，发展速度迅速。

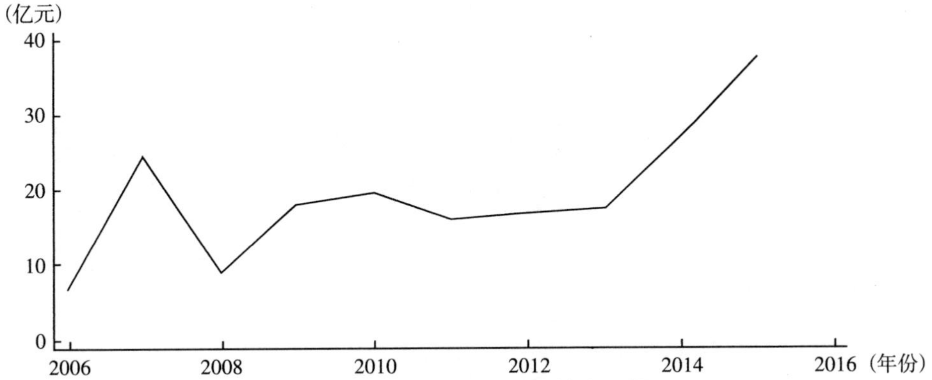

图 4-55　全国每万人拥有的交易额

图 4-55 是全国每万人拥有的交易额情况。全国每万人拥有的交易额呈现缓慢上升趋势，总体来说，2005~2015 年增长倍数为 13.44 倍，发展速度迅速。

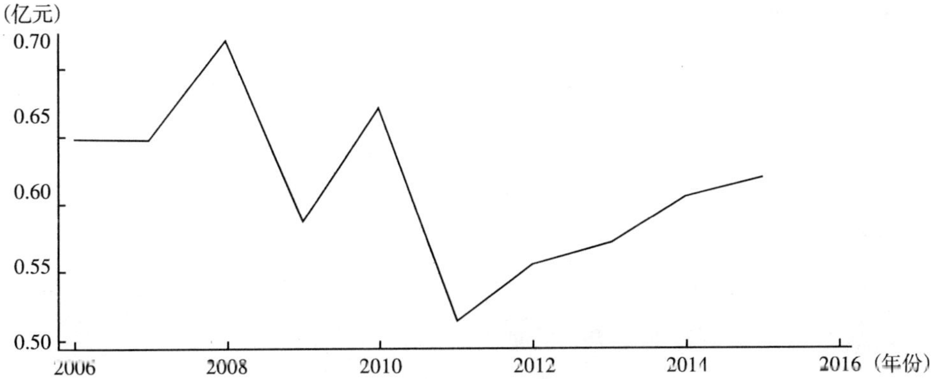

图 4-56　全国每万人拥有的保费收入

C. 保险市场

图 4-56 是全国每万人拥有的保费收入情况。可以发现，全国每万人拥有的保费收入趋势比较稳定，发展较慢。

第三节　普惠金融发展指标和传统金融发展指标构建

1. 指标构建方法

借鉴世界银行的人类发展指数计算方法，构建普惠金融发展指数。

假设普惠金融指数有 k 个维度，且 $k \geq 1$，A_i 表示第 i 个维度，则有式（4-1）：

$$A_i = \frac{x_i - m_i}{M_i - m_i} \tag{4-1}$$

其中，x_i 表示第 i 个普惠金融发展维度的实际值，m_i 表示第 i 个普惠金融发展维度的最小值，M_i 表示第 i 个普惠金融发展维度的最大值。

所以，$x_i \in [m_i, M_i]$，$A_i \in [0, 1]$。若 $A_i = 0$，则说明该维度普惠金融发展水平最低；若 $A_i = 1$，则说明该维度普惠金融发展水平最高。

借鉴 Sarma（2010）的思路，普惠金融发展指数用以下公式计算（不考虑各金融维度对指标的敏感参数），如式（4-2）所示：

$$index1 = 1 - \sqrt{\frac{(1-A_1)^2 + (1-A_2)^2 + \cdots + (1-A_k)^2}{k}} \tag{4-2}$$

Chakravarty 和 Pal（2010）提出一个思路，得到如下普惠金融指数的计算式如式（4-3）所示：

$$index2 = \frac{1}{k}\sum_{i=1}^{k}(A_i)^{r_i} \tag{4-3}$$

其中，r_i 表示第 i 个维度对普惠金融发展指标的敏感程度。一般地，很多研究直接取 $r_i = 0.5$ 或者 0.25。

为了更好地确定这个敏感性权重，参考王婧和胡国晖（2013）的做法，使用变异系数法确定权重。具体步骤如下：①对各指标数据进行去量纲化处理，即 $A_i=(x_i-m_i)/(M_i-m_i)$。②赋予各指标不同的权重 w_i，即 $D_i=w_i\times A_i$，其中 w_i 是按照变异系数法确定的。即各指标的变异系数 $V_i=\sigma_i/\mu_i$，分子和分母分别是该指标的标准差和均值，权重 $w_i=V_i/\left(\sum_{j=1}^{k}V_j\right)$。③得到普惠金融发展指数如式（4-4）所示：

$$index3=1-\sqrt{\frac{(w_1-D_1)^2+\cdots+(w_k-D_k)^2}{(w_1)^2+\cdots+(w_k)^2}} \tag{4-4}$$

同样的思路，也可以构建传统的金融发展指数。

2. 各省的普惠金融发展和传统金融发展指数

（1）数据说明。

考虑到数据可获得性的问题，本节从以下维度构建我国 31 个省市的普惠金融发展指数：

每万人拥有的贷款（ifbank1）、每万人拥有的存款（ifbank2）、每万人拥有的银行业资产（ifbank3）、每万人拥有的银行网点数（ifbank4）、每万人拥有的银行就业人员数（ifbank5）、每万平方公里拥有的银行业资产（ifbank6）、每万平方公里拥有的银行网点数（ifbank7）、每万平方公里拥有的银行就业人员数（ifbank8）、每万人拥有的总市值（ifstk1）、每万人拥有的流通市值（if-stk2）、每万人拥有的交易额（ifstk3）、每万人拥有的保费收入（ifinsur）。这些数据均来自历年的中国区域金融运行报告。

我们基于以下指标构建传统金融发展指数，主要包括银行业市场，例如银行业资产/GDP（fdbank1）、贷款/GDP（fdbank2）、（存款+贷款）/GDP（fd-bank3）、贷款/存款（fdbank4）；股票市场，例如总市值/GDP（fdstk1）、流通市值/GDP（fdstk2）、交易额/GDP（fdstk3）；还有保险市场，如保费收入/GDP（fdinsur）。

对 2006~2015 年我国普惠金融和传统金融发展指数进行测度，可以发现：

表 4-7 是我们计算的构建普惠金融发展指数所使用的各指标在 2006~2015 年的均值数据。同样地，表 4-8 是传统金融发展指数所使用的各指标在 2006~2015 年的均值数据。

表 4-7　省级层面具有普惠金融含义的各指标 2006~2015 年的均值描述

省份	ifbank1	Ifbank2	Ifbank3	Ifbank4	Ifbank5	Ifbank6	Ifbank7	Ifbank8	ifstk1	ifstk2	ifstk3	ifinsur
北京	18.65	36.02	53.37	1.938	47.39	65225	2289	56251	453122	278.3	475.3	0.426
天津	10.82	12.40	17.61	5.766	76.84	20400	6299	84942	79652	19.28	28.90	0.165
河北	2.477	4.003	4.742	1.435	21.40	1820	545.2	8140	15234	3.337	4.881	0.0946
山西	3.042	5.419	6.488	1.662	28.06	1479	375.1	6344	36293	9.960	13.91	0.121
内蒙古	3.725	4.418	6.061	1.956	32.96	127.3	40.82	689.5	37956	7.201	10.15	0.0870
辽宁	4.958	6.763	8.925	1.911	35.29	2634	562.4	10389	33868	6.710	9.765	0.125
吉林	3.025	3.964	5.481	1.752	31.43	803.4	256.4	4601	34212	6.133	8.151	0.0828
黑龙江	2.292	3.603	4.935	1.606	28.03	399.4	130.0	2268	20759	3.614	5.059	0.0870
上海	15.27	24.01	34.33	1.489	42.46	125832	5379	154673	286089	82.54	117.8	0.328
江苏	6.047	8.225	9.943	1.489	24.41	7323	1091	17911	52821	10.59	15.43	0.146
浙江	8.993	10.14	12.98	2.025	36.66	6672	1031	18710	84349	15.94	24.24	0.157
安徽	2.295	3.144	4.021	1.240	16.73	1741	537.5	7248	29057	5.760	7.924	0.0676
福建	4.944	5.612	9.632	1.502	27.12	2914	449.7	8126	55614	12.57	17.09	0.117
江西	2.095	3.054	3.807	1.424	18.68	1026	380.8	5003	16378	3.408	4.534	0.0573
山东	3.693	4.747	5.885	1.437	21.16	3597	872.0	12850	30051	6.286	9.174	0.0955
河南	1.900	2.850	3.509	1.272	17.98	1981	717.4	10143	13531	2.880	4.185	0.0778
湖北	2.805	4.104	5.052	1.242	19.54	1570	384.5	6055	29256	5.626	7.558	0.0824
湖南	1.992	2.939	3.759	1.360	16.72	1175	420.3	5179	22141	3.748	5.512	0.0643
广东	5.445	8.665	11.15	1.511	27.81	6483	864.7	15985	90289	21.95	30.59	0.150
广西	2.128	2.754	3.554	1.164	16.60	710.5	232.8	3320	12405	2.145	3.205	0.0439
海南	3.602	4.841	6.722	1.488	22.12	1682	367.7	5469	79480	13.61	18.04	0.0607
重庆	4.279	5.352	7.236	1.622	19.43	2583	572.5	6873	24379	5.182	8.148	0.0992
四川	2.667	4.175	5.166	1.608	22.04	863.7	268.7	3683	27521	5.363	7.691	0.0893
贵州	2.068	2.633	3.313	1.207	14.52	661.8	242.5	2914	17355	6.633	8.110	0.0381
云南	2.560	3.196	3.427	1.069	14.60	407.2	126.7	1730	17387	3.652	5.077	0.0523
西藏	2.269	5.599	5.757	2.077	21.79	14.53	5.119	53.96	78991	11.35	18.30	0.0244
陕西	3.160	4.972	6.263	1.739	22.49	1143	316.2	4091	24647	4.470	6.754	0.0867
甘肃	2.414	3.331	4.366	1.742	20.52	248.0	98.62	1163	21906	3.307	4.596	0.0556
青海	4.174	4.847	6.669	1.786	25.68	53.06	14.04	202.2	53345	11.49	18.53	0.0488
宁夏	4.327	4.361	6.216	1.823	30.93	604.9	174.9	2971	28531	4.868	5.928	0.0844
新疆	3.055	4.476	5.967	1.491	23.19	80.50	19.76	307.9	50328	8.556	12.00	0.0936

表 4-8　省级层面传统金融发展的各指标 2006~2015 年的均值描述

省份	fdbank1	fdbank2	fdbank3	fdbank4	fdstk1	fdstk2	fdstk3	fdinsur
北京	6.677	2.380	6.942	0.523	5.340	0.00331	0.00641	0.0546
天津	2.237	1.391	3.016	0.856	1.047	0.000249	0.000421	0.0222
河北	1.517	0.788	2.078	0.608	0.478	0.000103	0.000155	0.0307
山西	2.337	1.091	3.060	0.551	1.346	0.000363	0.000557	0.0421
内蒙古	1.158	0.711	1.576	0.818	0.724	0.000131	0.000199	0.0170
辽宁	1.915	1.061	2.535	0.719	0.718	0.000143	0.000227	0.0278
吉林	1.538	0.860	1.986	0.763	0.980	0.000173	0.000239	0.0237
黑龙江	1.629	0.752	1.970	0.613	0.658	0.000115	0.000167	0.0292
上海	4.304	1.932	4.929	0.652	3.423	0.00100	0.00151	0.0420
江苏	1.667	1.024	2.420	0.734	0.796	0.000162	0.000245	0.0252
浙江	2.298	1.609	3.418	0.898	1.349	0.000255	0.000399	0.0281
安徽	1.667	0.957	2.279	0.723	1.169	0.000230	0.000345	0.0298
福建	2.058	1.082	2.336	0.860	1.118	0.000255	0.000371	0.0263
江西	1.526	0.843	2.084	0.677	0.667	0.000136	0.000201	0.0236
山东	1.284	0.816	1.860	0.783	0.634	0.000131	0.000205	0.0215
河南	1.278	0.703	1.741	0.682	0.478	0.000103	0.000153	0.0286
湖北	1.587	0.883	2.179	0.681	0.883	0.000164	0.000236	0.0260
湖南	1.336	0.713	1.767	0.676	0.754	0.000125	0.000193	0.0236
广东	2.274	1.117	2.897	0.627	1.716	0.000429	0.000619	0.0308
广西	1.496	0.906	2.090	0.763	0.530	9.00e-05	0.000140	0.0191
海南	2.406	1.276	3.060	0.713	2.868	0.000481	0.000673	0.0218
重庆	2.153	1.298	2.932	0.793	0.697	0.000141	0.000237	0.0313
四川	2.054	1.080	2.767	0.641	1.082	0.000217	0.000333	0.0369
贵州	1.901	1.216	2.760	0.789	0.992	0.000392	0.000533	0.0230
云南	1.927	1.362	3.071	0.797	0.965	0.000194	0.000300	0.0280
西藏	2.664	0.984	3.626	0.356	3.693	0.000502	0.000852	0.0113
陕西	1.986	1.003	2.610	0.623	0.724	0.000127	0.000205	0.0282
甘肃	2.272	1.238	3.004	0.690	1.154	0.000169	0.000243	0.0304
青海	2.312	1.442	3.159	0.832	2.102	0.000448	0.000797	0.0173
宁夏	2.056	1.450	2.947	0.967	1.059	0.000173	0.000218	0.0286
新疆	2.045	1.031	2.598	0.651	1.751	0.000304	0.000444	0.0335

（2）各省的测度结果分析。

首先，计算基于 ifbank1-ifbank8、ifstk1-ifstk3、ifinsur 等 12 个指标计算普惠金融发展指数；其次，基于 fdbank1、fdbank2、fdbank3、fdbank4、fdstk1、fdstk2、fdstk3、fdinsur 八个指标计算传统的金融发展指数。

表 4-9 和图 4-57 是我国 31 个省市 2006~2015 年的普惠金融发展指数的测算结果。可以发现，各省的普惠金融发展指数都呈现上升趋势；其中，北京、上海、天津的普惠金融发展较好。

表 4-9　普惠金融发展指数的测算结果

省份	2006 年	2007 年	2008 年	2009 年	2010 年	2011 年	2012 年	2013 年	2014 年	2015 年	均值
北京	0.1586	0.2977	0.2156	0.3600	0.3861	0.3749	0.3909	0.3962	0.5137	0.6369	0.3731
天津	0.0868	0.1150	0.1004	0.1175	0.1282	0.1259	0.1312	0.1469	0.1627	0.1877	0.1302
河北	0.0115	0.0143	0.0141	0.0178	0.0193	0.0196	0.0210	0.0229	0.0271	0.0334	0.0201
山西	0.0135	0.0196	0.0162	0.0265	0.0276	0.0269	0.0278	0.0325	0.0319	0.0383	0.0261
内蒙古	0.0053	0.0101	0.0077	0.0130	0.0164	0.0175	0.0202	0.0210	0.0263	0.0350	0.0173
辽宁	0.0162	0.0244	0.0224	0.0263	0.0306	0.0310	0.0315	0.0354	0.0427	0.0553	0.0316
吉林	0.0095	0.0148	0.0117	0.0175	0.0188	0.0170	0.0187	0.0211	0.0263	0.0370	0.0192
黑龙江	0.0058	0.0078	0.0077	0.0105	0.0123	0.0120	0.0134	0.0154	0.0190	0.0281	0.0132
上海	0.1630	0.2645	0.2199	0.2837	0.2884	0.2929	0.3017	0.3267	0.3896	0.5121	0.3043
江苏	0.0236	0.0309	0.0309	0.0380	0.0462	0.0476	0.0519	0.0582	0.0685	0.0938	0.0490
浙江	0.0276	0.0362	0.0341	0.0461	0.0559	0.0563	0.0598	0.0695	0.0829	0.1211	0.0590
安徽	0.0098	0.0130	0.0119	0.0165	0.0200	0.0202	0.0208	0.0236	0.0283	0.0386	0.0203
福建	0.0132	0.0199	0.0189	0.0278	0.0314	0.0319	0.0353	0.0401	0.0513	0.0715	0.0341
江西	0.0072	0.0098	0.0087	0.0120	0.0147	0.0144	0.0154	0.0171	0.0201	0.0264	0.0146
山东	0.0189	0.0228	0.0203	0.0269	0.0301	0.0310	0.0332	0.0353	0.0414	0.0514	0.0311
河南	0.0125	0.0145	0.0146	0.0170	0.0194	0.0198	0.0213	0.0234	0.0255	0.0321	0.0200
湖北	0.0094	0.0131	0.0119	0.0160	0.0191	0.0191	0.0202	0.0235	0.0282	0.0380	0.0199
湖南	0.0080	0.0107	0.0100	0.0129	0.0148	0.0151	0.0163	0.0181	0.0218	0.0294	0.0157
广东	0.0273	0.0419	0.0341	0.0469	0.0524	0.0497	0.0554	0.0629	0.0794	0.1129	0.0563
广西	0.0045	0.0061	0.0053	0.0081	0.0101	0.0104	0.0117	0.0129	0.0153	0.0201	0.0105
海南	0.0117	0.0205	0.0139	0.0225	0.0289	0.0260	0.0282	0.0351	0.0440	0.0632	0.0294
重庆	0.0120	0.0136	0.0142	0.0193	0.0234	0.0252	0.0282	0.0322	0.0380	0.0475	0.0254

续表

省份	2006 年	2007 年	2008 年	2009 年	2010 年	2011 年	2012 年	2013 年	2014 年	2015 年	均值
四川	0.0067	0.0107	0.0096	0.0137	0.0173	0.0176	0.0190	0.0210	0.0253	0.0339	0.0175
贵州	0.0044	0.0073	0.0062	0.0099	0.0123	0.0130	0.0146	0.0156	0.0200	0.0270	0.0130
云南	0.0033	0.0075	0.0055	0.0096	0.0107	0.0103	0.0114	0.0126	0.0155	0.0168	0.0103
西藏	0.0039	0.0080	0.0053	0.0131	0.0214	0.0186	0.0200	0.0235	0.0297	0.0549	0.0198
陕西	0.0081	0.0103	0.0109	0.0147	0.0175	0.0181	0.0197	0.0222	0.0277	0.0382	0.0187
甘肃	0.0034	0.0059	0.0052	0.0083	0.0096	0.0102	0.0115	0.0136	0.0171	0.0240	0.0109
青海	0.0049	0.0189	0.0110	0.0194	0.0231	0.0207	0.0214	0.0212	0.0263	0.0382	0.0205
宁夏	0.0074	0.0119	0.0104	0.0156	0.0188	0.0180	0.0189	0.0202	0.0238	0.0314	0.0176
新疆	0.0051	0.0109	0.0088	0.0151	0.0199	0.0163	0.0170	0.0193	0.0241	0.0379	0.0174

表 4-10 和图 4-58 是我国 31 个省市 2006~2015 年的传统金融发展指数的测算结果。可以发现，各省的传统金融发展指数也呈现上升趋势；其中，北京、上海的传统金融发展较好。

表 4-10　传统金融发展指数的测算结果

省份	2006 年	2007 年	2008 年	2009 年	2010 年	2011 年	2012 年	2013 年	2014 年	2015 年	均值
北京	0.2049	0.5379	0.2565	0.5436	0.4978	0.4120	0.3884	0.3590	0.4796	0.5720	0.4252
天津	0.0258	0.0945	0.0350	0.0546	0.0563	0.0343	0.0325	0.0378	0.0481	0.0646	0.0484
河北	0.0071	0.0202	0.0105	0.0237	0.0226	0.0166	0.0161	0.0171	0.0278	0.0434	0.0205
山西	0.0357	0.0883	0.0353	0.0959	0.0805	0.0539	0.0503	0.0469	0.0604	0.0758	0.0623
内蒙古	0.0104	0.0295	0.0079	0.0207	0.0240	0.0187	0.0205	0.0198	0.0283	0.0429	0.0223
辽宁	0.0205	0.0467	0.0207	0.0358	0.0318	0.0231	0.0202	0.0210	0.0315	0.0524	0.0304
吉林	0.0182	0.0509	0.0190	0.0430	0.0353	0.0202	0.0196	0.0218	0.0319	0.0552	0.0315
黑龙江	0.0107	0.0236	0.0116	0.0241	0.0242	0.0151	0.0155	0.0192	0.0284	0.0560	0.0228
上海	0.0774	0.2176	0.0988	0.1947	0.1563	0.1201	0.1201	0.1297	0.1817	0.2822	0.1579
江苏	0.0125	0.0293	0.0153	0.0309	0.0362	0.0270	0.0263	0.0295	0.0392	0.0689	0.0315
浙江	0.0194	0.0417	0.0239	0.0481	0.0572	0.0435	0.0425	0.0526	0.0686	0.1269	0.0524
安徽	0.0200	0.0488	0.0226	0.0499	0.0536	0.0367	0.0339	0.0332	0.0451	0.0733	0.0417
福建	0.0153	0.0424	0.0251	0.0544	0.0514	0.0399	0.0395	0.0410	0.0576	0.0862	0.0453
江西	0.0125	0.0309	0.0120	0.0316	0.0383	0.0218	0.0198	0.0200	0.0252	0.0416	0.0254

续表

省份	2006年	2007年	2008年	2009年	2010年	2011年	2012年	2013年	2014年	2015年	均值
山东	0.0105	0.0268	0.0114	0.0264	0.0278	0.0216	0.0203	0.0206	0.0269	0.0441	0.0236
河南	0.0084	0.0211	0.0088	0.0215	0.0233	0.0165	0.0152	0.0167	0.0203	0.0350	0.0187
湖北	0.0164	0.0399	0.0182	0.0355	0.0373	0.0249	0.0218	0.0260	0.0339	0.0540	0.0308
湖南	0.0105	0.0289	0.0129	0.0250	0.0276	0.0182	0.0190	0.0192	0.0270	0.0448	0.0233
广东	0.0321	0.0828	0.0382	0.0763	0.0740	0.0513	0.0545	0.0631	0.0885	0.1434	0.0704
广西	0.0101	0.0239	0.0104	0.0229	0.0235	0.0152	0.0154	0.0154	0.0215	0.0354	0.0194
海南	0.0443	0.1196	0.0407	0.0927	0.1006	0.0632	0.0617	0.0761	0.0988	0.1472	0.0845
重庆	0.0152	0.0328	0.0179	0.0366	0.0403	0.0269	0.0275	0.0320	0.0413	0.0603	0.0331
四川	0.0223	0.0549	0.0287	0.0516	0.0516	0.0373	0.0341	0.0335	0.0438	0.0695	0.0427
贵州	0.0355	0.0731	0.0357	0.0758	0.0768	0.0621	0.0572	0.0424	0.0547	0.0733	0.0587
云南	0.0232	0.0605	0.0270	0.0559	0.0530	0.0353	0.0318	0.0297	0.0385	0.0467	0.0402
西藏	0.0331	0.0717	0.0296	0.0954	0.1440	0.0941	0.0897	0.0891	0.1047	0.1909	0.0942
陕西	0.0151	0.0269	0.0164	0.0321	0.0335	0.0239	0.0217	0.0230	0.0342	0.0595	0.0286
甘肃	0.0144	0.0414	0.0213	0.0456	0.0419	0.0325	0.0318	0.0345	0.0457	0.0743	0.0383
青海	0.0344	0.1629	0.0616	0.1119	0.1078	0.0695	0.0591	0.0473	0.0595	0.0924	0.0806
宁夏	0.0252	0.0572	0.0257	0.0505	0.0510	0.0319	0.0277	0.0259	0.0332	0.0489	0.0377
新疆	0.0213	0.0650	0.0376	0.0786	0.0827	0.0461	0.0398	0.0404	0.0517	0.0965	0.0560

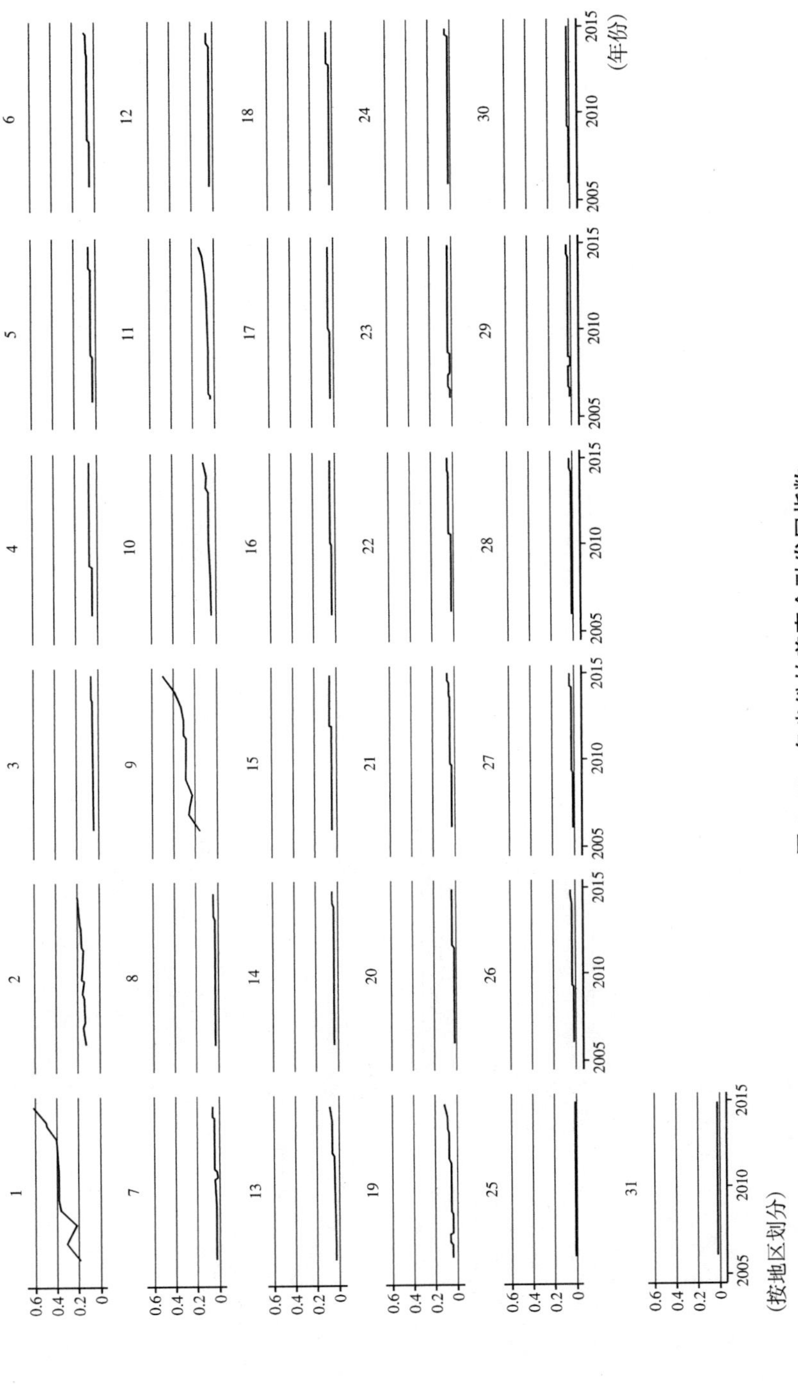

图 4-57　各省份的普惠金融发展指数

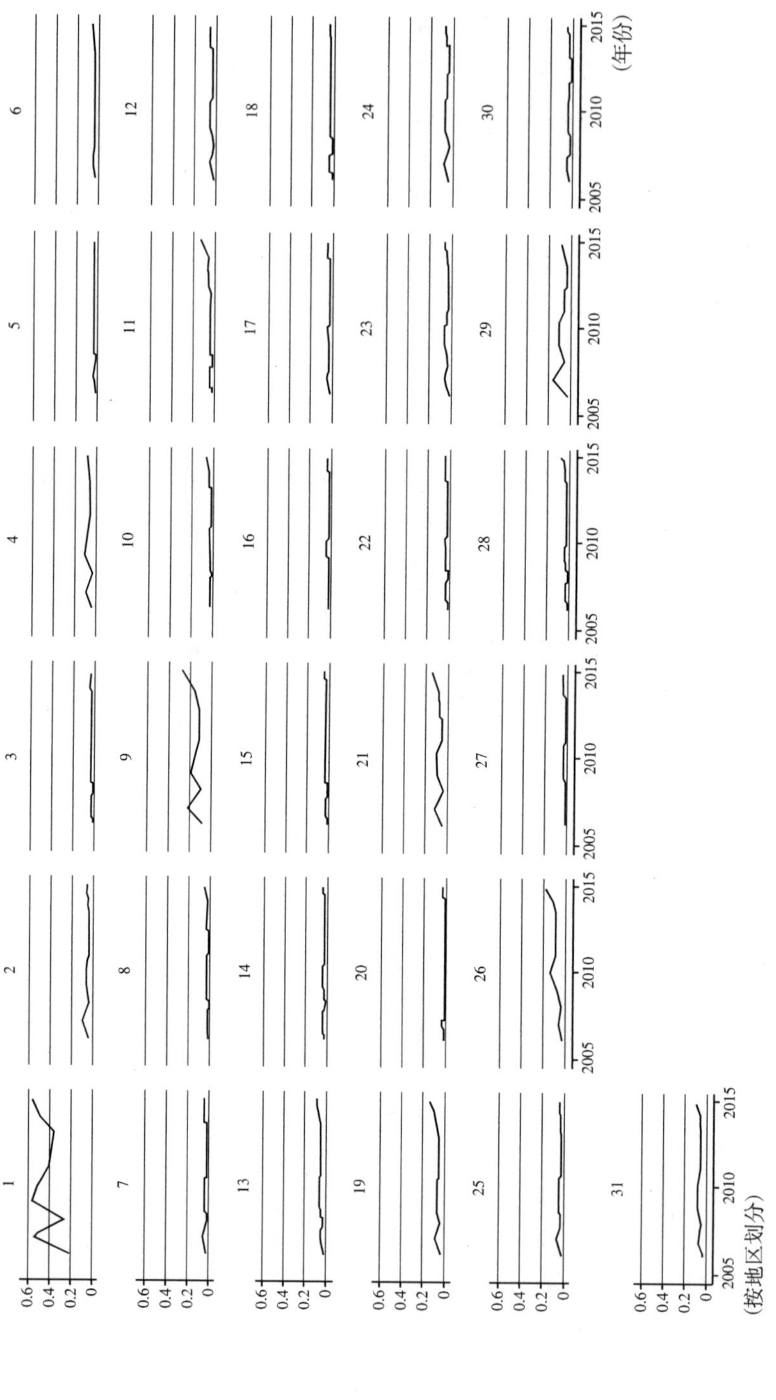

图 4-58　各省份的传统金融发展指数

3. 总体的普惠金融发展指数和传统金融发展指数

首先，以 31 个省市普惠金融发展指数的均值表示全国普惠金融发展水平，如图 4-59 所示，可以发现，2006~2015 年，我国的普惠金融发展水平一直处于上升阶段。2008 年，由于全球金融危机影响，普惠金融发展水平有所下降。

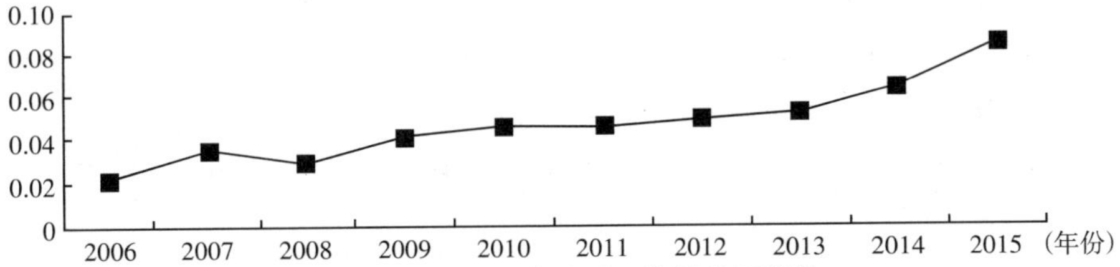

图 4-59　我国普惠金融总体的发展指数

以基尼系数衡量我国普惠金融发展的地区差距，结果如表 4-11 所示，我国普惠金融发展水平的地区差距较大，但已经呈现出缩小趋势。进一步对地区差距进行东中西部的地区分解，组间差距是最重要的差距来源。

表 4-11　普惠金融发展水平的地区差距

	2006 年	2007 年	2008 年	2009 年	2010 年	2011 年	2012 年	2013 年	2014 年	2015 年
地区差距	0.6175	0.6261	0.6099	0.6004	0.5739	0.5742	0.5654	0.5546	0.5587	0.5464
组内差距	0.1586	0.1695	0.1603	0.1641	0.1566	0.1557	0.1529	0.1475	0.1493	0.1462
组间差距	0.4557	0.4512	0.4460	0.4301	0.4083	0.4104	0.4043	0.3993	0.4009	0.3879
交叉项	0.0032	0.0055	0.0036	0.0062	0.0090	0.0080	0.0081	0.0078	0.0085	0.0123

同样地，以 31 个省市传统金融发展指数的均值表示全国传统金融发展水平，如图 4-60 所示，可以发现，2011 年后我国的传统金融发展水平处于上升阶段。以基尼系数衡量我国传统金融发展的地区差距，结果如表 4-12 所示，可以发现，我国传统金融发展水平的地区差距低于普惠金融的地区差距，2011 年后呈现出缩小趋势。进一步对地区差距进行东中西部的地区分解，结果如表 4-12 所示，组间差距是较主要的差距来源。

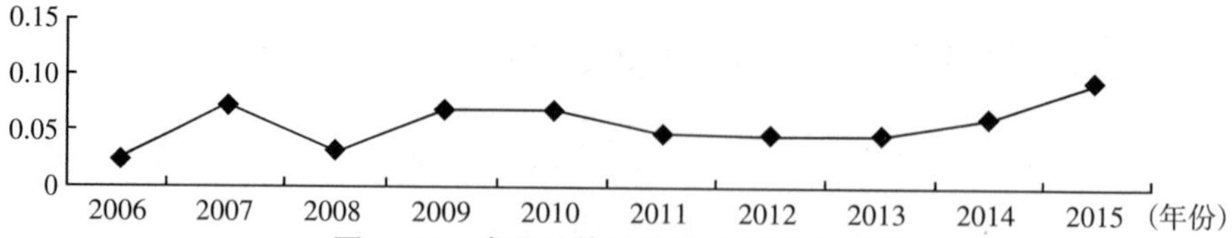

图 4-60　我国总体的传统金融发展指数

表 4-12　传统金融发展水平的地区差距

	2006 年	2007 年	2008 年	2009 年	2010 年	2011 年	2012 年	2013 年	2014 年	2015 年
地区差距	0.4345	0.4629	0.4546	0.4509	0.4310	0.4571	0.4550	0.4374	0.4297	0.3952
组内差距	0.1403	0.1502	0.1470	0.1477	0.1429	0.1495	0.1476	0.1386	0.1348	0.1239
组间差距	0.2084	0.2174	0.2283	0.2079	0.1893	0.2243	0.2317	0.2388	0.2452	0.2174
交叉项	0.0859	0.0953	0.0793	0.0953	0.0988	0.0832	0.0756	0.0601	0.0497	0.0539

第五章
普惠金融发展对收入分配的影响

本章研究普惠金融发展对收入分配的影响，主要内容包括：一是基于1985~2015年总体时间序列数据，采用逐步回归、协整分析等计量方法从时间序列角度考察收入分布的不平等程度、极化程度与哪些因素存在长期均衡关系；二是基于省级面板数据，重点考察普惠金融发展对收入分布不平等和收入分布极化的影响；三是从宏观角度考察普惠金融发展对劳动收入份额的影响。

第一节　收入不平等、收入极化的影响因素
——基于1985~2015年时间序列的分析

1. 收入不平等程度的影响因素分析

（1）变量选取与数据说明。

本节拟采用1985~2015年时间序列数据，采用逐步回归和协整回归分析的方法，分析显著影响居民收入分布不平等的因素。笔者选取了第二章中测算的城乡混合基尼系数作为衡量指标。

我们选取了如下一些可能的影响因素：①经济增长因素，以实际GDP增长率（ggdp）衡量；②通货膨胀率，以1985年为基期，计算可比的居民消费价格指数（price）衡量；③投资因素，以支出法GDP构成中的投资形成率

（invr）衡量；④政府调节收入能力因素，以（地方政府财政支出+中央政府财政支出）/GDP（gov）衡量；⑤对外开放因素，是进出口总额/GDP（openness）衡量；⑥教育因素，选择了两个指标，一是以初中入学率衡量（junior），另一个是以高等学校毕业人数/总就业人数（senior）表示；⑦就业结构，以第二、第三产业的就业人数/总就业人数（em_str）衡量；⑧产业结构，以第三产业的 GDP 占比（i_str）衡量；⑨行业间工资不平等因素，以行业平均工资的基尼系数衡量（i_ineq）；⑩金融发展因素，选择了两个方面的度量，一个是金融发展规模，以贷款/GDP（fir）衡量，另一个是金融发展效率，以贷款/存款（ldr）衡量。相应的原始数据都来自历年的《中国统计年鉴》，各变量的描述统计如表 5-1 所示。

（2）基尼系数的影响因素。

首先，对所有的变量进行单位根检验，结果如表 5-2 所示。

表 5-1　变量的简单描述统计

变量	均值	最大值	最小值	标准差	偏度	峰度
ggdp	0.0879	0.136	0.0241	0.0259	−0.405	3.489
price	3.054	4.697	1	1.136	−0.458	2.014
invr（%）	40.53	48.01	34.33	4.295	0.358	1.969
gov	0.177	0.257	0.111	0.0409	0.0397	2.069
openness	0.401	0.642	0.227	0.119	0.529	2.378
fir	1.205	1.980	0.501	0.437	−0.0638	1.691
ldr	1.175	1.537	0.729	0.287	−0.327	1.615
junior（%）	61.23	95.10	38	19.70	0.477	1.685
senior	0.0033	0.0088	0.0006	0.0030	0.754	1.840
em str	0.519	0.717	0.376	0.102	0.400	2.050
i str	0.387	0.498	0.293	0.0575	0.0258	1.869
i ineq	0.259	0.344	0.121	0.0757	−0.619	1.887
gini	0.3899	0.4522	0.3043	0.0477	−0.2723	1.7514

可以发现，gov、fir、senior 和 em_str 四个变量是 I（2）过程，其他变量都是 I（1）过程。为了使所有解释变量同阶，我们对四个 I（2）过程的解释变

表 5–2　变量的 ADF 单位根检验

变量	检验类型（C，T，L）	t 统计量	P 值	结论（5%显著性）
gini	（1，0，1）	–2.1037	0.2447	非平稳
d.gini	（1，0，0）	–3.2720	0.0258	平稳
ggdp	（1，0，0）	–2.8981	0.0574	非平稳
d.ggdp	（1，0，0）	–5.0201	0.0000	平稳
price	（1，1，1）	–2.7378	0.2300	非平稳
d.price	（1，0，1）	–3.3421	0.0223	平稳
invr	（1，1，1）	–2.6979	0.2446	非平稳
d.invr	（1，0，0）	–3.7247	0.0090	平稳
gov	（1，0，6）	–0.5706	0.8597	非平稳
d.gov	（1，0，5）	–1.1450	0.6804	非平稳
d2.gov	（0，0，4）	–3.2754	0.0022	平稳
openness	（1，0，0）	–1.5934	0.4735	非平稳
d. openness	（1，0，0）	–4.1796	0.0029	平稳
fir	（1，1，6）	–3.2214	0.1040	非平稳
d.fir	（1，0，6）	–1.8831	0.3338	非平稳
d2.fir	（0，0，4）	–6.7485	0.0000	平稳
ldr	（1，1，0）	–0.2778	0.9876	非平稳
d.ldr	（1，0，0）	–3.4788	0.0011	平稳
junior	（1，1，0）	–2.3942	0.3749	非平稳
d.junior	（1，0，0）	5.3700	0.0001	平稳
senior	（1，1，1）	–2.3754	0.3836	非平稳
d.senior	（1，0，0）	–1.5967	0.4715	非平稳
d2.senior	（0，0，0）	–5.9777	0.0000	平稳
em_str	（1，1，1）	–3.4016	0.0708	非平稳
d.em_str	（1，0，0）	–2.0459	0.2668	非平稳
d2.em_str	（0，0，0）	–4.3238	0.0001	平稳
i_str	（1，1，1）	–2.6564	0.2604	非平稳
d.i_str	（1，0，0）	–3.8724	0.0063	平稳
i_ineq	（1，1，0）	–1.3851	0.8447	非平稳
d.i_ineq	（1，0，0）	–5.3275	0.0002	平稳

量进行差分处理。

接下来，采用逐步回归的方法考察哪些因素会影响基尼系数。结果发现，对外开放程度（openness）、产业结构（i_str）、初中入学率（junior）、资本形成率（invr）、金融发展规模的变化（d.fir）、就业结构的变化（d.em_str）和行业间不平等（i_ineq）七个变量进入回归模型，如表 5-3 回归（1）所示。我们也对标准差进行了 Newey-West 调整，如表 5-3 回归（2）所示，而且残差是平稳的，即不存在伪回归现象。

我们对包含这七个解释变量的回归模型重新进行协整回归分析。协整回归分析的结果如表 5-3 的回归（3）所示。结果表明，不平等程度（基尼系

表 5-3 基尼系数的影响因素分析

	逐步回归（1）	Newey-West 调整（2）	协整回归（3）	Beta 系数
	gini	gini	gini	
i_str	0.268** (0.0792)	0.268** (0.0717)	0.266*** (0.045)	0.3256
junior	−0.00129*** (0.000248)	−0.00129*** (0.000245)	−0.00125*** (0.000144)	−0.5523
invr	0.00511*** (0.000753)	0.00511*** (0.000808)	0.00511*** (0.00043)	0.4856
i_ineq	0.224*** (0.0432)	0.224*** (0.0352)	0.2074*** (0.0247)	0.3590
openness	0.278*** (0.0212)	0.278*** (0.0177)	0.2833*** (0.0120)	0.7055
dfir	0.0614* (0.0218)	0.0614 (0.0316)	0.0639*** (0.0124)	0.0950
dem_str	−1.058*** (0.271)	−1.058*** (0.259)	−1.0997*** (0.1560)	−0.2013
_cons	−0.00255 (0.0271)	−0.00255 (0.0263)	−0.0017 (0.0160)	
		残差的 ADF 检验 （1，0，0）	E-G 协整检验的 τ 统计量	
统计值		−7.5135	−7.6436	
p 值		0.0000	0.0032	

注：括号里是标准误，* 表示 $p<0.05$，** 表示 $p<0.01$，*** 表示 $p<0.001$。

数）与对外开放程度（openness）、产业结构（i_str）、初中入学率（junior）、资本形成率（invr）、金融发展规模的变化（d.fir）、就业结构的变化（d.em_str）和行业间不平等（i_ineq）存在着协整关系。

进一步分析发现，在5%的显著水平下，产业结构、资本形成率、行业间不平等、对外开放和金融发展规模的变化对收入分布的不平等程度有着显著的正向影响。而初中入学率和就业结构的变化对收入分布的不平等程度有着显著的负向影响。而且，回归的beta系数显示，对外开放程度、初中入学率、投资形成率、行业间的工资不平等和产业结构这五个因素对不平等程度的影响较大，而就业结构的变化和银行贷款规模的变化对不平等程度的影响相对较小。

2. 收入极化程度的影响因素分析

（1）数据说明。

本节拟采用1985~2015年时间序列数据，采用逐步回归和协整回归分析的方法，分析显著影响居民收入分布极化程度的因素。

居民收入分布极化程度我们选取了第二章中测算的城乡总体DER指数作为衡量指标。可能的影响因素选取与影响不平等的因素相似，考察的因素包括实际GDP增长率（ggdp）、通货膨胀率（price）、投资形成率（invr）、政府支出比例的变化（d.gov）、对外开放程度（openness）、银行贷款规模的变化（d.fir）、银行的存贷比（ldr）、初中入学率（junior）、大学生毕业人数占就业人数比例的变化（d.senior）、就业结构的变化（d.em_str）、产业结构（i_str）和行业间的工资不平等（i_ineq）共12个因素。

（2）DER指数的影响因素。

首先，我们采用逐步回归的方法考察哪些因素会影响收入分布的极化程度。

采用后向选择（Backward selection）的逐步回归结果发现，对外开放程度、产业结构、初中入学率、资本形成率、银行贷款规模的变化、就业结构的变化、行业间的工资不平等和通货膨胀率共8个变量进入回归模型，最终的回归结果如表5-4回归（1）所示。

为了避免伪回归现象，我们对包含这 8 个解释变量的回归模型重新进行协整回归分析。协整回归分析结果如表 5-4 的回归（2）所示。协整回归分析

表 5-4 极化程度影响因素的回归分析

	逐步回归（1）	协整回归（2）	
	der2	der2	Beta 系数
i_str	0.220** (0.075)	0.220*** (0.040)	0.348
price	−0.011* (0.005)	−0.012*** (0.003)	−0.331
invr	0.004*** (0.001)	0.004*** (0.000)	0.524
i_ineq	0.273*** (0.063)	0.270*** (0.034)	0.570
openness	0.239*** (0.021)	0.240*** (0.012)	0.790
dfir	0.061** (0.020)	0.062*** (0.010)	0.124
dem_str	−0.838** (0.260)	−0.830*** (0.147)	−0.208
junior	−0.001*** (0.000)	−0.001*** (0.000)	−0.598
_cons	0.158*** (0.024)	0.161*** (0.014)	
E-G 协整检验的 τ 统计量		−7.339	
p 值		0.010	

注：括号里是标准误，* 表示 $p<0.05$，** 表示 $p<0.01$，*** 表示 $p<0.001$。

的 E-G 协整检验表明，收入分布的极化程度与对外开放程度、产业结构、初中入学率、资本形成率、银行贷款规模的变化、就业结构的变化、行业间的工资不平等和通货膨胀率存在着协整关系。具体而言，在 5%的显著水平下，产业结构、资本形成率、行业间的工资不平等、对外开放程度和银行贷款规模的变化对收入分布的极化程度有着显著的正向影响。而初中入学率、就业结构的变化和通货膨胀对收入分布的极化程度有着显著的负向影响。进一步通过 Beta 系数（标准化系数）可以发现，对外开放程度、初中入学率、行业

间的工资不平等和投资形成率四个因素对极化程度的影响较大，而产业结构、通货膨胀、就业结构的变化和银行贷款规模的变化对极化程度的影响相对较小。

第二节　普惠金融发展对收入不平等的影响
——基于省级面板数据的分析

1. 普惠金融发展与城乡收入不平等

（1）数据说明。

本节基于 31 个省市 2006~2015 年的面板数据，使用面板数据模型考察普惠金融发展对城乡收入差距的影响，如式（5-1）所示：

$$y_{it}=\beta_0+\beta_1 if_{it}+\beta_2 fd_{it}+\gamma Z_{it}+\alpha_i+\varepsilon_{it} \tag{5-1}$$

其中，被解释变量是城乡收入差距，以城镇实际人均可支配收入/农村实际人均纯收入衡量，关键解释变量是本书构建的普惠金融发展指数以及传统金融发展指数，控制变量包括：经济增长因素。是以各省的实际人均 GDP（pgdp）衡量；教育因素以各省的平均受教育年限（educ）衡量，其中未上学为 0，小学毕业为 6 年，初中毕业为 9 年，高中毕业为 12 年，大学毕业为 16 年；对外开放因素。是以各省的进出口总额美元/GDP 美元（openness）衡量；投资因素。以各省 GDP 构成中的资本形成率（invr）衡量；就业结构。以第二、第三产业的就业人数/总就业人数（em_str）衡量；城镇化程度。以城镇人口占比（urban）衡量；产业结构。以各省的第三产业 GDP 比重（i_str）衡量；通货膨胀率。以 2005 年为基期，计算可比的居民消费价格指数（price）衡量。原始数据均来自中经网数据库和历年的《中国统计年鉴》。所有的解释变量都进行对数化处理。表 5-5 是相关变量的描述统计。

（2）实证分析。

表 5-6 是面板模型的估计结果，第一列是混合 OLS 估计结果，第二列是

表 5–5 相关变量的描述统计

变量	均值	标准差	最大值	最小值	样本数
gap	3.003	0.561	4.612	1.845	310
ifindex	−3.713	0.976	−0.451	−5.727	310
fdindex	−3.233	0.776	−0.559	−4.949	310
pgdp	0.944	0.538	2.117	−0.473	310
educ	2.139	0.153	2.513	1.426	310
openness	−1.682	0.975	0.543	−3.332	310
invr	−0.530	0.252	0.334	−1.100	310
em_str	−0.291	0.386	0.667	−1.414	310
urban	−0.704	0.283	−0.110	−1.558	310
i_str	−0.896	0.185	−0.227	−1.252	310
price	0.176	0.0954	0.436	0.00797	310

固定效应估计结果，第三列是随机效应估计结果。根据豪斯曼检验结果，本书选择随机效应模型的回归结果进行解释。

可以发现，在 5%显著性水平下，普惠金融发展水平显著地减少了城乡收入差距，而传统的金融发展水平则显著地加剧了城乡收入差距。具体而言，

表 5–6 普惠金融发展对城乡收入差距的影响

	(pooled OLS)	(FE)	(RE)
	gap	gap	gap
Ifindex	−0.340* (0.186)	−0.239*** (0.0778)	−0.208*** (0.0686)
Fdindex	0.234** (0.114)	0.172*** (0.0625)	0.175*** (0.0570)
pgdp	0.00304 (0.326)	0.0282 (0.165)	0.0598 (0.148)
educ	−0.0113 (0.809)	−0.233 (0.314)	−0.133 (0.290)
openness	−0.0904 (0.0842)	−0.257*** (0.0337)	−0.246*** (0.0323)
invr	−0.0906 (0.269)	−0.253*** (0.0841)	−0.271*** (0.0802)

续表

	(pooled OLS)	(FE)	(RE)
	gap	gap	gap
em_str	-0.146 (0.153)	0.0631 (0.0483)	0.0462 (0.0463)
urban	-0.509 (0.772)	-0.944^{***} (0.281)	-0.818^{***} (0.253)
i_str	0.603 (0.415)	0.399^{**} (0.154)	0.487^{***} (0.134)
price	2.704 (1.777)	0.821 (0.678)	0.793 (0.647)
_cons	1.980 (2.154)	2.142^{**} (0.867)	2.203^{***} (0.812)
是否控制年份效应	是	是	是
N	310	310	310
Hausman 检验	统计值：6.72	p 值：0.9956	

注：括号里是标准误，* 表示 $p<0.05$，** 表示 $p<0.01$，*** 表示 $p<0.001$。

保持其他因素不变，普惠金融发展指数上升 1%，城乡收入差距下降 0.208%；保持其他因素不变，传统金融发展指数上升 1%，城乡收入差距增加 0.175%；而且，对外开放程度、资本形成率和城镇化水平显著地降低了城乡收入差距，而产业结构显著地加剧了城乡收入差距。

表 5-7 是对实证结果的一个稳健分析。首先，考虑普惠金融发展指数和传统金融发展指数的内生性问题，分别使用它们的滞后一期作为工具变量重新对回归方程进行估计，第 1、第 2 列分别是工具变量回归的固定效应和随机效应结果；其次，考虑普惠金融发展指数和传统金融发展指数的不同度量方法对回归结果的影响，我们使用 Chakravarty 和 Pal（2010）度量方法，其中 $r_i=0.5$，结果如第 3、第 4 列所示。可以发现，本节的实证结论都是稳健的，即普惠金融发展水平显著地减少了城乡收入差距，而传统的金融发展水平则显著地加剧了城乡收入差距。

考虑到模型的内生性问题，我们进一步基于如下的动态面板模型考察普惠金融发展对城乡差距的影响，见式（5-2）。

表 5-7 普惠金融发展对城乡收入差距影响的稳健分析

	(IV_FE)	(IV_RE)	(FE)	(RE)
	gap	gap	gap	gap
ifindex	−1.193*** (0.374)	−0.610*** (0.173)	−0.476* (0.259)	−0.548** (0.253)
fdindex	0.573*** (0.197)	0.377*** (0.111)	0.437** (0.217)	0.579*** (0.209)
pgdp	0.580** (0.292)	0.464** (0.220)	−0.0223 (0.166)	−0.0092 (0.143)
educ	0.0956 (0.352)	0.208 (0.292)	−0.225 (0.320)	−0.111 (0.292)
openness	−0.286*** (0.0406)	−0.251*** (0.0343)	−0.243*** (0.0351)	−0.235*** (0.0335)
invr	−0.117 (0.116)	−0.251*** (0.0863)	−0.293*** (0.0833)	−0.291*** (0.0796)
em_str	0.106* (0.0570)	0.0457 (0.0475)	0.0539 (0.0496)	0.0387 (0.0472)
urban	−0.995*** (0.349)	−0.832*** (0.274)	−0.813*** (0.291)	−0.766*** (0.261)
i_str	0.159 (0.213)	0.561*** (0.145)	0.454*** (0.155)	0.485*** (0.133)
price	1.829 (1.120)	1.067 (0.802)	0.110 (0.638)	0.253 (0.624)
_cons	−1.932 (1.598)	−0.0747 (1.015)	2.627*** (0.827)	2.435*** (0.786)
是否控制年份效应	是	是	是	是
N	279	279	310	310
Hausman 检验	统计值 30.71	p 值 0.0311	统计值 10.23	p 值 0.9470

注：括号里是标准误，* 表示 $p<0.05$，** 表示 $p<0.01$，*** 表示 $p<0.001$。

$$y_{it}=\beta_0+\rho y_{it-1}+\beta_1 if_{it}+\beta_2 fd_{it}+\gamma Z_{it}+\alpha_i+\varepsilon_{it} \tag{5-2}$$

对于动态面板数据模型，我们采用 GMM 估计方法进行参数估计。表 5-8 是在不同的控制变量下的动态面板模型的 GMM 估计结果。所有回归模型的 Sargan 检验都表明，工具变量是有效的，即工具变量和误差项是不相关的；Abond 的 AR（2）说明一阶差分后的残差是不存在二阶自相关的，这说明所设定的动态面板数据模型是合理的。

可以发现，普惠金融发展水平显著地减少了城乡收入差距，而传统的金融发展水平则显著地加剧了城乡收入差距。

表 5-8　普惠金融发展对城乡收入差距影响的动态面板分析

	（1）gap	（2）gap	（3）gap	（4）gap	（5）gap
L.gap	0.685*** (0.0343)	0.677*** (0.0309)	0.598*** (0.0471)	0.560*** (0.0575)	0.654*** (0.0454)
ifindex	−0.183*** (0.0534)	−0.190*** (0.0549)	−0.199*** (0.0499)	−0.174*** (0.0537)	−0.154*** (0.0512)
fdindex	0.201*** (0.0383)	0.208*** (0.0378)	0.219*** (0.0352)	0.189*** (0.0442)	0.206*** (0.0430)
pgdp	0.118 (0.0759)	0.118 (0.0853)	0.262*** (0.0982)	0.333** (0.141)	0.348** (0.141)
educ	−0.419*** (0.0929)	−0.427*** (0.0972)	−0.313 (0.216)	−0.613* (0.334)	−0.301*** (0.104)
openness	−0.129*** (0.0166)	−0.130*** (0.0176)	−0.155*** (0.0231)	−0.162*** (0.0244)	−0.153*** (0.0268)
invr	−0.248*** (0.0861)	−0.263*** (0.0820)	−0.255*** (0.0843)	−0.269*** (0.0877)	−0.175 (0.122)
em_str		−0.00961 (0.0408)	−0.0298 (0.0383)	−0.0189 (0.0423)	−0.0473 (0.0421)
urban			−0.472* (0.250)	−0.535** (0.247)	−0.411 (0.275)
i_str				0.251 (0.166)	0.142 (0.136)
price					−1.115 (1.687)
_cons	1.301*** (0.272)	1.328*** (0.329)	0.810 (0.583)	1.652* (0.918)	1.069** (0.506)
N	248	248	248	248	248
Sargan test p 值:	0.1842	0.1431	0.0507	0.0770	0.0942
Abond test p 值:	AR（1）0.0015	0.0013	0.0018	0.0031	0.0007
	AR（2）0.7723	0.7829	0.6624	0.5314	0.7147

注：括号里是标准误，* 表示 $p<0.05$，** 表示 $p<0.01$，*** 表示 $p<0.001$。

2. 普惠金融发展与城镇内部收入不平等

（1）数据说明。

本节基于 28 个省市城镇 2008~2012 年面板数据，使用如下面板数据模型考察普惠金融发展对城镇内部收入差距的影响，如式（5-3）所示：

$$y_{it}=\beta_0+\beta_1 if_{it}+\beta_2 fd_{it}+\gamma Z_{it}+\alpha_i+\varepsilon_{it} \tag{5-3}$$

其中，被解释变量是城镇收入基尼系数，以第三章计算得到的各省城镇基尼系数度量，关键解释变量是本书构建的普惠金融发展指数以及传统金融发展指数，控制变量包括：教育因素、对外开放因素、投资因素、产业结构。原始数据均来自中经网数据库和历年的《中国统计年鉴》。所有的解释变量都进行对数化处理。

（2）实证分析。

表 5-9 是面板模型的估计结果，第一列是混合 OLS 估计结果，第二列是固定效应估计结果，第三列是随机效应估计结果。根据豪斯曼检验结果，本书选择随机效应模型的回归结果进行解释。

可以发现，在 5%显著性水平下，普惠金融发展水平显著地减少了城镇内

表 5-9　普惠金融发展对城镇收入差距的影响

	(pooled OLS) gini	(FE) gini	(RE) gini
ifindex	−0.0140 (0.0109)	−0.0355*** (0.00772)	−0.0294*** (0.00642)
Fdindex	0.0116 (0.0110)	0.0222*** (0.00503)	0.0186*** (0.00459)
educ	−0.0308 (0.0372)	0.0501 (0.0325)	0.0161 (0.0275)
openness	0.0119 (0.00786)	0.0150*** (0.00492)	0.0162*** (0.00410)
invr	0.0148 (0.0194)	−0.0169 (0.0166)	−0.0117 (0.0130)
i_str	−0.0101 (0.0432)	−0.0510** (0.0216)	−0.0333* (0.0180)
_cons	0.375*** (0.0849)	0.108 (0.0850)	0.212*** (0.0683)

续表

	(pooled OLS) gini	(FE) gini	(RE) gini
N	140	140	140
Hausman 检验	统计量：8.41	p 值：0.2097	

注：括号里是标准误，* 表示 $p<0.05$，** 表示 $p<0.01$，*** 表示 $p<0.001$。

部收入差距，而传统的金融发展水平则显著地加剧了城镇内部收入差距。具体而言，保持其他因素不变，普惠金融发展指数上升 1%，城镇内部收入差距下降 0.0294%；保持其他因素不变，传统金融发展指数上升 1%，城镇内部收入差距增加 0.0186%；而且，对外开放程度显著地加剧了城镇内部收入差距，而产业结构显著地降低了城镇内部收入差距。

表 5-10 是对实证结果的一个稳健分析。首先考虑普惠金融发展指数和传统金融发展指数的内生性问题，分别使用它们的滞后一期作为工具变量重新对回归方程进行估计，第 1、第 2 列分别是工具变量回归的固定效应和随机效应结果；其次考虑普惠金融发展指数和传统金融发展指数的不同度量方法对回归结果的影响，我们使用 Chakravarty 和 Pal（2010）度量方法，其中 $r_i=0.5$，结果如第 3、第 4 列所示。我们发现，本节的实证结论都是稳健的，即普惠金融发展水平显著地减少了城镇内部收入差距。

3. 农村金融发展与农村收入不平等

表 5-10 普惠金融发展对城镇内部收入差距影响的稳健分析

	(IV_FE) gini	(IV_RE) gini	(FE) gini	(RE) gini
ifindex	−0.0528** (0.0216)	−0.0263*** (0.00975)	−0.115*** (0.0289)	−0.100*** (0.0255)
fdindex	0.0228 (0.0201)	0.0249 (0.0205)	0.0942*** (0.0244)	0.0755*** (0.0226)
educ	0.0718 (0.0779)	0.0375 (0.0666)	0.0177 (0.0302)	−0.00665 (0.0265)
openness	0.0217*** (0.00722)	0.0140** (0.00595)	0.0136*** (0.00490)	0.0142*** (0.00409)

续表

	(IV_FE) gini	(IV_RE) gini	(FE) gini	(RE) gini
invr	−0.0411* (0.0232)	−0.0118 (0.0203)	−0.0249 (0.0172)	−0.0139 (0.0136)
i_str	−0.0975*** (0.0372)	−0.0494 (0.0516)	−0.0508** (0.0220)	−0.0336* (0.0178)
_cons	−0.0431 (0.129)	0.179 (0.128)	0.191** (0.0792)	0.267*** (0.0659)
N	112	112	140	140
Hausman 检验	统计值 19.14	P 值 0.0039	统计值 8.18	P 值 0.2249

注：括号里是标准误，* 表示 $p<0.05$，** 表示 $p<0.01$，*** 表示 $p<0.001$。

（1）数据说明。

本节基于 12 省市农村 2008~2012 年面板数据，使用如下面板数据模型考察普惠金融发展对农村内部收入差距的影响，见式（5-4）：

$$y_{it}=\beta_0+\beta_1 fd_{it}+\gamma Z_{it}+\alpha_i+\varepsilon_{it} \tag{5-4}$$

其中，被解释变量是农村收入基尼系数，以第三章计算得到的各省农村基尼系数度量，关键解释变量是农村的金融发展水平 fd，以农村人均的银行业资产衡量，控制变量包括：各省的农村农户的人均固定资产投资完成额（inv）；各省的财政涉农支出占比（gov）。原始数据均来自中经网数据库和历年的《中国统计年鉴》。

（2）实证分析。

表 5-11 是面板模型的估计结果，第一列是混合 OLS 估计结果，第二列是固定效应估计结果，第三列是随机效应估计结果。根据豪斯曼检验结果，本书选择随机效应模型的回归结果进行解释。

可以发现，在 5%显著性水平下，农村金融发展水平显著地减少了农村内

表 5-11　农村金融发展对农村收入差距的影响

	(1) y	(2) y	(3) y
fd	−0.00312* (0.00159)	−0.00405** (0.00180)	−0.00388*** (0.00127)
inr	0.237*** (0.0735)	0.137* (0.0796)	0.160** (0.0664)
gov	0.00222 (0.00241)	0.00225 (0.00193)	0.00200 (0.00155)
_cons	0.286*** (0.0239)	0.301*** (0.0174)	0.300*** (0.0165)
N	60	60	60
Hausman 检验	统计量：0.76	p 值：0.8596	

注：括号里是标准误，* 表示 $p<0.05$，** 表示 $p<0.01$，*** 表示 $p<0.001$。

部收入差距。

表 5-12 是对实证结果的一个稳健分析。首先考虑农村金融发展水平的内生性问题，使用它们的滞后一期作为工具变量重新对回归方程进行估计，第 1、第 2 列分别是工具变量回归的固定效应和随机效应结果；其次考虑农村金融发展水平的不同度量方法对回归结果的影响，我们使用各省农村贷款/农村存款、人均的存贷款作为农村金融发展的度量指标，结果如第 3~6 列所示，其中第 3~4 列是使用人均的银行业资产表示农村金融发展，第 5~6 列使用人均的存贷款表示农村金融发展。可以发现，本节的实证结论都是稳健的，即农村金融发展水平显著地减少了农村内部收入差距。

表 5-12　农村金融发展对农村内部收入差距影响的稳健分析

	(IV_FE) gini	(IV_RE) gini	(FE) gini	(RE) gini	(FE) gini	(RE) gini
Fd	−0.00391* (0.00235)	−0.00420*** (0.00148)	−0.0726*** (0.0258)	−0.0532** (0.0257)	−0.000786** (0.000301)	−0.000903*** (0.000277)
inr	0.151 (0.113)	0.188** (0.0799)	0.120 (0.0719)	0.125* (0.0665)	0.114 (0.0725)	0.142** (0.0635)

续表

	(IV_FE) gini	(IV_RE) gini	(FE) gini	(RE) gini	(FE) gini	(RE) gini
gov	−0.0000698 (0.00273)	0.000877 (0.00193)	0.000701 (0.00183)	0.00280* (0.00160)	0.00182 (0.00185)	0.00250 (0.00153)
_cons	0.321*** (0.0299)	0.309*** (0.0233)	0.345*** (0.0214)	0.313*** (0.0203)	0.299*** (0.0172)	0.290*** (0.0161)
N	48	48	60	60	60	60
Hausman 检验	统计值 0.61	p 值 0.8945	统计值 7.06	p 值 0.0700	统计值 1.19	p 值 0.7542

注：括号里是标准误，* 表示 $p<0.05$，** 表示 $p<0.01$，*** 表示 $p<0.001$。

第三节　普惠金融发展对收入极化程度的影响
——基于省级面板数据的分析

1. 普惠金融发展与城镇收入极化程度

（1）数据说明。

本节基于 28 个省市城镇 2008~2012 年面板数据，使用如下面板数据模型考察普惠金融发展对城镇收入极化程度的影响如式（5-5）所示：

$$y_{it}=\beta_0+\beta_1 if_{it}+\beta_2 fd_{it}+\gamma Z_{it}+\alpha_i+\varepsilon_{it} \tag{5-5}$$

其中，被解释变量是城镇收入极化指标，以第三章计算得到的各省城镇收入分布的 DER 指标度量，关键解释变量是本书构建的普惠金融发展指数以及传统金融发展指数，控制变量包括：教育因素、对外开放因素、投资因素、产业结构。原始数据均来自中经网数据库和历年的《中国统计年鉴》。所有的解释变量都进行对数化处理。

（2）实证分析。

表 5-13 是面板模型的估计结果，第 1 列是混合 OLS 估计结果，第 2 列是固定效应估计结果，第 3 列是随机效应估计结果。根据豪斯曼检验结果，本

书选择随机效应模型的回归结果进行解释。

表 5-13　普惠金融发展对城镇收入极化程度的影响

	(pooled OLS) DER	(FE) DER	(RE) DER
ifindex	-0.00917 (0.00885)	-0.0290*** (0.00658)	-0.0229*** (0.00537)
fdindex	0.00806 (0.00918)	0.0177*** (0.00429)	0.0142*** (0.00385)
educ	-0.0339 (0.0307)	0.0341 (0.0277)	0.00436 (0.0229)
openness	0.00973 (0.00653)	0.0124*** (0.00419)	0.0134*** (0.00344)
invr	0.00789 (0.0153)	-0.0123 (0.0141)	-0.00975 (0.0108)
i_str	-0.0101 (0.0352)	-0.0375** (0.0184)	-0.0229 (0.0151)
_cons	0.479*** (0.0692)	0.260*** (0.0724)	0.351*** (0.0566)
N	140	140	140
Hausman 检验	统计量：7.66	p 值：0.2643	

注：括号里是标准误，* 表示 $p < 0.05$，** 表示 $p < 0.01$，*** 表示 $p < 0.001$。

可以发现，在 5%显著性水平下，普惠金融发展水平显著地减少了城镇内部收入极化程度，而传统的金融发展水平则显著地加剧了城镇内部收入极化程度。具体而言，保持其他因素不变，普惠金融发展指数上升 1%，城镇内部收入极化程度下降 0.229%；保持其他因素不变，传统金融发展指数上升 1%，城镇内部收入极化程度增加 0.142%；而且，对外开放程度显著地加剧了城镇内部收入极化程度。

表 5-14 是对实证结果的一个稳健分析。首先考虑普惠金融发展指数和传统金融发展指数的内生性问题，分别使用它们的滞后一期作为工具变量重新对回归方程进行估计，第 1、第 2 列分别是工具变量回归的固定效应和随机效应结果；其次考虑普惠金融发展指数和传统金融发展指数的不同度量方法对回归结果的影响，我们使用 Chakravarty 和 Pal（2010）的度量方法，其中

$r_i = 0.5$，结果如第 3、第 4 列所示。我们可以发现，本节的实证结论都是稳健的，即普惠金融发展水平显著地减少了城镇内部收入极化程度。

表 5-14 普惠金融发展对城镇内部收入极化程度影响的稳健分析

	(IV_FE) DER	(IV_RE) DER	(FE) DER	(RE) DER
ifindex	−0.0523*** (0.0183)	−0.0217*** (0.00796)	−0.0967*** (0.0245)	−0.0813*** (0.0213)
fdindex	0.0106 (0.0170)	0.0106 (0.0166)	0.0783*** (0.0206)	0.0613*** (0.0189)
educ	0.0283 (0.0658)	−0.00136 (0.0531)	0.0104 (0.0256)	−0.0108 (0.0220)
openness	0.0197*** (0.00609)	0.0122** (0.00486)	0.0115*** (0.00414)	0.0121*** (0.00340)
invr	−0.0283 (0.0196)	−0.0147 (0.0167)	−0.0188 (0.0145)	−0.0112 (0.0112)
i_str	−0.0659** (0.0314)	−0.0119 (0.0424)	−0.0383** (0.0186)	−0.0240 (0.0147)
_cons	0.144 (0.109)	0.362*** (0.103)	0.321*** (0.0670)	0.388*** (0.0545)
N	112	112	140	140
Hausman 检验	统计值 17.03	p 值 0.0092	统计值 7.69	P 值 0.2620

注：括号里是标准误，* 表示 $p < 0.05$，** 表示 $p < 0.01$，*** 表示 $p < 0.001$。

2. 农村金融发展与农村收入极化程度

（1）数据说明。

本节基于 12 个省市农村 2008~2012 年的面板数据，使用如下面板数据模型考察普惠金融发展对农村收入极化程度的影响，如式（5-6）所示：

$$y_{it} = \beta_0 + \beta_1 fd_{it} + \gamma Z_{it} + \alpha_i + \varepsilon_{it} \tag{5-6}$$

其中，被解释变量是农村收入极化指标，以第三章计算得到的各省农村收入极化 DER 指标度量，关键解释变量是农村的金融发展水平 fd，以农村人均的银行业资产衡量，控制变量包括：各省的农村农户的人均固定资产投资完成额（inv）、各省的财政涉农支出占比（gov）。原始数据均来自中经网数据库和历年的《中国统计年鉴》。

（2）实证分析。

表 5-15 是面板模型的估计结果，第 1 列是混合 OLS 估计结果，第 2 列是固定效应估计结果，第 3 列是随机效应估计结果。根据豪斯曼检验结果，本书选择随机效应模型的回归结果进行解释。

表 5-15　农村金融发展对农村收入极化程度的影响

	（1） DER	（2） DER	（3） DER
fd	-0.00279^{**} （0.00120）	-0.00297^{**} （0.00142）	-0.00302^{***} （0.00101）
inr	0.190^{***} （0.0488）	0.117^{*} （0.0631）	0.129^{**} （0.0526）
gov	0.000908 （0.00193）	0.00121 （0.00161）	0.00129 （0.00128）
_cons	0.394^{***} （0.0195）	0.401^{***} （0.0143）	0.400^{***} （0.0135）
N	60	60	60
Hausman 检验	统计量：0.25	p 值：0.9697	

注：括号里是标准误，* 表示 $p < 0.05$，** 表示 $p < 0.01$，*** 表示 $p < 0.001$。

可以发现，在 5%显著性水平下，农村金融发展水平显著地减少了农村内部收入极化程度。

表 5-16 是对实证结果的一个稳健分析。首先，考虑农村金融发展水平的内生性问题，使用它们的滞后一期作为工具变量重新对回归方程进行估计，第 1、第 2 列分别是工具变量回归的固定效应和随机效应结果；其次，考虑农村金融发展水平的不同度量方法对回归结果的影响，我们使用各省农村贷款/农村存款、人均存贷款作为农村金融发展的度量指标，结果如第 3~6 列所示，其中第 3~4 列是使用人均银行业资产表示农村金融发展，第 5~6 列使用人均存贷款表示农村金融发展。我们可以发现，本节的实证结论都是稳健的，即农村金融发展水平显著地减少了农村内部收入极化程度。

表 5-16 农村金融发展对农村内部收入极化影响的稳健分析

	(IV_FE) gini	(IV_RE) gini	(FE) gini	(RE) gini	(FE) gini	(RE) gini
fd	-0.00262 (0.00190)	-0.00320*** (0.00120)	-0.0556** (0.0208)	-0.0415** (0.0207)	-0.000593** (0.000238)	-0.000691*** (0.000219)
inr	0.127 (0.0910)	0.152** (0.0644)	0.106* (0.0569)	0.0996* (0.0528)	0.101* (0.0572)	0.115** (0.0503)
gov	-0.000562 (0.00228)	0.000459 (0.00161)	0.000261 (0.00152)	0.00204 (0.00133)	0.000911 (0.00155)	0.00173 (0.00126)
_cons	0.415*** (0.0246)	0.405*** (0.0191)	0.431*** (0.0168)	0.409*** (0.0163)	0.398*** (0.0141)	0.391*** (0.0131)
N	48	48	60	60	60	60
Hausman 检验	统计值 0.45	p 值 0.9292	统计值 5.07	p 值 0.1664	统计值 1.23	p 值 0.7464

注：括号里是标准误，* 表示 $p<0.05$，** 表示 $p<0.01$，*** 表示 $p<0.001$。

第四节 普惠金融发展对劳动收入份额的影响——基于省级面板数据的分析

1. 数据与模型说明

本节基于 31 个省份市 2006~2015 年的面板数据，使用如下面板数据模型考察普惠金融发展对劳动收入份额的影响，如式（5-7）所示：

$$y_{it}=\beta_0+\beta_1 if_{it}+\beta_2 fd_{it}+\gamma Z_{it}+\alpha_i+\varepsilon_{it} \tag{5-7}$$

其中，被解释变量是劳动收入份额（Laborshare），以各省的收入法 GDP 中劳动收入份额衡量，关键解释变量是本书构建的普惠金融发展指数以及金融发展指数（对数化处理），控制变量包括：教育因素、对外开放因素、政府预算支出、投资因素。所有解释变量都取对数化处理。原始数据均来自中经网数据库和历年的《中国统计年鉴》。

2. 实证结果分析

表 5–17 是面板模型的估计结果，第 1 列是混合 OLS 估计结果，第 2 列是固定效应估计结果，第 3 列是随机效应估计结果。根据豪斯曼检验结果，本书选择随机效应模型的回归结果进行解释。

表 5–17　普惠金融发展对劳动收入份额的影响

	(pooled OLS) Laborshare	(FE) Laborshare	(RE) Laborshare
ifindex	−0.0758** (0.0362)	−0.0296 (0.0318)	−0.0177 (0.0241)
fdindex	0.121** (0.0465)	0.138*** (0.0265)	0.124*** (0.0241)
educ	−0.330** (0.150)	−0.299** (0.143)	−0.286** (0.112)
openness	−0.00148 (0.0285)	−0.0839*** (0.0157)	−0.0599*** (0.0136)
govexp	0.0698 (0.0826)	0.129*** (0.0383)	0.121*** (0.0370)
invr	−0.0714 (0.0638)	0.0665 (0.0633)	−0.0541 (0.0411)
_cons	−0.0240 (0.327)	0.245 (0.351)	0.0622 (0.260)
是否控制年份效应	是	是	是
N	310	310	310
Hausman 检验	统计量：15.81	p 值：0.3946	

注：括号里是标准误，* 表示 $p < 0.05$，** 表示 $p < 0.01$，*** 表示 $p < 0.001$。

可以发现，在 5%显著性水平下，传统的金融发展水平显著地增加了劳动收入份额；普惠金融发展水平的提高会降低劳动收入份额，但这个负向影响不显著。

表 5–18 是对实证结果的一个稳健分析。考虑普惠金融发展指数和传统金融发展指数的不同度量方法对回归结果的影响，我们使用 Chakravarty 和 Pal（2010）的度量方法，其中 $r_i = 0.5$，结果如第 1~3 列所示。考虑普惠金融发展

指数和传统金融发展指数的内生性问题，分别使用它们的滞后一期作为工具变量重新对回归方程进行估计，第 4、第 5 列分别是工具变量回归的固定效应和随机效应结果。我们可以发现，本节的实证结论都是稳健的，即传统的金融发展水平显著地增加了劳动收入份额，而普惠金融发展降低了劳动收入份额影响，但这个负向影响不显著。

表 5-18　普惠金融发展对劳动收入份额的稳健分析

	(pooled OLS) Laborshare	(FE) Laborshare	(RE) Laborshare	(IV_FE) Laborshare	(IV_RE) Laborshare
ifindex	−0.396** (0.191)	−0.143 (0.111)	−0.134 (0.0963)	−0.0975 (0.0869)	−0.0425 (0.0377)
fdindex	0.514** (0.215)	0.426*** (0.101)	0.458*** (0.0937)	0.189*** (0.0497)	0.154*** (0.0377)
educ	−0.225 (0.182)	−0.167 (0.151)	−0.194* (0.116)	−0.269* (0.151)	−0.289** (0.119)
openness	0.0190 (0.0284)	−0.0760*** (0.0167)	−0.0475*** (0.0146)	−0.0875*** (0.0168)	−0.0600*** (0.0155)
govexp	0.0502 (0.0836)	0.0764** (0.0367)	0.0673* (0.0349)	0.174*** (0.0501)	0.146*** (0.0439)
invr	−0.0173 (0.0598)	0.0721 (0.0656)	−0.00449 (0.0379)	0.0299 (0.0731)	−0.0916* (0.0508)
_cons	−0.294 (0.420)	−0.272 (0.357)	−0.265 (0.267)	0.0809 (0.447)	0.0517 (0.289)
是否控制年份效应	是	是	是	是	是
N	310	310	310		
Hausman 检验		统计量：13.61	p 值：0.5549	统计量：20.06	p 值：0.1283

注：括号里是标准误，* 表示 $p < 0.05$，** 表示 $p < 0.01$，*** 表示 $p < 0.001$。

为了进一步地考虑模型的内生性问题，我们基于如下的动态面板模型考察普惠金融发展对劳动收入份额的影响，如式（5-8）所示：

$$y_{it} = \beta_0 + \rho y_{it-1} + \beta_1 if_{it} + \beta_2 fd_{it} + \gamma Z_{it} + \alpha_i + \varepsilon_{it} \qquad (5-8)$$

对于该动态面板数据模型，我们采用 GMM 估计方法进行参数估计。如表 5-19 所示，第 1 列是动态面板模型的 GMM 估计结果，第 2 列是使用 Chakravarty 和 Pal（2010）的方法重新度量普惠金融和传统金融发展指数时的回归结果。所有回归模型的 Sargan 检验都表明，工具变量是有效的；Abond 的 AR （2）说明一阶差分后的残差是不存在二阶自相关的，这说明所设定的动态面板数据模型是合理的。

表 5-19　普惠金融发展对劳动收入份额的动态面板分析

	（1） Laborshare	（2） Laborshare
L. Laborshare	0.515*** (0.0742)	0.617*** (0.0609)
ifindex	−0.0783** (0.0375)	−0.237* (0.130)
fdindex	0.119*** (0.0284)	0.207*** (0.0709)
educ	−0.294*** (0.0658)	−0.283*** (0.0609)
openness	−0.0716*** (0.0107)	−0.0577*** (0.0115)
govexp	0.117*** (0.0234)	0.0716*** (0.0223)
invr	0.0871* (0.0497)	0.0897 (0.0547)
_cons	0.460*** (0.141)	0.351* (0.181)
是否控制年份效应	是	是
N	248	248
Sargan test	p 值：0.3353	p 值：0.3845
Abond test	AR（1）：p 值：0.0016	AR（1）：p 值：0.0007
	AR（2）：p 值：0.6090	AR（2）：p 值：0.6559

注：括号里是标准误，* 表示 $p<0.05$，** 表示 $p<0.01$，*** 表示 $p<0.001$。

可以发现，在 5%显著性水平下，普惠金融发展水平降低了劳动收入份额，而传统的金融发展水平则显著地增加了劳动收入份额。

第六章

普惠金融发展对经济增长及贫困的影响

本章主要是使用2006~2015年省级面板数据，基于面板模型考察普惠金融发展对经济增长及贫困的影响。首先考察普惠金融发展对经济增长的影响，其次考察普惠金融发展对贫困减缓的影响。

第一节　普惠金融发展对经济增长的影响
——基于省级面板数据的分析

1. 数据与模型说明

本节基于31个省市2006~2015年的面板数据，使用如下面板数据模型考察普惠金融发展对经济增长的影响，如式（6-1）所示：

$$y_{it}=\beta_0+\beta_1 if_{it}+\beta_2 fd_{it}+\gamma Z_{it}+\alpha_i+\varepsilon_{it} \tag{6-1}$$

其中，被解释变量是经济增长指标，以各省的实际人均GDP增长率衡量，关键解释变量是本书构建的普惠金融发展指数以及传统金融发展指数（对数化处理），控制变量包括：初始期的人均实际GDP水平、教育因素、对外开放因素、政府预算支出、城镇化水平、投资因素、通货膨胀水平。所有解释变量都取对数化处理。原始数据均来自中经网数据库和历年的《中国统计年鉴》。

2. 实证结果分析

表 6–1 是面板模型的估计结果，第 1 列是混合 OLS 估计结果，第 2 列是固定效应估计结果，第 3 列是随机效应估计结果。根据豪斯曼检验结果，本书选择随机效应模型的回归结果进行解释。

表 6–1 普惠金融发展对经济增长的影响

	(pooled OLS) growth	(FE) growth	(RE) growth
ifindex	1.649** (0.772)	1.644** (0.765)	1.862*** (0.541)
fdindex	−1.576*** (0.507)	−0.931 (0.633)	−1.857*** (0.464)
gdp0	−4.156*** (1.437)	−7.605** (3.116)	−4.743*** (1.103)
educ	−6.169*** (1.828)	0.444 (3.352)	−3.492 (2.330)
openness	−0.00154 (0.311)	0.297 (0.366)	0.281 (0.277)
govexp	0.232 (0.832)	4.465*** (1.477)	1.283* (0.751)
urban	6.131*** (1.987)	10.36*** (2.712)	6.290*** (1.806)
invr	2.340* (1.211)	0.926 (0.902)	1.784** (0.788)
price	−11.61 (6.896)	−2.852 (7.603)	−5.411 (6.291)
_cons	34.78*** (6.360)	31.40*** (9.234)	29.93*** (6.255)
是否控制年份效应	是	是	是
N	310	310	310
Hausman 检验	统计量：25.98	p 值：0.1002	

注：括号里是标准误，* 表示 $p<0.05$，** 表示 $p<0.01$，*** 表示 $p<0.001$。

可以发现，在 5%显著性水平下，普惠金融发展水平显著地促进了经济增长，而传统的金融发展水平则显著地阻碍了经济增长。

表 6-2 是对实证结果的一个稳健分析。考虑普惠金融发展指数和传统金融发展指数的不同度量方法对回归结果的影响，我们使用 Chakravarty 和 Pal（2010）的度量方法，其中 $r_i = 0.5$，结果如第 3、第 4 列所示。可以发现，本节的实证结论都是稳健的，即普惠金融发展水平显著地促进了经济增长，而传统的金融发展水平则显著地阻碍了经济增长。

表 6-2 普惠金融发展对经济增长影响的稳健分析

	(pooled OLS) growth	(FE) growth	(RE) growth
ifindex	9.665*** (2.840)	9.739*** (2.653)	10.46*** (2.255)
fdindex	−9.253*** (2.487)	−6.136*** (2.144)	−8.684*** (1.808)
gdp0	−4.958*** (1.125)	−9.822*** (3.087)	−5.290*** (1.007)
educ	−6.848*** (2.149)	−0.913 (3.313)	−4.524** (2.304)
openness	0.116 (0.311)	0.0484 (0.366)	0.188 (0.280)
govexp	−0.188 (0.675)	4.222*** (1.458)	0.402 (0.627)
urban	5.617** (2.384)	8.512*** (2.729)	5.227*** (1.869)
invr	2.224* (1.148)	1.191 (0.865)	2.013*** (0.742)
price	−6.107 (7.196)	−2.776 (7.080)	−0.720 (5.991)
_cons	36.31*** (7.132)	34.24*** (8.702)	32.05*** (6.061)
是否控制年份效应	是	是	是
N	310	310	310
Hausman 检验	统计量：24.26	p 值：0.1467	

注：括号里是标准误，* 表示 $p < 0.05$，** 表示 $p < 0.01$，*** 表示 $p < 0.001$。

考虑到模型的内生性问题，我们进一步基于如下的动态面板模型考察普惠金融发展对经济增长的影响，如式（6-2）所示：

$$y_{it}=\beta_0+\rho y_{it-1}+\beta_1 if_{it}+\beta_2 fd_{it}+\gamma Z_{it}+\alpha_i+\varepsilon_{it} \quad (6-2)$$

对于该动态面板数据模型，我们采用 GMM 估计方法进行参数估计。如表 6-3 所示，第 1 列是动态面板模型的 GMM 估计结果，第 2 列是使用 Chakravarty 和 Pal（2010）的方法重新度量普惠金融和传统金融发展指数时的回归结果。所有回归模型的 Sargan 检验都表明，工具变量是有效的；Abond 的 AR（2）检验说明所设定的动态面板数据模型是合理的。

表 6-3　普惠金融发展对经济增长影响的动态面板分析

	（1） growth	（2） growth
L.growth	0.783*** （0.0278）	0.666*** （0.0340）
ifindex	4.685*** （1.094）	26.07*** （2.341）
fdindex	-0.627 （0.387）	-9.032*** （1.114）
gdp0	-19.26*** （4.903）	-22.43*** （3.963）
educ	-8.483*** （1.278）	-5.946*** （1.334）
openness	0.898*** （0.266）	0.504 （0.384）
govexp	-0.305 （0.702）	-1.444 （0.963）
urban	10.18*** （2.934）	7.562*** （2.385）
invr	-0.0390 （0.468）	0.124 （0.365）
price	-57.13*** （5.365）	-67.69*** （5.077）
_cons	58.82*** （4.709）	53.60*** （6.626）
N	248	248
Sargan test	p 值：0.1020	p 值：0.1300
Abond test	AR（1）：p 值：0.0016	AR（1）：p 值：0.0010
	AR（2）：p 值：0.3235	AR（2）：p 值：0.3452

注：括号里是标准误，* 表示 $p<0.05$，** 表示 $p<0.01$，*** 表示 $p<0.001$。

动态面板模型的结果表明，普惠金融发展水平显著地促进了经济增长。

第二节　普惠金融发展对城镇贫困的影响
——基于省级面板模型的分析

1. 数据与模型说明

本节基于 28 个省份城镇 2008~2012 年的面板数据，使用如下面板数据模型考察普惠金融发展对城镇贫困的影响，如式（6-3）所示：

$$y_{it}=\beta_0+\beta_1 if_{it}+\beta_2 fd_{it}+\gamma Z_{it}+\alpha_i+\varepsilon_{it} \tag{6-3}$$

其中，被解释变量是城镇贫困指标（pov），以第三章计算得到的各省城镇 FGT 指数（贫困率）度量，关键解释变量是本书构建的普惠金融以及金融发展指数（对数化处理），控制变量包括：教育因素、对外开放因素、投资因素、地方财政社会保障和就业支出比例。原始数据均来自中经网数据库和历年的《中国统计年鉴》。

2. 实证结果分析

表 6-4 是面板模型的估计结果，第 1 列是混合 OLS 估计结果，第 2 列是固定效应估计结果，第 3 列是随机效应估计结果。根据豪斯曼检验结果，本书选择固定效应模型的回归结果进行解释。

可以发现，在 5%显著性水平下，普惠金融发展水平显著地减少了城镇贫

表 6-4　普惠金融发展对城镇贫困程度的影响

	(pooled OLS) pov	(FE) pov	(RE) pov
ifindex	−0.00969*** (0.00298)	−0.0190*** (0.00266)	−0.0147*** (0.00226)
fdindex	0.00382** (0.00170)	0.00855*** (0.00169)	0.00649*** (0.00155)

续表

	(pooled OLS) pov	(FE) pov	(RE) pov
educ	0.00884 (0.00653)	0.0168 (0.0112)	0.000729 (0.00902)
openness	0.0109** (0.00422)	0.00363 (0.00566)	0.0119*** (0.00395)
invr	0.0102 (0.0108)	−0.0253*** (0.00799)	−0.00706 (0.00704)
pubexp	0.207*** (0.0736)	−0.151*** (0.0524)	0.0266 (0.0494)
_cons	−0.0510** (0.0236)	−0.0526* (0.0297)	−0.0280 (0.0251)
N	140	140	140
Hausman 检验	统计量：1599.43	p 值：0.0000	

注：括号里是标准误，* 表示 $p<0.05$，** 表示 $p<0.01$，*** 表示 $p<0.001$。

困程度，而传统的金融发展水平则显著地加剧了城镇贫困程度。

表 6-5 是对实证结果的一个稳健分析。首先，考虑普惠金融发展指数和传统金融发展指数的内生性问题，分别使用它们的滞后一期作为工具变量重新对回归方程进行估计，第 1、第 2 列分别是工具变量回归的固定效应和随机效应结果；其次，考虑普惠金融发展指数和传统金融发展指数的不同度量方法对回归结果的影响，我们使用 Chakravarty 和 Pal（2010）的度量方法，其中 $r_i=0.5$，结果如第 3、第 4 列所示。我们可以发现，本节的实证结论都是稳健的，即普惠金融发展水平显著地减少了城镇贫困程度。

表 6-5　普惠金融发展对城镇贫困程度影响的稳健分析

	(IV_FE) pov	(IV_RE) pov	(FE) pov	(RE) pov
ifindex	−0.00519 (0.00614)	−0.00838*** (0.00278)	−0.0576*** (0.0103)	−0.0524*** (0.00947)
fdindex	0.0180*** (0.00612)	0.00729* (0.00438)	0.0255*** (0.00869)	0.0169** (0.00823)

续表

	(IV_FE) pov	(IV_RE) pov	(FE) pov	(RE) pov
educ	0.0427* (0.0229)	0.00507 (0.0112)	0.000377 (0.0109)	−0.00132 (0.00909)
openness	0.00882 (0.00812)	0.00292 (0.0101)	0.000652 (0.00576)	0.00975*** (0.00377)
invr	−0.0362*** (0.0107)	0.00438 (0.00632)	−0.0292*** (0.00854)	−0.00534 (0.00724)
Pubexp	−0.125** (0.0625)	0.0850 (0.0549)	−0.174*** (0.0574)	0.0437 (0.0510)
_cons	−0.0240 (0.0355)	−0.0184 (0.0233)	−0.00189 (0.0284)	−0.0228 (0.0256)
N	112	112	140	140
Hausman 检验	统计值： 32.37	p 值： 0.0000	统计值： 79.69	p 值： 0.0000

注：括号里是标准误，* 表示 $p<0.05$，** 表示 $p<0.01$，*** 表示 $p<0.001$。

第三节　农村金融发展对农村贫困的影响
——基于省级面板模型的分析

1. 数据与模型说明

本节基于 12 个省份农村 2008~2012 年的面板数据，使用如下面板数据模型考察农村金融发展对农村收入差距的影响，如式（6-4）所示：

$$y_{it}=\beta_0+\beta_1 fd_{it}+\gamma Z_{it}+\alpha_i+\varepsilon_{it} \tag{6-4}$$

其中，被解释变量是农村贫困程度（pov），以第三章计算得到的各省农村贫困 FGT 指数（贫困率）度量，关键解释变量是农村的金融发展水平 fd，以农村人均的银行业资产衡量，控制变量包括：各省的农村农户人均固定资产投资完成额（inv）、各省的财政涉农支出占比（gov）、各省的农村人均纯收入。原始数据均来自中经网数据库和历年的《中国统计年鉴》。

2. 实证结果分析

表 6–6 是面板模型的估计结果，第 1 列是混合 OLS 估计结果，第 2 列是固定效应估计结果，第 3 列是随机效应估计结果。根据豪斯曼检验结果，本书选择随机效应模型的回归结果进行解释。

表 6–6　农村金融发展对农村贫困程度的影响

	(1) pov	(2) pov	(3) pov
fd	0.00410** (0.00186)	0.00573*** (0.00173)	0.00498*** (0.00148)
inr	0.0458 (0.0801)	0.0290 (0.0731)	0.0718 (0.0582)
gov	0.00258** (0.00111)	−0.00171 (0.00180)	−0.000112 (0.00127)
log(inc)	−0.0751*** (0.0220)	−0.0867*** (0.0156)	−0.0924*** (0.0121)
_cons	0.653*** (0.191)	0.793*** (0.122)	0.826*** (0.0988)
N	60	60	60
Hausman 检验	统计量：6.31	p 值：0.1774	

注：括号里是标准误，* 表示 $p < 0.05$，** 表示 $p < 0.01$，*** 表示 $p < 0.001$。

可以发现，在 5%显著性水平下，农村金融发展水平显著地加剧了农村贫困程度。

表 6–7 是对实证结果的一个稳健分析。首先考虑农村金融发展水平的内生性问题，使用它们的滞后一期作为工具变量重新对回归方程进行估计，第 1、第 2 列分别是工具变量回归的固定效应和随机效应结果；其次考虑农村金融发展水平的不同度量方法对回归结果的影响，我们使用各省农村贷款/农村存款、人均的存贷款作为农村金融发展的度量指标，结果如第 3~6 列所示，其中，第 3~4 列是使用人均银行业资产表示农村金融发展，第 5~6 列使用人均存贷款表示农村金融发展。我们可以发现，本节的实证结论都是稳健的，即农村金融发展水平显著地加剧了农村贫困程度。

表 6-7　农村金融发展对农村贫困程度影响的稳健分析

	(IV_FE) pov	(IV_RE) pov	(FE) pov	(RE) pov	(FE) pov	(RE) pov
fd	0.00544** (0.00225)	0.00423** (0.00168)	0.0411* (0.0226)	0.0407* (0.0212)	0.000618** (0.000283)	0.000656** (0.000274)
inr	0.0286 (0.0944)	0.0808 (0.0642)	−0.00124 (0.0824)	0.0150 (0.0655)	0.0432 (0.0775)	0.0589 (0.0599)
gov	−0.00209 (0.00220)	0.000363 (0.00144)	−0.00232 (0.00193)	−0.00143 (0.00131)	−0.00194 (0.00191)	−0.00101 (0.00126)
log（inc）	−0.0799*** (0.0167)	−0.0814*** (0.0132)	−0.0561*** (0.0138)	−0.0596*** (0.00889)	−0.0708*** (0.0149)	−0.0741*** (0.00964)
_cons	0.736v (0.132)	0.724*** (0.110)	0.527*** (0.108)	0.548*** (0.0775)	0.668*** (0.117)	0.686*** (0.0823)
N	48	48	60	60	60	60
Hausman 检验	统计值：9.65	p 值：0.0467	统计值：1.53	p 值：0.8220	统计值：90.10	P 值：0.0000

注：括号里是标准误，* 表示 $p < 0.05$，** 表示 $p < 0.01$，*** 表示 $p < 0.001$。

第七章
结　论

本书从普惠金融发展角度出发，实证考察了我国的普惠金融发展对我国居民收入分配的影响。

首先，基于总体城乡收入分组数据测度我国居民收入分布的不平等和极化程度。假设收入分布服从广义 Beta Ⅱ型分布，基于分组数据拟合收入分布，使用矩方法估计分布参数，然后根据估计的收入分布函数计算衡量收入不平等的基尼系数和衡量收入极化的 DER 指标；并考察了收入不平等对社会福利、贫困变动的影响。

其次，基于省级收入分组数据测度了我国各省收入分布的不平等和极化程度。我们计算了各省城镇、农村的收入基尼系数以及极化程度的 DER 指标，并考察各省的收入不平等对各自的社会福利、贫困变动的影响。而且，还对地区间收入不平等进行了收入来源分解，考察了地区间的物价水平差异对收入差距测算的影响。

在考察我国的收入分配状况后，对我国的普惠金融发展状况进行评估。主要是对各省的普惠金融发展和传统金融发展状况进行描述性统计分析，并尝试构建普惠金融发展指数。

基于构建的普惠金融发展指数，接下来，研究了普惠金融发展对我国居民收入分配的影响。主要包括普惠金融发展对收入分布的不平等、收入分布的极化和劳动收入份额的影响。最后，笔者还考察了普惠金融发展对经济增长和贫困的影响。主要有以下一些结论：

（1）我国居民收入不平等程度的度量。

基于 1985~2015 年的总体城乡居民收入分组数据，使用广义 Beta Ⅱ型分布拟合城乡收入分组数据，从而计算城镇、农村及城乡混合的收入基尼系数。结果发现，1985~2009 年，总体基尼系数呈现上升趋势，由 1985 年的 0.3063 上升到 2008 年的 0.4522；2009 年以后就有逐步下降的趋势。从城镇、农村内部情况分析，1985~2005 年，我国城镇基尼系数经历了一波较快的上升，由 1985 年的 0.1686 上升到 2005 年的 0.3395；2005~2009 年，城镇基尼系数比较稳定，2009 年以后有缓慢下降的趋势；1985~2015 年，农村基尼系数一直以来都高于城镇基尼系数，且农村基尼系数没有城镇基尼系数的变化幅度大，而且，2000 年以来，农村基尼系数比较稳定，也没有呈现出下降趋势的端倪。

（2）我国居民收入极化程度的度量。

基于同样的数据集及拟合得到的广义 Beta Ⅱ型分布，基于认同—疏离框架，我们实证度量了我国居民收入分布的极化 DER 指数。结果发现，总体的极化程度在 1985~2009 年有上升的趋势，2009 年以后开始下降。农村的极化程度要高于城镇的极化程度。其中，1985~2015 年认同性一直呈现下降趋势，城镇的认同性高于农村；而疏离性 1985~2009 年在上升，2009 年以后有下降趋势，农村的疏离性高于城镇。

（3）我国居民收入分配的阶层效应。

基于城乡总体收入分组数据，使用 Yitzhaki（1994）的基尼系数分解方法，对我国总体收入分布的城乡阶层效应进行研究，结果发现，城镇收入分布与总体收入分布的阶层效应比农村与总体之间的阶层效应要大。在一定程度上说明与农村相比，城镇群体更趋向于形成一个阶层；而且我国城乡阶层效应越来越明显。

进一步来说，基于 28 省市的城镇居民收入的分组数据，使用类似的方法分析我国城镇收入分布的群体阶层效应，结果发现，按照东、中、西三大地带进行群体分解，我国城镇居民收入分布的地区阶层效应越来越明显了；按照地区收入低、中、高三组进行群体分解，我国城镇居民收入分布的收入阶层效应越来越明显了。

（4）收入不平等对社会福利及贫困的影响。

基于一个经济增长、收入不平等对社会福利或贫困变动的分析框架，我们考察了 1990~2015 年收入不平等的变化对社会福利变动或贫困变动的影响。

以阿马蒂亚·森的福利指数度量社会福利，结果发现，对于总体来说，1990~2015 年，社会福利增加了 5180.12，其中，经济增长带来的福利增加为 5764.83，收入分配的变化带来的福利减少为 584.71；收入分配变化抵消了由经济增长带来的福利增加额的 10.14%，导致的社会福利减少量占总的社会福利的比重为 10.07%。对于城镇来说，1990~2015 年，社会福利增加了 9111.16，其中经济增长带来的福利增加为 10264.02，收入分配的变化带来的福利减少为 1152.86；收入分配变化抵消了由经济增长带来的福利增加额的 11.23%，导致社会福利减少量占总的社会福利的比重为 11.08%。对于农村来说，1990~2015 年，社会福利增加了 2226.07，其中经济增长带来的福利增加为 2386.40，收入分配的变化带来的福利减少为 160.33；收入分配变化抵消了由经济增长带来的福利增加额的 6.72%，导致社会福利减少量占总的社会福利的比重为 5.88%。

以 FGT 贫困指数度量贫困程度，以贫困缺口为例，结果发现，对于城镇来说，1990~2015 年，贫困缺口减少了 0.2991，其中经济增长带来的贫困减少为 0.33，收入分配的变化带来的贫困增加为 0.0308。对于农村来说，1990~2015 年，贫困缺口减少了 0.2805，其中经济增长带来的贫困减少为 0.3080，收入分配的变化带来的贫困增加为 0.0275。

（5）我国普惠金融发展的度量。

使用多维度指标构建了我国各省的普惠金融发展指数及传统金融发展指数，并分析普惠金融发展在我国的地区间分布状况。对于指标的选择，我们不但考虑银行业，还考虑到了股票市场和保险市场的发展情况。基于 2005~2015 年各省的区域金融运行报告，我们整理分析了各省普惠金融发展各项指标，包括每万人拥有的贷款、每万人拥有的存款、每万人拥有的银行业资产、每万人拥有的银行网点数、每万人拥有的银行就业人员数、每万平方公里拥有的银行业资产、每万平方公里拥有的银行网点数、每万平方公里拥有的银行就业人员数、每万人拥有的总市值、每万人拥有的流通市值、每万人拥有的交易额、每万人拥有的保费收入；也分析了传统金融发展的各项指标，包括银行业资产/GDP、贷款/GDP、（存款+贷款）/GDP、贷款/存款、总市值/GDP、流通市值/GDP、交易额/GDP、保费收入/GDP等。

结果表明，2006~2015年，我国的普惠金融发展水平一直处于上升阶段。2008年，由于全球金融危机影响，普惠金融发展水平有所下降。我国普惠金融发展水平的地区差距较大，但已经呈现出缩小趋势。其中，组间差距是最重要的差距来源。

（6）普惠金融发展对收入不平等程度及极化程度的影响。

基于31个省市2006~2015年的面板数据，使用面板模型及动态面板模型，结果发现，普惠金融发展水平显著地减少了城乡收入差距，而传统的金融发展水平则显著地加剧了城乡收入差距。同样地，基于28个省份城镇2008~2012年的面板数据发现，普惠金融发展水平显著地减少了城镇内部收入差距，而传统的金融发展水平则显著地加剧了城镇内部收入差距。而且，普惠金融发展水平也显著地减少了城镇内部收入极化程度，传统的金融发展水平则显著地加剧了城镇内部收入极化程度。我们还发现，普惠金融发展水平降低了劳动收入份额，而传统的金融发展水平则显著地增加了劳动收入份额。

（7）普惠金融发展对经济增长及贫困的影响。

基于31个省份2006~2015年的面板数据，使用面板模型及动态面板模型，结果发现，普惠金融发展水平显著地促进了经济增长，而传统的金融发展水平则显著地阻碍了经济增长；普惠金融发展水平显著地减少了城镇贫困程度，而传统的金融发展水平则显著地加剧了城镇贫困程度；而农村金融发展水平显著地加剧了农村贫困程度。

普惠金融发展能够显著降低收入差距和收入极化程度，这为我们调整收入分配的失衡问题提供了一个视角。未来要充分发挥普惠金融在降低收入差距方面的作用，积极完善我国的普惠金融体系，加快推进具有普惠金融内涵的金融发展。

参考文献

[1] Aghion P, Bolton P. A Theory of Trickle-down Growth and Development [J]. Review of Economic Studies, 1997, 64 (2): 151-172.

[2] Banerjee A V, Newman A F. Occupational Choice and the Process of Development [J]. Journal of Political Economy, 1993, 101 (2): 274-298.

[3] Beck T H L, Levine R, Loayza N V. Financial Intermediary Development and Growth: Causes and Causality [J]. Journal of Monetary Economics, 2000: 46.

[4] Beck T, Demirgüç-Kunt A, Levine R. Finance, Inequality and the Poor [J]. Journal of Economic Growth, 2007, 12 (1): 27-49.

[5] Beck T, Demirguc-Kunt A, Peria M S M. Reaching out: Access to and use of Banking Services Across Countries [J]. Journal of Financial Economics, 2007, 85 (1): 234-266.

[6] Beck T, Levine R, Levkov A. Big Bad Banks? The Winners and Losers from Bank Deregulation in the United States [J]. Journal of Finance, 2010, 65 (5): 1637-1667.

[7] Bourguignon F. The Poverty-Growth-Inequality Triangle [J]. Indian Council for Research on International Economic Relations New Delhi Working Papers, 2004.

[8] Chakraborty S, Lahiri A. Costly Intermediation and the Poverty of Nations

[J]. International Economic Review, 2007, 48 (1): 155-183.

[9] Chakravarty S R, Majumder A. Inequality, Polarisation and Welfare: Theory and Applications [J]. Australian Economic Papers, 2001, 40 (1): 1-13.

[10] Chakravarty S R, Pal R. Measuring Financial Inclusion : An Axiomatic Approach [J]. Microeconomics Working Papers, 2010.

[11] Chen J, Fang F, Hou W, et al. Chinese Gini Coefficient from 2005 to 2012, Based on 20 Grouped Income Data Sets of Urban and Rural Residents [J]. Social Science Electronic Publishing, 2015 (1): 1-16.

[12] Ching G, Wang E. Extension of a Measure of Polarization, With an Application to the Income Distribution of Five OECD Countries[J]. Journal of Economic Inequality, 2007, 5 (1): 1-19.

[13] Chotikapanich D, Rao D S P, Tang K K. Estimating Income Inequality in China Using Grouped Data and the Generalized Beta Distribution [J]. Review of Income & Wealth, 2007, 53 (1): 127-147.

[14] Clarke G R G, Xu L C, Zou H F. Finance and Income Inequality: What Do the Data Tell Us? [J]. Southern Economic Journal, 2006, 72 (3): 578-596.

[15] Cowell F A, Mehta F. The Estimation and Interpolation of Inequality Measures [J]. Review of Economic Studies, 1982, 49 (2): 273-290.

[16] Demirgüçkunt A, Klapper L F. Measuring Financial Inclusion: The Global Findex Database [J]. Policy Research Working Paper, 2012.

[17] Dorfman R. A Formula for the Gini Coefficient [J]. Review of Economics & Statistics, 1979, 61 (1): 146-149.

[18] Duclos J Y, Esteban J, Ray D. Polarization: Concepts, Measurement, Estimation [J]. Econometrica, 2004, 72 (6): 1737-1772.

[19] Esteban J M, Ray D. On the Measurement of Polarization [J]. Econometrica, 1994, 62 (4): 819-851.

[20] Foster J E, Wolfson M C. Polarization and the Decline of the Middle

Class: Canada and the U.S.[J]. Journal of Economic Inequality, 2009, 12 (3): 435-437.

[21] Fuller M. The estimation of Gini Coefficients From Grouped Data: Upper and Lower Bounds [J]. Economics Letters, 1979, 3 (2): 187-192.

[22] Galor O, Zeira J. Income Distribution and Macroeconomics [J]. Review of Economic Studies, 1993, 60 (1): 35-52.

[23] Gastwirth J L. The Estimation of a Family of Measures of Economic Inequality [J]. Journal of Econometrics, 1975, 3 (1): 61-70.

[24] Gastwirth J L. The Estimation of the Lorenz Curve and Gini Index [J]. Review of Economics & Statistics, 1972, 54 (3): 306-316.

[25] Goldsmith R W. Financial Structure and Development [J]. Studies in Comparative Economics, 1969, 70 (4): 31-45.

[26] Greenwood J, Jovanovic B. Financial Development, Growth, and the Distribution of Income [J]. Journal of Political Economy, 1990, 98 (5): 1076-1107.

[27] Kendall M G. The Advanced Theory of Statistics [M]. C. Griffin, 1945.

[28] King R G, Levine R. Financial Indicators and Growth in a Cross, Section of Countries[J]. Policy Research Working Paper, 1992, 106 (2): 407-443.

[29] Levine R, Zervos S. Stock Markets, Banks, and Economic Growth [J]. American Economic Review, 1998, 88 (3): 537-558.

[30] Mcdonald J B. Some Generalized Functions for the Size Distribution of Income [J]. Econometrica, 1984, 52 (3): 647-663.

[31] Mckinnon R I. Money and Capital in Economic Development [M] // Money and Capital in Economic Development. Brookings Institution, 1973: 679-702.

[32] Mehran, Farhad. Bounds on the Gini Index Based on Observed Points of the Lorenz Curve [J]. Publications of the American Statistical Association, 2012, 70 (349): 64-66.

[33] Mookherjee D, Shorrocks A. A Decomposition Analysis of the Trend in UK Income Inequality [J]. Economic Journal, 1982, 92 (368): 886-902.

[34] Murray D. Extreme Values for Gini Coefficients Calculated from Grouped data [J]. Economics Letters, 1978, 1 (4): 389-393.

[35] Ogwang T, Rao U L G. A New Functional form for Approximating the Lorenz Curve [J]. Economics Letters, 1996, 52 (1): 21-29.

[36] Ogwang T. An Upper Bound of the Gini Index in the Absence of Mean Income Information [J]. Review of Income & Wealth, 2006, 52 (4): 643-652.

[37] Ogwang T. Bounds of the Gini Index Using Sparse Information on Mean Incomes [J]. Review of Income & Wealth, 2003, 49 (3): 415-423.

[38] Pyatt G. On the Interpretation and Disaggregation of Gini Coefficients [J]. Economic Journal, 1976, 86 (342): 243-255.

[39] Robert G King, Ross Levine. Finance, Entrepreneurship and Growth [J]. Journal of Monetary Economics, 1993, 32 (3): 513-542.

[40] Rodríguez J G, Salas R. Extended Bi-polarization and Inequality Mea-sures [J]. Working Papers, 2003, 9 (3): 1-19.

[41] Roubini N, Sala-I-Martin X. Financial Repression and Economic Growth [J]. Social Science Electronic Publishing, 1991, 39 (1): 5-30.

[42] Sarma M, Pais J. Financial Inclusion and Development [J]. Journal of International Development, 2011, 23 (5): 613-628.

[43] Schader M, Schmid F. Fitting Parametric Lorenz Curves to Grouped In-come Distributions-A Critical Note [J]. Empirical Economics, 1994, 19 (3): 361-370.

[44] Slottje D. The Structure of Earnings and the Measurement of Income In-equality in the U.S. [M]. 1989.

[45] Townsend R M, Ueda K. Financial Deepening, Inequality, and Growth: A Model-based Quantitative Evaluation [J]. Review of Economic Studies, 2006, 73 (1): 251-293.

[46] Wang Y Q, Tsui K Y. Polarization Orderings and New Classes of Polarization Indices [J]. Journal of Public Economic Theory, 2000, 2 (3): 349-363.

[47] Wolfson M C. When Inequalities Diverge [J]. American Economic Review, 2001, 84 (2): 353-358.

[48] Yitzhaki S, Lerman R I. Income Stratification And Income Inequality [J]. Review of Income & Wealth, 1991, 37 (3): 313-329.

[49] Yitzhaki S. Economic Distance and Overlapping of Distributions [J]. Journal of Econometrics, 1994, 61 (1): 147-159.

[50] 陈飞，卢建词. 收入增长与分配结构扭曲的农村减贫效应研究 [J]. 经济研究，2014 (2): 101-114.

[51] 陈建东，罗涛，赵艾凤. 收入分布函数在收入不平等研究领域的应用 [J]. 统计研究，2013 (9): 79-86.

[52] 陈三毛，钱晓萍. 中国各省金融包容性指数及其测算 [J]. 金融论坛，2014 (9): 3-8.

[53] 陈志刚，田江慧子. 中国区域普惠金融测度及影响因素的实证分析 [J]. 资源开发与市场，2018 (4).

[54] 陈宗胜，周云波. 再论改革与发展中的收入分配 [M]. 经济科学出版社，2002.

[55] 程永宏. 二元经济中城乡混合基尼系数的计算与分解 [J]. 经济研究，2006 (1): 109-120.

[56] 程永宏. 改革以来全国总体基尼系数的演变及其城乡分解 [J]. 中国社会科学，2007 (4): 45-60.

[57] 程永宏. 基尼系数组群分解新方法研究：从城乡二亚组到多亚组 [J]. 经济研究，2008 (8): 124-135.

[58] 崔艳娟，孙刚. 金融发展是贫困减缓的原因吗？——来自中国的证据 [J]. 金融研究，2012 (11): 116-127.

[59] 付莎，王军. 中国普惠金融发展对经济增长的影响——基于省际面板数据的实证研究 [J]. 云南财经大学学报，2018 (3).

[60] 甘犁. 来自中国家庭金融调查的收入差距研究 [J]. 经济资料译丛，2013（4）：41-57.

[61] 郝依梅，夏咏，丁志勇等. 普惠金融发展对农村贫困的减缓效应——基于新疆南疆 24 县（市）面板数据的实证研究 [J]. 江苏农业科学，2017，45（3）：310-314.

[62] 洪兴建，李金昌. 两极分化测度方法述评与中国居民收入两极分化 [J]. 经济研究，2007（11）：139-153.

[63] 洪兴建. 收入极化测度与分解方法述评 [J]. 经济统计学（季刊），2013（1）.

[64] 胡志军，刘宗明，龚志民. 中国总体收入基尼系数的估计：1985~2008 年 [J]. 经济学（季刊），2011（4）：1423-1436.

[65] 胡志军，谭中. 我国居民收入基尼系数的估计及城乡阶层效应——基于城镇、农村收入 20 分组数据的研究 [J]. 当代财经，2016，35（10）：15-24.

[66] 胡志军. 基于分组数据的基尼系数估计与社会福利：1985~2009 年 [J]. 数量经济技术经济研究，2012（9）：111-121.

[67] 胡祖光. 基尼系数理论最佳值及其简易计算公式研究 [J]. 经济研究，2004（9）：60-69.

[68] 黄秋萍，胡宗义，刘亦文. 中国普惠金融发展水平及其贫困减缓效应 [J]. 金融经济学研究，2017（6）：75-84.

[69] 黄智淋，董志勇. 我国金融发展与经济增长的非线性关系研究——来自动态面板数据门限模型的经验证据 [J]. 金融研究，2013（7）：74-86.

[70] 李广众. 银行、股票市场与长期经济增长：中国的经验研究与国际比较 [J]. 世界经济，2002（9）：57-62.

[71] 李建伟，李树生，胡斌. 具有普惠金融内涵的金融发展与城乡收入分配的失衡调整——基于 VEC 模型的实证研究[J]. 云南财经大学学报，2015（1）：110-116.

[72] 李建伟. 普惠金融发展与城乡收入分配失衡调整——基于空间计量模型的实证研究 [J]. 国际金融研究，2017，366（10）：14-23.

［73］李实，赵人伟. 中国居民收入分配再研究［M］. 中国财政经济出版社，1999.

［74］李志阳，刘振中. 中国金融发展与城乡收入不平等：理论和经验解释［J］. 经济科学，2011，33（6）：10-18.

［75］梁莉. 我国贸易开放度与金融发展关系实证研究［J］. 金融研究，2005（7）：143-149.

［76］梁琪，陈文哲. 边际债务效用与区域金融发展度量——基于我国上市公司数据的经验研究［J］. 国际金融研究，2014（4）：70-85.

［77］刘亦文，丁李平，李毅等. 中国普惠金融发展水平测度与经济增长效应［J］. 中国软科学，2018（3）.

［78］卢峰，姚洋. 金融压抑下的法治、金融发展和经济增长［J］. 中国社会科学，2004（1）：42-55.

［79］陆凤芝，黄永兴，徐鹏. 中国普惠金融的省域差异及影响因素［J］. 金融经济学研究，2017（1）：111-120.

［80］陆磊，丁俊峰. 中国农村合作金融转型的理论分析［J］. 金融研究，2006（6）：1-14.

［81］罗楚亮. 城乡居民收入差距的动态演变：1988~2002 年［J］. 财经研究，2006，32（9）：103-112.

［82］罗楚亮. 居民收入分布的极化［J］. 中国人口科学，2010（6）：49-60.

［83］苏基溶，廖进中. 中国金融发展与收入分配、贫困关系的经验分析——基于动态面板数据的研究［J］. 财经科学，2009（12）：10-16.

［84］谭燕芝，彭千芮. 普惠金融发展与贫困减缓：直接影响与空间溢出效应［J］. 当代财经，2018（3）.

［85］万广华，张茵. 收入增长与不平等对我国贫困的影响［J］. 经济研究，2006（6）：112-123.

［86］王婧，胡国晖. 中国普惠金融的发展评价及影响因素分析［J］. 金融论坛，2013（6）：31-36.

［87］王征，鲁钊阳. 农村金融发展与城乡收入差距——基于我国省级动

态面板数据模型的实证研究［J］. 财贸经济，2011（7）：55-62.

［88］王志强，孙刚. 中国金融发展规模、结构、效率与经济增长关系的经验分析［J］. 管理世界，2003（7）：13-20.

［89］王祖祥. 中部六省基尼系数的估算研究［J］. 中国社会科学，2006（4）：77-87.

［90］温涛，冉光和，熊德平. 中国金融发展与农民收入增长［J］. 经济研究，2005（9）：30-43.

［91］谢升峰，许宏波. 我国城乡统筹、普惠金融水平及其相关性测度［J］. 统计与决策，2016（17）：112-115.

［92］熊学萍，谭霖. 中国区域金融发展水平测度与比较分析——基于省际面板数据（2004~2013年）［J］. 经济与管理，2016，30（5）：72-78.

［93］徐佳舒，段志民. 中等收入持续期及其影响因素分析——构建橄榄型收入结构视角［J］. 江西财经大学学报，2017（2）：24-39.

［94］徐敏，张小林. 普惠制金融对城乡居民收入差距的影响［J］. 金融论坛，2014（9）：9-15.

［95］阳佳余，张少东. 地区金融发展与经济增长的空间效应研究［J］. 湖南大学学报（社会科学版），2018（1）：82-92.

［96］杨俊，李晓羽，张宗益. 中国金融发展水平与居民收入分配的实证分析［J］. 经济科学，2006，28（2）：23-33.

［97］杨燕. 普惠金融水平的衡量及其对经济增长的影响——基于中国经济区域2005~2013年的面板数据［J］. 金融与经济，2015（6）：38-44.

［98］姚耀军. 中国金融发展与全要素生产率——基于时间序列的经验证据［J］. 数量经济技术经济研究，2010（3）：68-80.

［99］叶志强，陈习定，张顺明. 金融发展能减少城乡收入差距吗？——来自中国的证据［J］. 金融研究，2011（2）：42-56.

［100］于平，周惠民. 中国省域普惠金融与经济增长关系的研究［J］. 金融理论探索，2018（1）.

［101］余玲铮，魏下海. 金融发展加剧了中国收入不平等吗？——基于门

槛回归模型的证据［J］. 财经研究，2012（3）：105-114.

［102］余玲铮，魏下海. 我国劳动收入份额为何持续下降？——基于金融发展的视角［J］. 产经评论，2013，4（2）：126-132.

［103］张兵，张洋. 县域普惠金融发展水平测度及影响因素分析——基于面板数据的空间计量模型［J］. 江苏农业科学，2017，45（10）：307-311.

［104］张薄洋，牛凯龙. 金融发展指标的演进逻辑及对中国的启示［J］. 南开经济研究，2005（1）：79-85.

［105］张成思，李雪君. 基于全球视角的中国金融发展指数研究［J］. 金融研究，2012（6）：54-67.

［106］张成思，朱越腾，芦哲. 对外开放对金融发展的抑制效应之谜［J］. 金融研究，2013（6）：16-30.

［107］张建波，郭丽萍. 关于普惠金融影响收入分配差距的理论机制及实证分析——我国普惠金融发展对城乡居民收入差距的影响［J］. 武汉金融，2017（8）：13-17.

［108］张军，金煜. 中国的金融深化和生产率关系的再检测：1987~2001年［J］. 经济研究，2005（11）：34-45.

［109］张晓燕. 互联网金融背景下普惠金融发展对城乡收入差距的影响［J］. 财会月刊，2016（17）：94-97.

［110］张运智，马赫然. 收入分化新视角：引入收入组密度的测量方法［J］. 福建师范大学学报（哲学社会科学版），2015（6）.

［111］赵楠. 中国各地区金融发展的统计学描述［J］. 统计研究，2007，24（7）：34-40.

［112］周斌，毛德勇，朱桂宾. “互联网+”、普惠金融与经济增长——基于面板数据的 PVAR 模型实证检验［J］. 财经理论与实践，2017，38（2）：9-16.

［113］朱一鸣，王伟. 普惠金融如何实现精准扶贫？［J］. 财经研究，2017，43（10）：43-54.